サイモン&ガーファンクル

THE [illegible]E

SIMON & GARFUNKEL

責任編集 和久井光司

Contents of This Book

［データ表記について］
◎基本的にオリジナル盤のデータを掲載しています。
◎国名は漢字表記、米盤の場合は省略しています。例：英＝イギリス、愛＝アイルランド
◎楽器は一部略号を使用しています。例：ds ＝ドラムス、kbd ＝キーボード、per ＝パーカッション

introduction

〝好き〟では終わらないアプローチになるまでサイモン&ガーファンクルを聴きこんでほしい

和久井光司

世の中には相当の音楽ファンでも洋楽を聴かない人がいる。いや、2024年に〝洋楽〟なんて言うのを私は好まないし、「聴かない」と書いたのも瞬時に〝そりゃ違うな〟と思った。正しくは「意識的に聴かない」、もしくは「好んでは買わない」ということだ。

昨夜の『ミュージック・ステーション』にはビリー・アイリッシュとNEW JEANSが出ていたが、「洋楽は聴かない」と言う人にとって、K-POPはどこに位置するんだろう? 10代、20代の子たちは自分がいいと思ったらどこの国の音楽かなんて気にしないだろうし、もはやGLAYのメンバーとNEW JEANSが並んで座ったことの方が〝違和感〟かもしれない。

じゃあ、ビリー・アイリッシュは?——彼女を現代のファッション・リーダーとして見ている子と、英語で歌う白人だから洋楽だと思っている子がいるように思う。後者には、韓国語に日本語や英語を混ぜて歌うNEW JEANSは「アジアの仲間」と映るはずだが、アイリッシュは「まるで外人」なのかもしれない。

そう考えると恐ろしくなる。百年前の〝大東亜共栄圏〟を思い出させるからだ。現実にいまや、「韓国や台湾は仲間と考えてもいいが、北朝鮮や中国やロシアとは絶対に相入れない」と多くの日本人が思うようになっているのだから、我々の世代がいなくなるころには、「アメリカさえ味方につけておけば〝ネオ大東亜共栄圏〟も夢じゃない」と説くリーダーが出てきて、コロッと社会が変わってしまうのではないだろうか。

私のライヴを観に来る50代以上のお客さんの中にも、「洋楽は聴かない」と言う人がいる。私がJ-POPとは一線を画したロックを演っているのを知って、応援してくれるようになったのだから、私の〝素〟となった音楽に理解を示してもいいように思うのだが、そういう人たちは「英語で歌われると身近に感じられない」と言うのだ。この国の右翼化傾向の現われかもしれないが、今世紀に入ったころからそういうお客さんがちらほら出てきたこともあって、私はボブ・ディランやニール・ヤングの曲に原詞の意味にはとらわれない日本語詞をつけて歌うようになった。それはあんがい好評で、『ディランを唄う』なんて勝手なアルバムを本国のコロンビア公認でつくらせてもらうなんて成果も生まれた。

つい先日の東京暮色のステージでも、私は本書の前宣伝をかねてサイモン&ガーファンクルの3曲に超訳の日本語詞をつけて、オリジナルとはまったく違うアレンジで聴かせた。すると、「〈明日に架ける橋〉には泣かされました」なんて言ってきた人がたくさんいて、その半分ぐらいが「洋楽は聴かない」人なのである。

もちろん意識的に洋楽を聴かない人でも、私が取り上げた3曲は知っていた。本書のためもあってリサーチしてみると、〈明日に架ける橋〉だけでなく、〈冬の散歩道〉も〈早く家へ帰りたい〉も、私が直接やりとりした数人は「曲には馴染みがあった」と口を揃えたのだ。

「自分で買わなくても耳に入ってきて覚えちゃってる洋楽の双壁が、ビートルズとサイモン&ガーファンクル。昔はそこにカーペンターズが続き、近年はクイーンなんじゃないですか？」なんて言う人までいたぐらいで、日本における洋楽のポピュラリティの〝境実〟を改めて突きつけられた気がしたのである。

私は、私より15歳ぐらい下（つまり50歳ぐらいの人たち）までが、ギリギリ〝ロック世代〟だと思っている。それより若いのに私がつくる本を買ってくれているのは、そうとう〝意識的〟な、その世代では珍しいタイプの〝オタク〟なんじゃないだろうか。もちろん読者を限定するつもりはないけれど、ネットで検索すれば大抵のことがわかる時代に3000円近い本を買ってもらうには、情報の〝アップデイト〟は必須だろう。

それにはまず、かつての日本盤のライナーノーツや、30年前の『レコード・コレクターズ』の特集を疑い、最新のリマスター盤を聴いたり、最新の資料本を読んだりして、企画する私が最初に「なるほど、そういうことだったのか」と認識を改めないといけない。

中には「いまさらこの程度のことを書いてるの？」という本もあるし、昔のベスト盤の多くには「こういうも

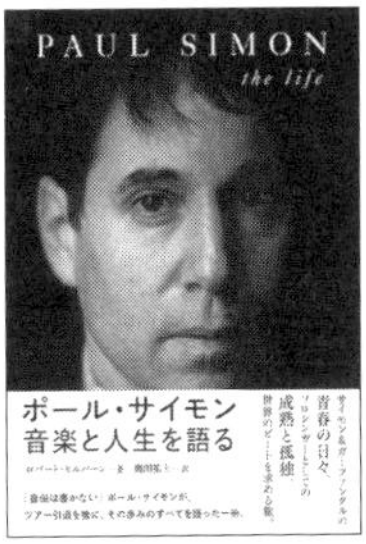

ロバート・ヒルバーン：著
奥田祐士：訳
『ポール・サイモン 音楽と人生を語る』
DU BOOKS　2020年初版

のが出ていた」という以上の言葉は与えられない。だから、〝完全版〟と銘打ちながらも何でも載せているわけではなくて、〝いまも有効な情報〟と〝2024年の評価〟で、そのミュージシャンのキャリアをレストアして浮かび上がらせるようにしているのである。

どんなに守りの堅い野球チームでもヒットは打たれてしまうように、〝あまいところ〟はどこかにあるはずだが、慎重なばかりの試合など面白くなるわけがない。〝点を取られない〟ことよりも、〝たくさん打って、懸命に走る〟ことを考える方が健康的ではないか。

なぜいまサイモン&ガーファンクルかと言えば、日本においても非常にポピュラーな存在でありながら、真の姿を捉えているファンが極めて少ないデュオだということ。そして、誰が読んでも目からウロコのはずの語り下ろしによる自伝『ポール・サイモン　音楽と人生を語る』がまだ手に入るというタイミングだからである。

私は数年前からポール・サイモンの歌詞を改めて読むようになったのだが、昨年、栩木伸明さんによる『ポール・サイモン全詞集1964-2016』も出て、いよいよ本格的な評価に向けて〝機が熟した〟と感じられたのだ。

音楽も映画も文学やアートも、個人にとっては「しょせんは好き・嫌いのもの」という意見も一方の真理だと思う。けれど、50、60のオジサンがSNSで何の論評もないままに、ただ自分の〝好き〟を語っているのを見るにつけ、この国の大衆が〝文化的な視点〟で物事を語らなくなったことが、経済や政治にも影響を及ぼしているように思えてくる。他人の〝好き〟を貶さないかわりに素性を明かさないですむXでは簡単に人を誹謗中傷したりするのだから、「中村とうよう　0点」の時代を知る人たちは〝意見しあう〟ことを求めているはずだ。

私はたぶん3万枚ぐらいのレコードを聴いてきたし、いまでも年に400枚以上はLPやシングルを買う。大量の本やDVDの置き場にも悩まされているから、「なるほど」と思った音盤は意外とあっさり売ってしまっているのだが、65にもなってまだそうなのは〝好き〟を追いかけてのことではなく、ある世界を把握できたと感じられるところまでは〝知りたい〟と思うからである。

本当に好きなレコードは500枚ぐらい、小説や映画は300作ぐらいのはずだが、そこまで絞れるのは〝平均点程度の作品〟もないがしろにせず、何だろうとひたすら浴びてきたからだろう。それを〝無駄〟と言う人もいるが、私は〝無駄こそが文化〟だと思ってきたし、私の経験が誰かの〝好き〟に〝文化的理由〟を与えるような仕事がしたい。この本もそのひとつだ。

♯1 First Story

★★★★★★★★★★★★★★★★★★★★

サイモンとガーファンクル、最初の物語

Koji Wakui
Shinichi Ogawa
Mitsumasa Saito

長く複雑な物語はニューヨークの片隅で始まった

和久井光司

かつて私は柴門ふみさんの漫画のファンだった。出世作である『P.S.元気です、俊平』はいまでも持っているし、83年〜88年に「漫画アクション」に連載された『女ともだち』も、たしか単行本を揃えたと思う。彼女のペンネーム〝柴門〟がポール・サイモンから取られたものであることも当然知っていたから、バレリー・ミショーが絵を描いた『ポール・サイモンのどうぶつえん』が彼女の訳で出たのも納得がいったものだった。

それはかわいい本だったが、栩木伸明さんの訳で『ポール・サイモン全詞集1964-2016』が出て、さらに栩木さんが『ポール・サイモン全詞集を読む』という副読本までお書きになったのは〝事件〟だと思った。両方買うと15000円を超える大著だということもあるが、そんな詞集が日本でも必要とされるのはボブ・ディランだけじゃないか?と私は思ったのだ。

もちろん私にはポールの詞集は待望のもので、邦訳はとてもありがたかった。けれど出版に携わる者としては、「1万円の詞集が何冊売れるの?」というのが正直な感想だ。DU BOOKSの稲葉さんは、『ポール・サイモン 音楽と人生を語る』は「そこそこ売れました」と言っていたが、〝研究の道すじ〟としては随分あいだを飛ばしている印象もある。私は本書でポールの歌詞のことをたくさん書こうと思っていたのだが、栩木さんの訳も副読本も素晴らしいので、私が中途半端なことを書くより、本書の内容を〝栩木さんの2冊につなげるもの〟にした方がいいと考えたのだ。

ポールの歌詞に興味を持った読者に、私は栩木さんの本を推薦しておく。

ポール・サイモン

ポール・フレデリック・サイモンは1941年10月13日にニュージャージーのニューアークで生まれた。

両親ともアメリカで生まれたユダヤ移民の三世で、父ルイス(ルー)の一族は現在はウクライナの一部になってるオーストリア・ハンガリー帝国の田舎町出身、母ベルの一族は帝政ロシアのひとつの地方だったリトアニアの〝シュテットル〟出身だった。

ピンカス・シーマンという名前で生

まれた父方の祖父は、１９０９年にアメリカに到着する前にファースト・ネームをポールに改め、16年にルーが生まれるころには姓をサイモンに変えていた。祖父は仕立屋として成功したが、大恐慌で立ち行かなくなり、やがてニューヨークで小さなデリを開業した。ベルの父サミュエル・シュルマンは、マンハッタンの小売店フィリップス・クロージング・カンパニーで長年セールスマンを務めた人で、妻となるエティ・マーカスは向かいのアクセサリー屋で働いていた。１９０２年に結婚したふたりは２男２女をもうけ、09年に生まれた末娘がベルだった。

リー・シムズという芸名でダブル・ベースを弾いていたルーと、エレメンタリー・スクールの教師だったベルが出会ったのは37年。ある週末に友だちとバークシャー山脈に遊びに行ったベルが、そこに演奏に行っていたルーと出会ってやがて恋に落ち、ふたりは翌年の9月にニューアークで結婚したのである。

　ルーが父のアメリカ名〝ポール・サイモン〟を息子に継いだのは、東ヨーロッパに反ユダヤ主義が拡がるのを感じた父が、ホロコーストが起こる前に故郷を捨ててアメリカに逃げ出したことに感謝していたからだと思う。ポールの母方のいとこであるジョージ・シュルマンは、一族のルーツをたどってリトアニアを訪れた際に、トリシクという町でナチ親衛隊の兵士が70～80人のユダヤ人を集めて銃弾を浴びせた事実をつきとめた。１９４１年初夏のことである。彼は一族に、「その中にはシュルマン家の者もいた」と報告したそうだが、そういう〝ルーツ〟がポール・サイモンの歌詞に〝ユダヤ人目線〟として少なからず影を落としていることと、一族に自由をもたらした国だからこその〝アメリカへの複雑な想い〟となって現れていることは重要だと思う。ボブ・ディランの家族も三代前は現

バレリー・ミショー：絵
柴門ふみ：訳
『ポール・サイモンのどうぶつえん』
小学館　1992年初版

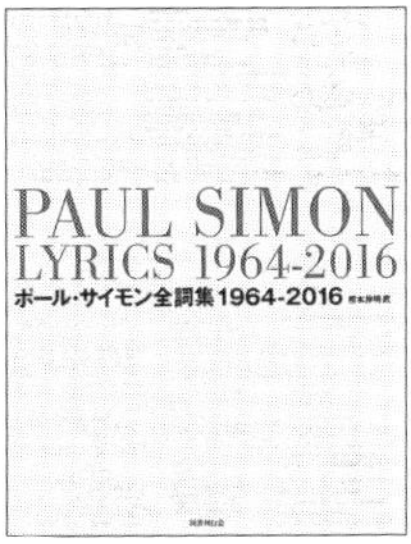

栩木伸明：訳
『ポール・サイモン全詞集 1964-2016』
国書刊行会　2023年初版

栩木伸明
『全詞集を読む』
国書刊行会　2023年初版

ウクライナの、黒海の沿岸の町からの移民だが、ミネソタで成功し、左翼的なユダヤ教徒として市民運動にも関与していたというディランの両親と、ニューヨークのミュージシャンと教師の夫婦の〝思想の違い〟を、私は、息子たちの歌詞から読みとることができるような気がしている。

もちろん〝血の轍へのこだわり〟に優劣をつけるつもりはない。けれどディランの方が宗教的なのは確かで、聖書の中にある文学的な表現の引用や、イスラエルへの〝道〟は（読み込めば）むしろ〝まっすぐ〟なように感じられるのだけれど、ニューヨーカーのポールは、民族も宗教も異なる多くの人々が混ざり合う〝アメリカ〟を立脚点にする傾向が強いせいか、詞作も音楽表現も多くの場合、抗いようがない〝民族と個の関係〟に向かって行っているように思えたりするのだ。

グリニッチ・ヴィレッジのフォーク・シーンを経て世に出たディランは、公民権運動の旗を振るのも厭わなかった。それは歌詞に社会的なメッセージを乗せるのはウディ・ガスリー以来の〝フォーク・ソングの伝統〟だと思っていたからだろうが、おかげでビートルズ登場以後、〝フォーク・ロックの始祖〟という立場を経て、ロック、ポップの頂点を目指すという巧妙な（ねじれた？）在り方が生まれたのではなかったか。

一方ポール・サイモンは、公民権運動が〝時代を変〟え、アメリカの大衆に自由に与える道として、共産主義的な考えはありだと思いつつも、それが〝表現〟を狭める要素になることを、最初から危惧していたのだろう。グリニッチ・ヴィレッジのフォーク・シーンを横目で見ながらも、そのファン層のある種のエスタブリッシュメント感が、ポールは嫌いだったんじゃないかと私には思えるのだが、どうなんだろう？

ポールは2歳になる前に、ミドル・クラスの住宅街として知られるキュー・ガーデンズ・ヒルズの叔父の家で暮らすようになる。全米オープン・テニスで名高いフォレスト・ヒルズの隣町だ。グラフィック・デザイナーだったベルの弟、リー・シュルマンの妻ゴールディが43年5月に亡くなり、幼い息子ジェリーを抱えたリーが姉に同居を頼んだからだった。けれどもルーはウィークデイの朝にＷＡＴＴ局でオンエアされていた音楽番組に生出演していたため、ニューアークに残ることになるのだ。

一年あまりの別居生活のあと、ルーはニューヨークのＷＯＲ局でベースを弾く仕事にありつき、71丁目にテラスハウスを借りた。ベルは弟リーが仕事に出かけているあいだはジェリーの様子を見に行けるようにと、シェルマン家の近所で家を探したのだった。その翌年、45年12月14日に弟のエドワード（エディ）が生まれたため、ルイスとベルは70番通りの１３７-62番地に初めての家を購入した。リーもこのころには再婚していて、ベルの手助けは必要なくなったからだ。

野球少年だったポールが音楽の虜になったのは54年の夏だったという。退屈なヴォーカルものを流していたラジオを、ヤンキースの野球中継をいつも聴いていたWIN局に変えようとしたとき、DJが「次のレコードは嫌いだ」と言って、ザ・クロウズの〈ジー（Gee）〉をオンエアした。ハーレム出身の黒人ドゥー・ワップ・グループのナンバーである。曲や歌手を褒めちぎるのが常のDJが、はっきりと貶したことに驚いて「どんな曲？」と興味を持ったポールがそのまま聴いていると、彼が知っていた音楽とは異なる若くてエネルギッシュなナンバーが鳴り出し、ポールは夢中になってしまったのだ。

彼は、こういう曲をもっと聴きたい、と思ったそうだが、それは容易かった。ヤンキースの局だと思っていたWINに、クリーヴランドでロックンロールをブームにしたDJ、アラン・フリードが移籍してきて、54年9月に彼の番組が始まったからだ。おかげでムーングロウズやペンギンズといったR&Bグループに夢中になったポールは自分でも歌ってみたくなる。13歳の誕生日に父にアコースティック・ギターを買ってもらった彼は、簡単なコードを教わった。それまでピアノを教えようとしてもレッスンを嫌がった息子が、自ら歌い、コードを教えろとせがむようになったのだから、ルーは嬉しかったに違いない。弟のエディは兄とは違ってピアノを弾いたという〝バランス〟を家族が納得していたのは、ポールが父の曲を取りあげたり、エディがやがてポールのスタッフとなることからも想像できる。

トム&ジェリーへ

一方アーサー・アイラ・ガーファンクルは、20世紀初頭にルーマニアからマンハッタンにやってきたユダヤ移民の二世、ジェイコブ（ジャック）・ガーファンクルの三男として1941年11月5日にフォレスト・ヒルズで生まれた。ジャックはセールスの仕事で一家を支えていたが、オハイオ州のデイトンで役者をしていたこともあったようだ。バックストリート・ボーイズやNSYNCを育てたルー・パールマンはアートの母方のいとこだというから、もともと芸事に関心のあった一族なのかもしれない。

アートの家はポールが幼いころ暮らした家と2ブロックしか離れていなかったようだが、小学生のころはまったくお互いを知らなかったという。アートはユダヤ人が13歳のときに受ける洗礼をキュー・ガーデン・ヒルズのジューイッシュ・センターで受けた際に、〈ユール・ネヴァー・ウォーク・アローン〉を唄ったらしい。教会のエコーを気持ちいいと感じたアートは自分の声の美しさを自覚したようで、54年に4年生の全員が参加するPS（パブリック・スクール）164という校内イヴェントが開かれたときにアートが唄ったナット・キング・コールの〈トゥー・ヤング〉を聴いて声をかけてきたのがポール・サイモンだった。

ポールはふたりが通ったパーソンズ・ジュニア・ハイスクールで、3年ではなく、2年で卒業できる特進コースに入れられていたからか、すぐに仲よくなったわけではなく、6年生の卒業公演として校内で開催された『不思議の国のアリス』で共演したのがきっかけで親密になったのだ。ポールは歌の主役である白ウサギ、アートは唄わないチェシャ猫を演じたそうだが、数週間のリハーサル中にたがいの頭のよさとユーモアのセンスを認め合ったふたりは、新雑誌『ＭＡＤ』の辛辣な風刺と野球を話題に友情を深めていくのだが、そのころはまだポールもR&Bに出会っていなかったわけである。

約1年後、〈ジー〉に衝撃を受けて音楽への興味を爆発されたポールは、アートとふたりならドゥー・ワップのハーモニーに近いヴォーカル・スタイルが築けるだろうと踏んだのだろう。ふたりはポールの家にあったテープ・レコーダーに歌を録音してみるという方法で実力を確かめ、54年度の全校集会でクルー・カッツの〈シュ・ブーン〉を唄った。その反応に気をよくしたふたりは、曲づくりに挑戦し始める。やがてポールのギターにテクニックがついてきたこともあって、ラジオで知ったR&Bナンバーを真似た曲をすぐにつくり、ふたりでハーモニーをつけてみるようになるのだ。

ポールの父ルーは、息子が友だちを家に連れてきて、彼の知らない音楽を唄っていることに興味を持った。ポールが彼が目指す音楽の例として〈アース・エンジェル〉を聴かせると、ルーは「聴くにたえられない」と言ってまともに取り合わなかったという。ポールはその場での反応以上に傷ついたようで、のちのちまで恨みがましく語っている。けれどその悔しさが彼を成長させ、1年後には自信のドゥー・ワップ・ナンバー〈ザ・ガール・フォー・ミー〉を書くまでになるのだ。

ポールとアートはこの曲をフォレスト・ヒルズ・ハイスクールのタレント・コンテストで披露するのだが、曲を聴いたルーが国会図書館に著作権登録してくれたことが自信にもなった。ポールの野球仲間の父親で、ドゥー・ワップやゴスペルのレコードをつくっていたインディー・レーベル「アポロ」の社長だったチャーリー・メレンスタインも、〈ザ・ガール・フォー・ミー〉を聴いてポールの才能を認めてくれた。メレンスタインはポールを呼んでさまざまな曲を聴かせ、ヒットするか否かを訊いたりするようになり、「マンハッタンの会社に曲を持ち込んでみてはどうか」とアドヴァイスした。大手のレコード会社は相手にしてくれないだろうと予想したポールとアートは、電話帳でマイナー・レーベルや小さな音楽出版社の番号を調べて訪ね歩くようになるのだが、会社のドアが開くことはめったになかったという。

〈ザ・ガール・フォー・ミー〉を認めてくれた父に、ポールは新曲を聴かせるようになった。母ベルによればルーはいつも正直な感想を口にし、ときに父と子の論争が始まったそうだ。「その進行に音が5つ入るわけはないだろ」と諭すルーに、ポールが「パパ、これはぼくのフレーズだ。音は好きなだけ入れさせてもらうよ」と言い返し、「ダメだ、ポール、俺の頭をおかしくするつもりか」と父が頭を抱えるという場面を、のちにベルは懐かしそうに回想しているが、ポールにとってはそれどころではなかっただろう。

幼少期にポールの野球仲間だったことから後年まで親交を続け、自身もソングライターとして活躍するボビー・ササーは、ポールが大成できたのは、彼の承認欲求が「ミュージシャンである父親に強く向いていたからではないか」と指摘している。けれど重要なのは、ササーが「それは子供が親に認められたいと思うステレオ・タイプの気持ちではなかったはずだ」と証言していることだ。自分の父親との関係に問題を抱えていたササーは、多くの時間をルーと過ごし、愛情と助言を得ていたという。彼の見立てをロバート・ヒルバーンは『ポール・サイモン 音楽と人生を語る』にこう書いている。

「ポールはいつも父親の承認を求めていたけれど、それが彼を曲づくりに駆り立てていたわけじゃない」とボビー。「彼は音楽につきせぬ情熱を抱いていた。たぶんルーの初期の批判が正しかったことは、彼にもわかっていたんじゃないかな――曲の出来があまりよくなかったこと、そしてルーが彼を手助けしようとしていたことも。そしてその正直さは、ポールにくっついて離れなくなる。その後いろんな人たちと仕事をするようになってからも、彼はいつも正直でいるのが重要だと考えていた」。

ルーのコメントは間違いなく、ポールをよりたくましくさせた。「父親はすごく手厳しかった」と後年、彼は語っている。「だからぼくも手厳しくなった」。父親になんと言われようと、ポールはわくわくできる新しいレコードを探しつづけ、1956年がはじまったばかりのころ、ついに最初の音楽的なヒーローとなる男とめぐり会うことができた。

エルヴィス・プレスリーとの鮮烈な出会いを書いている次のシーンもいい。

引き続き引用しておこう。

　カーラジオのスピーカーから、〈ザッツ・オールライト〉という曲を官能的に送り出すエルヴィス・プレスリーの若くダイナミックな歌声は、クイーンズのスーパーマーケット、グランド・ユニオンの駐車場で家族の車の後部座席に座っていたポール――当人の回想によると、車はビュイックかフォードだった――を鷲づかみにした。両親は店で買いものをしていたが、ポールはいつものように車中に残り、ダイアルをまわして最新のサウンドをチェックしていたのだ。それはこのティーンエイジャーにとって、〈ジー〉以来最大の音楽的な転換となる。

　エルヴィスの人気が全米で決定的になるのは、ＲＣＡに移籍して出した〈ハートブレイク・ホテル〉が全米1位となった56年春以降のことだが、ポールが好んだのはそれ以前、メンフィスのインディー、つまりサン・レコード時代のシングルで、最も好きだったのは〈ミステリー・トレイン〉だったという。この曲へのこだわりが後年の〈追憶の夜（Late In The Evening）〉や〈グレイスランド〉に現れていることは、熱心なファンならお気づきだろう。

　ところがエルヴィスに憧れて、「この男になりたい」とまで思っていたポールの夢は、56年9月に『エド・サリヴァン・ショウ』で観た〝動くエルヴィス〟にあっさり砕かれる。１８０センチを超える長身でハンサム、素晴らしい歌声で全身からフェロモンを発散させるエキゾチックな名前の男はアメリカの新しい時代を象徴する〝セックス・シンボル〟に相応しいと悟ったポールは、「音楽をやるなら、できるだけエルヴィスから離れなきゃダメだ」と思うようになるのだ。

　そんなポールに、彼とアートの〝可能性〟を感じさせたのが57年のある朝、家のラジオから流れ出したエヴァリー・ブラザーズの〈バイ・バイ・ラヴ〉だった。その曲が再びラジオでかかるのを待てなかったポールは、2台のバスを乗り継いでおよそ1時間かけてクイーンズ区ジャマイカにあるトライ・ボロ・レコードに出かけ、78回転のＳＰ盤を手に入れた。家に帰ったポールは繰り返しこのレコードを聴くのだが、ＡＢ面を何度も裏返しているうちに盤面を針でこすって傷つけてしまう。すると彼はすぐにトライ・ボロ・レコードにとって返し、2枚目を買ってきたというのだから執念さえ感じられる。

　ルーとベルも息子が新しい音楽を聴き込むのにつきあったそうだが、そのとき両親はまだ、ポール・サイモンとアート・ガーファンクルがエヴァリーズのハーモニーを真似たデュオ、トムとジェリーとなるとは、まったく予想していなかったようである。

トムとジェリー、ドゥー・ワップからフォークへ

小川真一

内気だったポール・サイモンとアート・ガーファンクルの二人を人前に押し出したのが、クルー・カッツの〈シュ・ブーン〉だ。ハイスクールの校庭でこの曲をア・カペラで披露し、その美しいハーモニーが喝采を浴びたのだ。ニューヨークのクイーンズ区でのこと。これが13才の二人組の始まりでもあった。

〈シュ・ブーン〉はもともと、ブロンクスで結成された黒人のヴォーカル・グループであるザ・コーズの曲で、54年にリリースされ、大ヒットとなった。この原曲もコーラス・ワークをふんだんに活かした軽快なチューンなのだが、これをさらにポピュラーなものにしたのが、カナダ出身の白人4人組のクルー・カッツによるカヴァー・ヴァージョンだ。よりショウ・アップされたアレンジに、スウィング・ジャズの洗練さが加わり、全米のナンバー1を獲得する。

このスタイルは、日本ではドゥー・ワップと称されるが、米国では単にヴォーカル・グループと呼ばれることが多い。歴史は古く、インク・スポッツやミルズ・ブラザーズのようなバーバーショップ・カルテットの形式から始まり、ジャイヴやジャズ、ゴスペル、それにリズム&ブルーズなどの要素が加わりながら発展していった。

TOM & JERRY
Hey, Schoolgirl
Big Records：613
発売：1957年［Single］

ARTIE GARR
Dream Alone
Warwick：M 515
発売：1959年［Single］

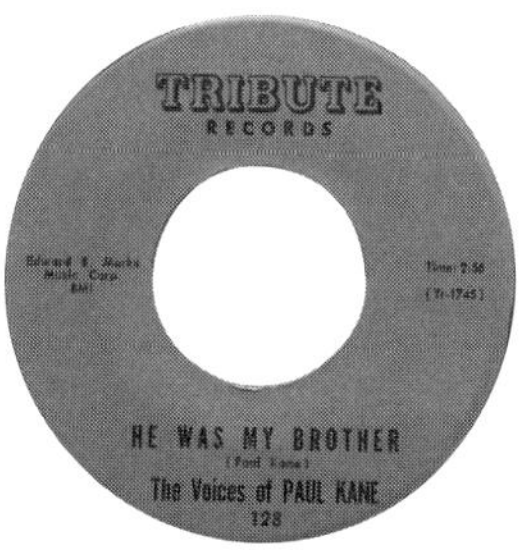

PAUL KANE
He Was My Brother
Tribute Records：128
発売：1963年［Single］

１９５０年代に入り、言葉に意味のないオノマトペを頻繁に使うようになっていく。それまでにもスキャットやリフのフレーズはあったのだが、ドゥー・ワップならではの言葉のビート感で盛り上げていく形式が生まれていった。

その典型がフィラデルフィア出身のザ・ターバンズが歌う〈ホエン・ユー・ダンス〉で、〝ドゥー・ワップ〟という言葉がコーラスの中に盛り込まれている。メインのメロディと拮抗するようにバックのコーラスが跳ね回っていくが、これがドゥー・ワップの醍醐味だ。ウッド・ベースの口真似のようなラインも常套句のひとつで、このザ・ターバンズの曲の中でも巧みに用いられている。

二人を夢中にさせたドゥー・ワップ

話をサイモンとガーファンクルに戻そう。バンドを仕立てなくてもドゥー・ワップのスタイルならばア・カペラでも演奏ができる。自分たちが得意としていたコーラス・ワークを発揮できるし、さらには心を沸き踊らせるようなロックンロールの気分を味わうことができる。ということで、二人はドゥー・ワップのスタイルにはまりこんでいった。

ドゥー・ワップ・コーラスといえば、街角の路地や住居の半地下になった部分の階段下などで練習することが多かった。むろん貸しスタジオなど無い時代の話。あったとしても、借りるのにはお金が必要だ。それならば街角で練習しよう。それに路地や階段下なら残響音が多く、自分たちのコーラスがカッコよく聞こえる。コーラス・グループを目指す少年たちは、この天然のエコーを味方につけたのだ。

筆者も70年代のブルックリンで実体験した。裏通りの角を曲がると、路地の方向から見事なコーラスが聞こえてくる。レコードでもかけているのかと振り向いたら、少年たちが数人でコーラスの練習をしていたのだ。そのハーモニーの美しいこと、これがストリート・コーナー・シンフォニーなのかと感激したものだ。

ポール・サイモンの最初のスタジオは、自宅の小さなタイル張りの浴室だった。ここに篭り、壁のエコーを友に練習に励んでいたのだ。アート・ガーファンクルの場合は、それが学校の吹き抜けの階段だったりするのだが、ポールと同じように残響効果を利用しながら歌のレッスンを続けた。アートは、当時まだ高価だったテープ・レコーダーを親に買ってもらい、自宅の地下室にポールを誘い練習をした。その成果が、ハイスクールの校庭での〈シュ・ブーン〉だったのだ。

クローズ・ハーモニーの研究、二人の声の合わせ方、ヴォーカルだけでグルーヴを出していく方法など、ドゥー・ワップを介して得た知識は大きかったはずだ。ほかにサイモンとガーファンクルが夢中になったのは、ザ・ペンギンズ〈アース・エンジェル〉、ハンク・バラード&ザ・ミッドナイターズ〈ワーク・ウィズ・ミー・アニー〉、ザ・ムーングロウズ〈シンシアリー〉、オリオールズ〈イッツ・トゥー・スーン・トゥ・ノウ〉などの、ヒットをもつグループだった。

ポール・サイモンは、どちらかというとザ・キャデラックスやザ・クロウズ、ジ・エル・ドラドス、ザ・モノトーンズといったリズム&ブルーズ寄りのグループが好きだった。それに対してアート・ガーファンクルは、前出のクルー・カッツを筆頭に、ジ・エレガンツ、ザ・スカイライナーズ、ザ・チャイムスといったハイ・トーンのハーモニーの美しい白人によるヴォーカル・グループを好んだようだ。このあたりの好みの分かれ方も興味深い。

ドゥー・ワップ／ヴォーカル・グループのブームは、アメリカ全土に波及していった。ロサンゼルス、デトロイト、ボルチモア、フィラデルフィアなどから名グループが育っていったが、その中でもイタリア系アメリカ人によるチームが多かったのが、ブロンクス〜クイーンズ区周辺だ。

ザ・リージェンツ、ニノ・アンド・ザ・エブ・タイズ、ザ・カプリスなどを輩出しているが、その代表格といえばやはり、〈恋のティーンエイジャー〉や〈アイ・ワンダー・ホワイ〉のヒットをもつディオン・アンド・ザ・ベルモンツだ。ブロンクスのベルモント地区出身、リード・ヴォーカルのディオン・ディムーチを含む全員がイタリア系アメリカ人であった。とりわけブロンクスにイタリア系移民が多かったわけではないのだが、アフロ・アメリカン系とはアンダーグラウンドな共闘意識があり、多くのドゥー・ワップ・グループが産まれた。

エヴァリーズとの電撃的な出会い

ヴォーカル・グループ以上に、ポール・サイモンとアート・ガーファンクルに電撃的な衝撃を与えたのが、エヴァリー・ブラザーズだ。

サイモンとガーファンクルは、70年のアルバム〈明日に架ける橋〉の中で、彼らの大ヒット曲〈バイ・バイ・ラヴ〉をカバーし、盛大に〝エヴァリーズ愛〟を表明しているので、エヴァリー・ブラザーズの存在をご存知の方も多いはずだ。ドンとフィルによる実の兄弟で、テネシー州のノックスヴィルの出身。高校時代からデュオとして活動を始め、チェット・アトキンスに見染められて、56年にコロンビア・レコードよりシングル〈キープ・ア・ラヴィン・ミー〉でデビューした。

ファースト・シングルこそ、まるで

売れなかったのだが、続いて契約したケイデンス・レーベルに吹き込んだ〈バイ・バイ・ラヴ〉が、全米チャートの第2位を記録する。1位を阻んだのは、エルヴィス・プレスリーの〈テディー・ベア〉だった。エヴァリー・ブラザーズは、サイモンとガーファンクルの大先輩で、その先輩から影響を受けたように感じられるかもしれないのだが、弟のフィル・エヴァリーは39年生まれなので、サイモンとガーファンクルとも、それほど年が離れているわけではない。同世代のミュージシャンだと言うのが妥当だろう。

ポール・サイモンは、ラジオで〈バイ・バイ・ラヴ〉を聞き、すぐにアート・ガーファンクルに電話をかけ、「イカしたレコードを見つけたんだ。すぐに買いに行こう」と誘ったという。では二人は、エヴァリー・ブラザーズのどこに衝撃を受けたのだろうか。

〈バイ・バイ・ラヴ〉を現在の耳で聞くと、随分と長閑に聴こえるかもしれない。アコースティック・ギターのカッティングによるイントロに始まり、エヴァリーズのコーラスが重なっていく。ブレイクを挟んでBメロになるが、サビの甘い旋律がこの曲の特徴でもあるのだ。ヒルビリー感覚を持ちながらもロッキンしていく若々しいサウンドは、とても斬新だったと思う。そこにサイモンとガーファンクルは惹かれたのだろう。

二人は、声質やハモり方が自分たちにとても似ていると感じたという。アコースティックでありながら、ロックンロールのフィールに溢れているところにも共感をもった。つまりは、自分たちの未来形をエヴァリー・ブラザーズの中に見出したのだと思う。

少し余談になるが、アメリカには兄弟バンドの系譜のようなものがある。古くはザ・ブルー・スカイ・ボーイズやザ・ルーヴィン・ブラザーズなどがあるが、ほかにもザ・リリー・ブラザーズやモンロー・ブラザーズなども有名だ。これはある種の兄弟願望のようなものであり、ロックの時代になっても、オールマン・ブラザーズ・バンドやブルース・ブラザーズのような〝偽兄弟〟バンドが生み出されている。

ポール・サイモンの〝エヴァリーズ愛〟は近年になっても変わらず、コロナ自粛中の2020年には、奥方のエディ・ブリケルと一緒にエヴァリー・ブラザーズの〈アイ・ワンダー・イフ・アイ・ケア・アズ・マッチ〉をデュエットしたパフォーマンスをSNSなどを通じて見せてくれた。

トムとジェリーのプロ・デビュー

エヴァリー・ブラザーズの〈バイ・バイ・ラヴ〉に刺激を受け、サイモンとガーファンクルが作ったのが〈ヘイ、スクールガール〉だ。あらためて聞いてみると、ドゥー・ワップとエヴァリー・ブラザーズが混じり合ったような曲なのだが、当時の二人にとっては自信作だったのだろう。その前には、コニー・アイランドのレコーディング・ブースで録った〈ザ・ガール・フォー・ミー〉という曲があるのだが、それよりもはるかに完成されている。

　二人はマンハッタンにあるサンダース・スタジオを借り、デモのレコーディングを行う。その様子を偶然に耳にした男がいた。それがビッグ・レコードを主宰するプロデューサーのシドニー・プローセンだったのだ。とは言ってもシングル盤を10数枚出しただけの小さなレーベルだったのだが、声をかけられた瞬間の二人は天にも登る気持ちだったと思う。

　57年の11月に、ビッグ・レコードから〈ヘイ、スクールガール／ダンシング・ワイルド〉のシングル盤がリリースされる。アーティスト名はトム＆ジェリー。これまで何度となくステージで使ってきた名前だ。ラスト・ネームも必要だということで、ポールは当時付き合ってきたガール・フレンドのスー・ランディスの姓を借りて、ジェリー・ランディスと名乗った。アートは自身が律儀でグラフ用紙のような性格をしているということで、トム・グラフになる。このとき二人はまだ15才を迎えたばかりだった。

　当時は〝ペイオラ〟という、ディスク・ジョッキーに賄賂を贈って曲をかけてもらう悪しき風習が残っていた。プロデューサーのシドニー・プローセンは、人気ＤＪのアラン・フリードにお金を渡し、彼のラジオ番組でのオンエアを確保する。これが功を奏してか、全米チャートの49位にランクインし、全国で10万枚以上を売り上げるヒットとなった。ビギナーズ・ラックではあったものの、彼らは最初の栄光を手に入れたことになる。

　すぐさま第二弾シングル〈アワ・ソ

THE EVERLY BROTHERS
The Everly Brothers
Cadence：CLP-3003
発売：1958年［Album］

BOB DYLAN
Bob Dylan
Columbia：CL 1779
発売：1962年［Album］

THE BROTHERS FOUR
The Brothers Four
Columbia：CS 8197
発売：1960年［Album］

ング／ザ・トゥ・ティーン・エイジャーズ〉をリリースするが売れなかった。さらに〈ザッツ・マイ・ストーリー／〈プリティ・ベイビー〉ドント・セイ・グッドバイ〉を発表するも、やはり売れず。二匹目のどじょうを狙うばかりで、〈ヘイ、スクールガール〉のスタイルから離れなかったのが敗因だろうか。あえて言うならば、甘いロッカ・バラードの〈ザッツ・マイ・ストーリー〉は、少しだけ新鮮だった。

〈ヘイ、スクールガール〉がまだチャートの影を引きずっている時期に、水面下でポールのソロ・シングルが企画される。それが58年にトゥルー・テイラー名義でリリースされた〈トゥルー・オア・フォールス／ティーン・エイジ・フール〉だ。トム&ジェリーと同じくビッグ・レコードからの発売で、これがアートにはまったく知らされずに行われていたのだから、彼が疎外感を覚えたことは想像に難くない。この裏切り行為によって、二人は絶縁状態になってしまう。

〈トゥルー・オア・フォールス〉を作曲したのはポールの父親のルー・サイモンだ。彼はプロのベース奏者で、〈ヘイ、スクールガール〉のレコーディングにも参加している。言わば、〝ステージ・パパ〟であったと思う。トム&ジェリーで売れたのなら、息子のソロ作でもヒットを飛ばしたい。そんな気持ちで作ったのが〈トゥルー・オア・フォールス〉だったのだろう。しかし、それがエルヴィス・プレスリーの物真似ではいただけない。カップリングの〈ティーン・エイジ・フール〉はバラードで、エルヴィス風のヴィブラートのみが悪目立ちするという、感心できない出来栄えだ。

59年にトム&ジェリー名義のシングル〈ベイビー・トーク／ザ・トゥ・ティーン・エイジャーズ〉がリリースされている。この〈ベイビー・トーク〉をジャン&ディーンのヒット曲としてご存知の方もいるだろう。はたまた大瀧詠一の元ネタとしてご記憶かもしれない。ところがこれが、歌い方も声もまるでサイモンともガーファンクルとも違う。実はまったく無関係の二人による演奏なのだ。

その正体は、クリス・ガントリーとレン・チリアカの二人組。それぞれがトムとジェリーというステージ・ネームを名乗っているので、あながち偽物とも言えないという代物なのだ。サイモン&ガーファンクルの初期のコンピレイションに紛れ込んでいることがあるので、要注意だ。

トム&ジェリーとしてのコンビを解消してから、アートもソロ・シングルをリリースしている。アーティー・ガーの名義で、59年にワーウィック・レーベルより〈ドリーム・アローン／ビート・ラヴ〉を、61年にはオクタヴィア・レコーズから〈フォーゲット・ミー／プライヴェート・ワールド〉の2枚のシングルを発表した。どちらも屈託のないポップ・ソングではあるが、のちのアート・ガーファンクルとしてのソロ・アルバムを彷彿とさせる歌声が聞ける。〈プライヴェート・ワールド〉はアート自身の作詞作曲で、サイモン&ガーファンクルのファースト・アルバム、『水曜の朝、午前3時』を思わせるフォーキーな曲調だ。

ポールはトゥルー・テイラー以降も、いろいろともがき苦しんでいる。59年にはジェリー・ランディスの名義で、MGMレーベルから〈ロンリネス／アナ・ベラ〉を発表した。エルヴィスの亡霊からは脱却したものの、まだ方向性は定まってはいない。

60年には〈シャイ／ジャスト・ア・ボーイ〉をリリースしたが、この時期から歌い方に変化が見られた。悪い物真似癖が一掃され、素直なヴォーカルになっている。ウィスパリング気味に歌をまとめていく手法は、そのままサイモン&ガーファンクルの世界観に繋がっているのだ。

あらためてアートとコンビを組み直すことになる63年までの動きで興味深いのは、60年代に入ると、ポール自身もホワイト・ドゥー・ワップのグループを組んでいることだ。メンバーは、クイーンズ区で知り合ったミッキー・ボラック、マーティ・クーパー、ハウィー・ベック、それにジェリー・ランディスことポール・サイモン。61年にティコ&ザ・トライアンフス名義で、〈モーターサイクル／アイ・ドント・ビリーヴ・ゼン〉でデビューする。この曲はバイクの効果音から始まる軽快なドゥー・ワップ・ソングで、全米チャートの99位に入り微かなヒットとなった。ポールは曲作りという点でも以前に比べると巧くなっている。ただしこれは、彼を職業作家として見た場合になるのだが。

プリ・サイモン&ガーファンクルのまとめとして、ポールがポール・ケインの名義で出したシングルについて書いておこう。シングルのB面には、プロデューサーのトム・ウィルソンに気に入られ、コロンビア・レコードからのデビューのきっかけとなった〈私の兄弟〉が収められている。

この曲は、64年にミシシッピ州で有権者登録をしていた際に人種差別主義者に殺害された若者をモチーフとした。殺された三人の若者のひとりが、ポールの大学でのクラスメイトであったことから、この曲が作られたと伝えられている。

ボブ・ディランの〈ハッティ・キャロルの寂しい死〉にしても、ニール・ヤングの〈オハイオ〉にしても、史実に基づきながらも全てを歌にしているわけではない。歌はフィクションであるのだ。どこまで事実に即しているかどうかはさておき、ポールが伝えたかった怒りや憤りは、変わりようがないと思う。

サイモンとガーファンクルとフォーク

さてフォークだ。

サイモン&ガーファンクルのデビュー・アルバム『水曜の朝、午前3時』は、64年10月19日にリリースされた。発売当初は、3000枚程度しか売れなかったと伝えられている。このアルバムはフォークのひな型に合わせて組み立てられている。ボブ・ディランの〈時代は変わる〉のカヴァーや、トラディッショナル・ソングの〈山の上で告げよ〉を取り上げるなど、発売元のコロンビア・レコードの意向は明確だ。新たなフォーク・グループとして、彼らを売り出したかったのだ。その意向とは裏腹に、フォーク・ファンを引き付けることはなかった。

考えてみれば、少し前まではエヴァリー・ブラザーズやホワイト・ドゥー・ワップを歌っていた二人だ。ウディ・ガスリーやデイヴ・ヴァン・ロンク、トム・パクストンとは違う。ボブ・ディランほどのミスティックな装飾もなされてはいなかった。

ここで50年代末期からのアメリカのフォーク・ブームを復讐しておこう。このブームは、ルーツ・ミュージックのリヴァイヴァルの一環でもあった。ニューポート・フォーク・フェスティヴァルで見られるように、オールドタイミーやブルーグラス、ゴスペル、ブルーズなどが再発見された。その中にフォーク・ミュージックも含まれていたのだ。

こういった気配を敏感に察し、自分自身の伝説を作り上げていったのがボブ・ディランだった。〝方便してのフォーク〟とまでは言わないにしても、その立ち振る舞いは実に狡猾。自身が一番やりたいことが出来る時期を、虎視淡々と狙っていたのだ。

日本でモダン・フォークといえば、ブラザーズ・フォー、キングストン・トリオ、ピーター、ポール&マリーの名前が挙がるだろう。ブラザーズ・フォーはワシントン州シアトル出身で、大学のクラブを活動の拠点にしていた。これは部活のグリークラブ(男声合唱団)に近い。〈グリーンフィールズ〉で聞かれるような四声の美しいコーラスも、出自をみれば納得ができる。

キングストン・トリオの創立メンバーであるデイヴ・ガードは、中学・高校時代をホノルルで過ごし、かつてカリプソのグループを組んでいたことがある。アルバムを聞けばわかるのだが、そのレパートリーは意外なほど広く、ポピュラー・ソングも含まれている。〈スループ・ジョン・B〉の原曲として知られる〈ジョン・B〉も、元々はバハマの民謡だ。

また、ピーター、ポール&マリーの

ファッションを見て、どこか違和感を感じないだろうか。口髭に細身のスーツで短髪、ワンピース姿の多いマリー・トラヴァースの立ち振る舞いも、ジャズ歌手のそれを思い起こさせる。素朴で質素なフォークのイメージとは相入れない部分が多くはないだろうか。

　彼らの衣装をビートニクだと捉えれば、すぐに納得がいく。時期的にもまさにビート・ジェネレイションであり、ワシントン・スクウェアがとてもよく似合う。元々は俳優であったり、ショウの歌手であったり、そういった三人がボブ・ディランのマネージャーであったアルバート・グロスマンによって集められたグループだったのだ。

　フォークの仕掛け人、ランディ・スパークスによって結成されたニュー・クリスティ・ミンストレルズを思い出していただけるだろうか。このグループにはバリー・マグワイアも在籍していたのだが、彼が目指したのはフォーク版のミッチ・ミラー合唱団。家庭で誰もが楽しめるようなフォーク・ミュージックだったのだ。ミッチ・ミラー合唱団もニュー・クリスティ・ミンストレルズも所属レコード会社は、コロンビア。この伝統は、サイモン&ガーファンクルにも密かに受け継がれていると思う。

　二人の関心はフォークに向いてはいただろうが、当時の彼らの服装などから想像するに、感覚としてはビートニクに近かったのではないかと思う。それはニューヨークという大都会で生まれ育ったことからも推察できる。

　フォーク・グループを演じるべきかどうかという葛藤は、サイモンとガーファンクルの中にも当然あったはずだ。それを打破できたのは、ポールのソングライティングであり、ふたりのハーモニーの力だった。自らの手で真新しいジャンルを切り開いていった、それが〝サイモン&ガーファンクル〟となった二人だったのだ。

PETER, PAUL AND MARY
Peter, Paul And Mary
Warner Bros.：W 1449
発売：1962年［Album］

AU GO-GO SINGERS
They Call Us Au Go-Go Singers
Roulette：SR 25280
発売：1964年［Album］

VA.
The Beat Generation
Rhino Records：R2 70281
発売：1992年［CD］

SIMON & GARFUNKEL
Wednesday Morning, 3 A.M.
水曜の朝、午前3時

Columbia：CL 2249 (mono) / CS 9049 (stereo)
発売：1964年10月19日

[A]
1. You Can Tell The World
2. Last Night I Had The Strangest Dream
3. Bleecker Street
4. Sparrow
5. Benedictus
6. The Sounds Of Silence

[B]
1. He Was My Brother
2. Peggy-O
3. Go Tell It On The Mountain
4. The Sun Is Burning
5. The Times They Are A-Changin'
6. Wednesday Morning, 3 A.M.

プロデューサー：Tom Wilson
参加ミュージシャン：Barry Kornfeld (ag), Bill Lee(b)

2001 Reissue CD
Columbia / Legacy：CK 65999
　6. The Sound Of Silence（タイトル表記修正）
Bonus Tracks
13. Bleecker Street (Demo)
14. He Was My Brother (Alt. Take 1)
15. The Sun Is Burning (Alt. Take 12)

トム&ジェリー時代、ポールがアートに無断でソロ・シングルを出したことがきっかけで疎遠になってから5年後の63年のある日、偶然再会した二人はお互いがフォーク志向に傾いていることを確認する。ポールはティーンエイジ向けポップからフォークに方向転換後の最初の作品「私の兄弟」をアートに聞かせ、二人でステージに立つようにもなるが、その時点ではまだデュオが完全に復活したわけではなかった。

二人が指標としたボブ・ディランのプロデューサー、トム・ウィルソンは売り込みにきたポールの書いた〝曲〟に注目するが、ポールはデュオとしてのアーティスト契約にこだわった。そしてオーディション用テープの制作を経て、コロンビアとの契約を果たす。

このデビュー作はポールとアートのほかに第2アコースティック・ギター（間違いなくバンジョーも）のバリー・コーンフェルド、コントラバスのビル・リー（映画監督スパイク・リーの父）という布陣で、64年3月の3回のセッションで録音された。録音担当はオーディション用テープの段階から付き合っていたとも言われるロイ・ハリーで、S&Gとの協調関係はこれ以降長く続いていく。楽曲の構造パターンの幅が一気に広がる次作以降では、ヴォーカルは基本的にセンターに固定され（「ミセス・ロビンソン」「冬の散歩道」など例外あり）、それぞれのソロ、ハーモニー、掛け合いなど、歌う二人の関係が曲によって自在に変化する様子が描かれるようになる。しかし本作の場合、ラインがほぼ対等に書かれた二人のヴォーカルがステレオの左右チャンネルにきれいに振り分けられ、エヴァリー・ブラザーズ風味もあるハーモニーの構造が聞き取りやすくなっている。

オリジナル曲のうち、前述の「私の兄弟」は公民権運動への共感を表明したプロテスト・ソングで、ウィルソンが最初に注目した曲とも言われている（ポール自身は否定）。ハーモニカ入りのテイクもあり、アートが収録を希望したが却下された（01年のリマスター盤にボーナス・トラックとして収録。ほかのボートラ2曲は本編と大差なし）。擬人法を用いた「すずめ」も早い時期からアートがハーモニーを付けて一緒に歌っていた曲。そのアートは当初「霧のブリーカー街」を知的過ぎると感じていたようだが、その上品な音の響きにはすでに彼ら独特の世界がある。「水曜の朝、午前3時」についてアートはライナーで「64年4月に書かれた」と書いているが、実際の録音日は3月17日。まあ、最後に書かれた作品であることは間違いなさそうだ。

そして「サウンド・オブ・サイレンス」は、63年11月頃には一応の形を成していたが、アートによれば64年2月19日に最後の歌詞が完成。この曲に絶対の自信を持ったポールは、録音初日の最初の一曲にこれを選んだ。

カヴァーで注目すべきは、アートが見つけてきた（正しく書けば）「ベネディクトゥス」。これは16世紀フランドル楽派の作曲家オルランドゥス・ラッスス（ラテン語読み）が書いた『狩人のミサ曲』の第4曲の前半部分を編曲したもの。カノン形式で歌われ、ギターのアルペジオと、弓を使ったアルコ奏法のコントラバスが色を添える。

そのほかのカヴァー6曲は、ディランの「時代は変る」の端正な解釈を含め、フォークの範疇に美しく収まっている。対照的にポールのオリジナルの一部はすでにフォークの枠を超え、新たな領域に踏み出そうとしていたが、そのことに気付いた人はごく少数だった。

コロンビアにとって本作の優先順位は低く、録音から半年以上を経て10月にようやくリリースされたが、まともなプロモーションもなく、ヒット性のある曲がないと判断されてシングルも切られず、セールス的には惨敗だった。エレクトリック化された「サウンド・オブ・サイレンス」が大ヒット中の66年1月22日にようやくビルボード誌にチャート・イン。英国ではポールの作品のみ4曲を収めたEPが65年7月に出たものの、アルバムのかたちでは68年11月まで未発売だった。微妙なイラストのジャケットに差し替えられた日本コロムビアからの国内盤『平和の誓い』は66年12月の発売だ。 **斎藤**

PAUL SIMON
The Paul Simon Song Book
ポール・サイモン・ソングブック

英・CBS：BPG 62579 (mono) / SBPG 62579 (stereo)
発売：1965年8月17日

[A]
1. I Am A Rock
2. Leaves That Are Green
3. A Church Is Burning
4. April Come She Will
5. The Sound Of Silence
6. A Most Peculiar Man

[B]
1. He Was My Brother
2. Kathy's Song
3. The Side Of A Hill
4. A Simple Desultory Philippic
5. Flowers Never Bend With The Rainfall
6. Patterns

プロデューサー：Reginald Warburton, Stanley West

2004 Reissue CD
The Paul Simon Songbook（タイトル表記変更）
Columbia / Legacy：CK 90281
Bonus Tracks
13. I Am A Rock (alternate version)
14. A Church Is Burning (alternate version)

パフォーマーとしてのポール、あるいはS&Gは、グリニッチ・ヴィレッジのフォーク・シーンでは〝浮いた〟存在だった。一方、63年のヨーロッパ旅行の折にフォーク・クラブで歌って以来、ロンドンの聴衆はNYから来たこの一風変わった若者を暖かく迎えてくれた。ポールは『水曜の朝、午前3時』の録音終了直後からロンドンのフォーク・シーンと深くかかわるようになり、バート・ヤンシュやジョン・レンボーンらとも関係を築いていく。そんな中でポールの才能に注目し、応援団長を買って出たのが、ジュディス・ピープという女性だった。

ピープがBBCに熱心に売り込みを図った結果、65年1月27日に12曲をスタジオで録音、「私の兄弟」など4曲が5分間の宗教番組『ファイヴ・トゥ・テン』の中で3月8日から4日連続でオンエアされる。これがリスナーの間で反響を呼び、5月1日から22日まで毎週土曜日に別の4曲を紹介。その反応を見たピープはCBSにアルバムを制作するよう働きかけ、ロンドンを訪れたトム・ウィルソンによる法的関係の調整を経て、この完全ソロ・アルバムの制作に漕ぎ着けたのだ。

録音はロンドンのレヴィーズ・レコーディング・スタジオにて6月17日、23日、7月5日の3日間かけて行われ、曲によってはいくつものテイクが重ねられた。録音は1時間でどの曲も1テイクで終了したという〝逸話〟も以前はまことしやかに語られていたが、それをつい信じてしまうほどの生々しく気合の入った内容であることは確かだ。生のステージでの実践を重ねてきたポールの歌とギターはスタイルが完全に出来上がり、自信にあふれている。

収録曲はすべて自作。激しくもある「サウンド・オブ・サイレンス」と並ぶ『水曜の朝…』からの再演曲は「私の兄弟」。63年8月にもザ・ヴォイシズ・オブ・ポール・ケイン名義でトリビュートからこの曲をシングルで出していたので（カップリングはただのポール・ケイン名義の「カルロス・ドミンゲス」。英国では64年8月にオリオールから両面ともジェリー・ランディス名義で発売）、これが3回目の録音となるが、公民権運動に携わった級友アンドルー・グッドマンが64年6月21日にミシシッピで殺害されたのを受けて、歌詞が一か所書き換えられている。

これまでに書き溜めた新曲のうちBBCでオンエアされたのは、『サウンド・オブ・サイレンス』に収められることになる「アイ・アム・ア・ロック」「とても変わった人」、67年のNYでのライヴが後年発掘される「教会は燃えている」、歌詞の一部が「スカボロー・フェア／詠唱」に組み込まれる「ザ・サイド・オブ・ア・ヒル」の4曲。ほかの6曲も『サウンド…』や『パセリ、セージ、ローズマリー・アンド・タイム』に散りばめられていく。

7月16日に「アイ・アム・ア・ロック」が先行シングル・カットされているが、これはアルバム・テイクではなく04年のリマスター盤に登場した別テイクの方だった。ボブ・ディランの『フリーホイーリン』を意識して恋人キャシーとの2ショットがジャケットに使われたアルバムは、8月17日に英国で発売。モノラル盤とステレオ盤が出たが、ヴォーカルとギター1本だけの録音のため、両者にはわずかな響きの違いがある程度だ。BBC放送時の反響に比べ、シングルもアルバムもあまりセールスは伸びなかったが、12月にオランダでも発売されたほか、カナダ、ニュージーランド、スペインなどでもリリースされている。英題が“Simon Before Garfunkel(Recorded in 1964)”とされポールの髭面のモノクロ写真が使われたCBS・ソニーからの国内盤（モノラル）は69年11月の発売。英国では72年頃にジャケ写を左右反転させて文字のレイアウトを変更した形で再発、73年の国内再発盤（ステレオ）もそれに倣ったが、右手の薬指にはめたポールの指輪から判断して正しい向きなのはオリジナル盤の方だ。米国を含む全世界向けのリマスターCD化（モノラル）は04年で、前述の「アイ・アム・ア・ロック」シングル・テイクと「教会は燃えている」の6弦ギター版（本編は12弦）が追加収録された。　**斎藤**

SCORE

英国のLORLA MUCIC CO. LTD.から発売されたThe Paul Simon Song Bookの楽譜集（1965年）

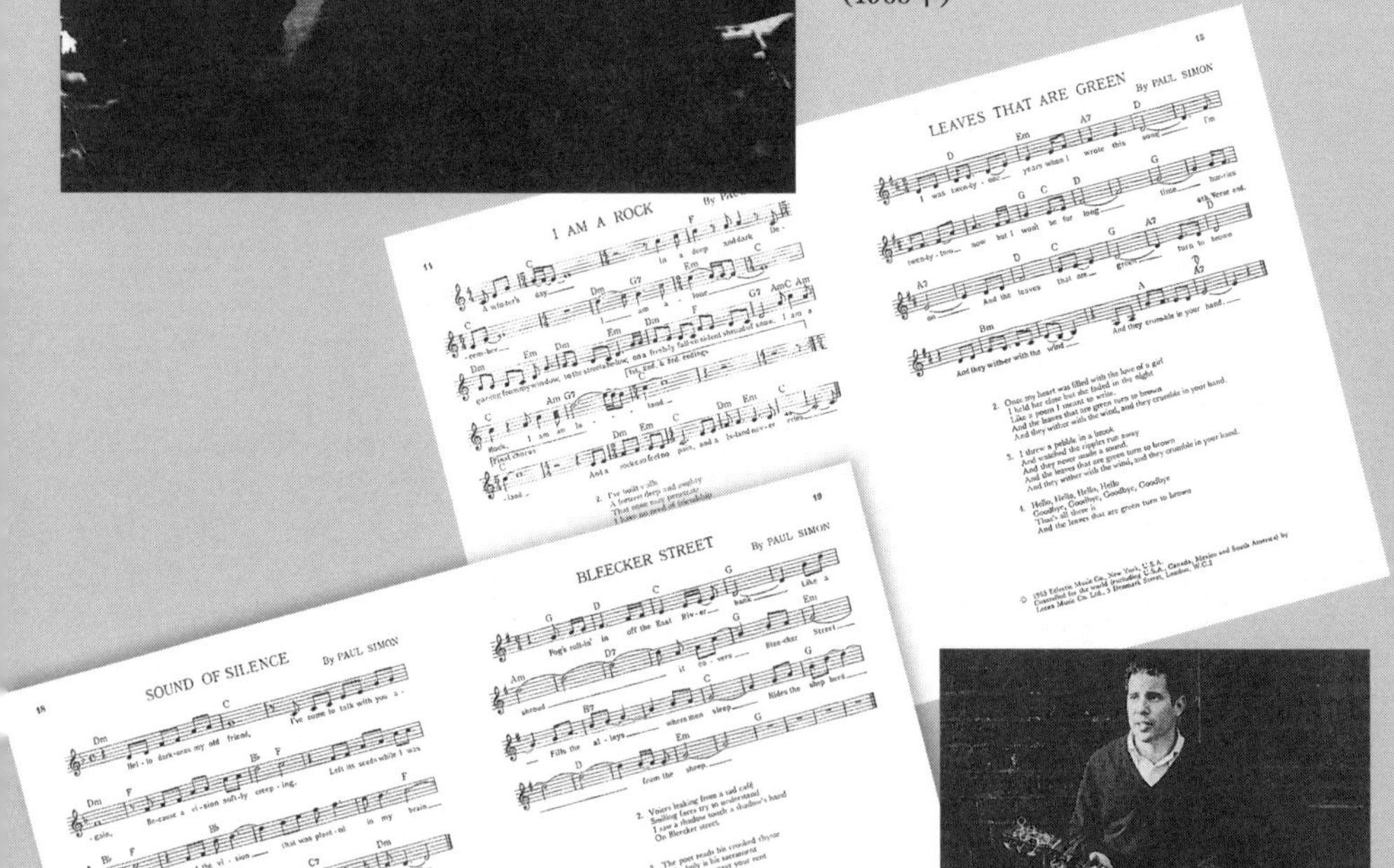

#2
Original Years 1965-1970

★★★★★★★★★★★★★★★★★★★★

オリジナル・イヤーズ

Mitsumasa Saito
Koji Wakui
Jiro Mori
Shinichi Ogawa

Sounds Of Silence
サウンド・オブ・サイレンス

Columbia：CL 2469 (mono) / CS 9269 (stereo)
発売：1966年1月17日

[A]
1. The Sounds Of Silence
2. Leaves That Are Green
3. Blessed
4. Kathy's Song
5. Somewhere They Can't Find Me
6. Anji

[B]
1. Richard Cory
2. A Most Peculiar Man
3. April Come She Will
4. We've Got A Groovey Thing Goin'
5. I Am A Rock

英・CBS：BPG 62690 (mono) / SBPG 62690 (stereo)

[B]
1. Homeward Bound
2. Richard Cory
3. A Most Peculiar Man
4. April Come She Will
5. We've Got A Groovey Thing Goin'
6. I Am A Rock

プロデューサー：Bob Johnston, Tom Wilson

2001 Reissue CD
Columbia / Legacy：CK 65998
1. The Sound Of Silence（タイトル表記修正）
10. We've Got A Groovy Thing Goin'（同上）
Bonus Tracks
12. Blues Run The Game
13. Barbriallen (Demo)
14. Rose Of Aberdeen (Demo)
15. Roving Gambler (Demo)

トム・ウィルソン主導でエレクトリック化されたシングル「サウンド・オブ・サイレンス」の大ヒットを受け、商機を逃すまいと、コロンビアはセカンド・アルバムの制作を急遽決定する。英国にいたポールは呼び戻され、65年12月8日に帰国。早速週明けの13日(月曜日)からセッションが開始されたが、スタジオで待ち受けるプロデューサーがウィルソンではなくボブ・ジョンストンだったのでポールはひどく失望する。しかし、エンジニアがデビューの時から相性のいいロイ・ハリーだったことで救われたのだ。

「サウンド・オブ・サイレンス」および4月に録音済みだった「はりきってゆこう」「どこにもいないよ」については32頁からの別稿に詳しく書いたのでここでは触れないが、クリスマス前までの2週間に最低でも10曲が録音され、66年1月17日に速攻でリリースされた本作にはそのうち8曲が収められたことになる。外された2曲のうちNY録音の「早く家へ帰りたい」は次のシングルとして1月19日にリリース(3月発売の英国盤や8月発売の日本コロムビアからの国内盤ではアルバムのB面1曲目に追加)、お蔵入りしたLA録音のジャクソン・C・フランク作「ブルーズ・ラン・ザ・ゲーム」は97年の『オールド・フレンズ』で日の目を見た(現在はリマスター盤にボーナス・トラックとして収録)。

スタジオのスケジュール調整の都合からか、ジョンストンのアイディアだったのか、セッションはニューヨーク、ナッシュヴィル、ロサンゼルスの3か所で行われたが、残された10曲はいずれも13〜14日のNY録音か21〜22日のLA録音だった。参加メンバーについて公式の記録はないが、NYではジョー・サウス(g)やポール・グリフィン(p)、LAではグレン・キャンベル(g)やハル・ブレイン(ds)らが参加した模様。その間に行われたはずのナッシュヴィル録音からは何も使われず、内容に関しても一切不明。その理由については、ハリーが参加できずポールが仕上がりに納得しなかったから、とも言われている。

それは裏を返せば、ポールがハリーに寄せる信頼の大きさを物語っている。突貫工事的なレコーディングでもアルバムが統一感を保てたのは、ハリーの音作りの巧みさゆえだろう。S&Gとハリーとの連携はこのセッション以降さらに深まり、解散に至るまで〝チーム〟として機能していくことになる。

極めてタイトなスケジュールの中、曲に多少のバラつきはあっても全体として一定の水準を保つアルバムになり得たのは、『ポール・サイモン・ソングブック』にも収録されていた作品のストックがあったおかげだ。自殺した男をあっけらかんと描いた「とても変わった人」はともかく、ハープシコードが効果的に使われたチャーミングな「木の葉は緑」、ポールの弾き語りをそのまま活かしたラヴ・ソング「キャシーの歌」、季節の移ろいをアートのヴォーカルで綴ったアコースティックな「四月になれば彼女は」あたりは今でも人気が高い。よくよく見れば、『ソングブック』由来の曲の中で明確なフォーク・ロック・スタイルに仕立てられたのは、最後に置かれた「アイ・アム・ア・ロック」だけだった。

ハードなロックっぽさという点では、「ブレスト」「リチャード・コリー」というこの時期ならではの2曲がある。

初期のプレスでバート・ヤンシュ作'Angie'とクレジットされてしまったデイヴィ・グレアム作の'Anji'は、英国時代の名残の巧みなギター・インストで、「ワーク・ソング」の一節を引用したヤンシュのアレンジが参照されている。35頁にも書いたように、4月録音の2曲との関係性が面白い。

01年のリマスター盤に追加収録された「バーブリアレン」など3曲は70年7月のデモ録音。実は『明日に架ける橋』リリース時点でコロンビアとはあと1枚分契約が残っていたため、彼らは原点回帰のアコースティックなカヴァー集の制作を目論んだが、こじれた二人の関係は修復できず計画は頓挫。これらはその名残で、契約の遂行は72年6月の『グレイテスト・ヒッツ』で何とか果たされたのだった。

斎藤

「サウンド・オブ・サイレンス」エレクトリック化の真実

斎藤充正

「サウンド・オブ・サイレンス」はサイモン&ガーファンクルの歴史上で最も重要な曲の一つだが、過去の盤にはその英題表記に誤りがあったことにお気付きだろうか。曲のタイトルは冠詞あり・単数形の"The Sound Of Silence"、その曲を冠したセカンド・アルバムのタイトルは冠詞なし・複数形の"Sounds Of Silence"が正しい。ところがコロンビア・レコードが『水曜の朝、午前3時』で曲名を複数形の"The Sounds..."としてしまい、その表記がシングル、セカンド・アルバム、映画『卒業』のサントラ盤と続いた。CBS・ソニーの日本編集盤などもそれに倣っていたが、『ポール・サイモン・ソングブック』(最初の日本盤"Simon Before Garfunkel"は除く)や米国編集の『グレイテスト・ヒッツ』『ライヴ・ライミン』などでは正しく表記されていた。旧タイトルも01年のリマスター盤以降は"The Sound..."に統一されている。

それはさておき、彼らの運命を決定づけた「サウンド・オブ・サイレンス」(以下「SOS」)のエレクトリック・ヴァージョン誕生にまつわるさまざまな〝伝説〟はどこまで本当だったのかを解明していくのが、本稿の趣旨である。

ディランのセッションとは無関係

まず、ボブ・ディランが「ライク・ア・ローリング・ストーン」を録音していた65年6月15日のセッションのあと、プロデューサーのトム・ウィルソンがメンバーに残ってもらい、エレクトリック・ギター、エレクトリック・ベース、ドラムスをオーヴァー・ダビングしたというのがいつのまにか〝定説〟になっていた。結論から先に書いてしまうと、これはまったくのでたらめであり、ウィルソンがセッティングしたオーヴァーダブ・セッションが実際に行われたのは、ニューヨークにあるコロンビアのスタジオAにおいて、65年7月22日の午後2時30分から5時30分までである。

肝心の参加ミュージシャンだが、93年のポール・サイモンの3枚組CD『グレイト・ソングブック　1964／1993』にクレジットされていたのはギター＝アル・ゴーゴーニ、ベース＝ボブ・ブッシュネル、ドラムス＝ボビー・グレッグの3人である。一方エンジニアのロイ・ハリーの記憶では、メンバーはギターがゴーゴーニとヴィニー・ベル、ベースがジョー・マック（ジョー・マチョ、ジョセフ・マチョ・ジュニアなど表記がいろいろ変わる）、ドラムスがバディ・サルツマンとなる。

このうち、チップ・テイラーとのジャスト・アスでの活動などでも知られるゴーゴーニ、ギリシャのブズーキを電化して12弦にしたベルズーキやエレクトリック・シタールの開発者でもあるベルというギタリスト2名は、このレコーディングについての証言も残していて、参加したことは間違いない。ただベースとドラムスに関しては、実際に参加したのがそれぞれどちらだったかを特定できる情報は今のところなさそうだ。

またこのセッションに関して、音を重ねたことにのみ注目が集まるが、もとの録音から〝消された〟音のことにも触れておきたい。64年3月10日、アルバム『水曜の朝、午前3時』のために最初に録音された「SOS」は、ポールとアート・ガーファンクルのヴォーカル、ポールのアコースティック・ギターのほかに、セカンド・アコースティック・ギターのバリー・コーンフェルド、コントラバス（ダブルベース）のビル・リーというメンバーで演奏されている。ところがエレクトリック・ヴァージョンではセカンド・ギターとコントラバスの音は聞こえてこない。ということは、ポールの声とギター、アートの声だけを残してほかの音をカットし、その上にエレクトリックな意匠を施したということになる。

65年の春頃、ボストンのラジオ局WBZのDJだったディック・サマーは、『水曜の朝…』に入っていた「SOS」が気に入り、自分の番組で何度かオンエアしたところ、それに大学生たちが反応してリクエストが殺到するようになる。アルバムも少しずつ売れ始めた。その情報はコロンビアにも伝えられたが、この曲の人気がボストンから飛び火して、多くの大学生が休暇を過ごすフロリダ州ココア・ビーチのラジオ局でガンガンかかっているという話がウィルソンに伝わったのは、7月半ばにマイアミで開催された同社の年次総会でのことだった。これは同席していたモート・ルイス（当時はブラザーズ・フォー、のちにS&Gのマネージャー）の証言による。

そこでひらめいたウィルソンは、「ＳＯＳ」をそのままではなく、エレクトリック化した上でシングル・カットする計画をすばやく実行に移す。彼がイメージしたのは、自身が手がけてきたディランのラフなバンド・サウンドではなく（ディラン自身の意向かマネージャーのアルバート・グロスマンの差し金か、ウィルソンは6月15〜16日のセッションを最後にプロデュースから外され、そのことがコロンビアを離れヴァーヴ／ＭＧＭに移るきっかけとなった）、6月26日にチャートの首位に輝いたばかりのザ・バーズの「ミスター・タンブリン・マン」の方だった。それもディランの曲ではあるが、遠くハリウッドで試行錯誤の果てに完成した斬新なフォーク・ロック・サウンドは、ディラン自身にも大きな刺激を与えた。ウィルソンはその演奏の〝ジングル・ジャングル〟感を「ＳＯＳ」の深遠なイメージとブレンドできないかと考え、12弦エレクトリック・ギターを使う代わりに（6弦の）エレクトリック・ギター2本を重ねることによる効果を狙った。そしてそれをハリーがうまくまとめ上げたのだ。

9月（13日または月末）にリリースされたシングルは最初にボストンで火が点き、11月20日付ビルボード・ホットⅠ00で80位に、キャッシュボックスでは84位に初登場、ＢＢ誌では66年1月1日付、ＣＢ誌では1月29日付で第1位に輝いた。そこからＳ&Ｇの快進撃が始まるわけだが、その陰でほとんど見落とされているのが、「ＳＯＳ」のＢ面がどんな由来の曲だったのか、である。

歴史から抹殺されていた65年4月のセッション

そのＢ面曲「はりきってゆこう」および、同曲と共にアルバム『サウンド・オブ・サイレンス』に収録されることになる「どこにもいないよ」の2曲は、いずれもアコースティック&エレクトリック・ギター、ベース、ドラムス、エレクトリック・ピアノ、トランペット、ストリングスによる演奏で、録音されたのは65年4月5日。つまりそれは「ＳＯＳ」のオーヴァーダブより3か月以上前、バーズの「ミスター・タンブリン・マン」発売の1週間前のことだった。コロンビアの社内的に、ではなくあくまでもウィルソン個人として、解散状態だったＳ&Ｇをなんとか蘇生させたいという強い思いがあったと思われ、イギリスにいたはずのポールを呼び寄せて、彼ら初のバンド編成による録音を敢行したわけだ。

ポールがどんな思いでこのセッションに臨んだかはわからないが、ここで起死回生の大ヒットを狙うのであれば、1月にＢＢＣで録音済みだった自信作の「アイ・アム・ア・ロック」、あるいはライヴで披露していた「木の葉は緑」あたりを用意したはずだ。だが実際は違った。「どこにもいないよ」は、デイヴィ・グレアム作のギター・インスト「アンジー」（12月に録音してアルバムに収録されることになる）からイントロを借用し、歌詞は「水曜の朝、午前3時」を改変しただけのものだった。ちなみに、ポールが参照した「アンジー」はバート・ヤンシュによるカヴァー・ヴァージョンと思われ、そこではナット・アダレイ作「ワーク・ソング」からの一節が引用されていたが、ポールはその部分も再現している。そして「はりきってゆこう」も、イントロやサビがその「ワーク・ソング」のメロディーからの流用で成り立っているという作りで、戸惑いがあったのか2曲とも割と安直というか、ポールにしては本気度の足りない作品だった。当然、その時点でのシングル化は見送られた。

結果的に「SOS」のB面に収まった「はりきってゆこう」のレーベル面には、アレンジャーとしてコールリッジ・パーキンソンの名がクレジットされていた。アルバム収録の時点でその表記が省かれてしまったためほとんど知られていないが、同編成の「どこにもいないよ」も同様のはずだ。パーキンソンはマックス・ローチなどとも共演しているピアニスト／編曲指揮者で、ここではホーンとストリングス・パート（これは後からダビングされた可能性あり）の編曲を担当したと思われる。

2曲ともいわゆるフォーク・ロックっぽさとはちょっと違うジャジーな仕上がりで、確かにヒット性には乏しく、素材のせいもあってきっちりと作り込まれた感じも希薄だが、どちらもトランペットやエレクトリック・ピ

アメリカ盤シングルのB面
We've Got A Groovey Thing Goin'
米・Columbia：4-43396 (Side B)
発売：1965年9月
※Grooveyは正しくはGroovy

英国盤シングル
The Sound Of Silence
英・CBS：201977
発売：1965年12月
※曲名が正しく表記された

日本限定の7インチ15枚セット
オリジナル・シングル全集
日・CBS/Sony：80SP 601〜15
発売：1982年5月
※ブックレットでは『シングル全曲集』

アノ（ポール・グリフィンだろうか？）が印象的で、ポールのアコースティック・ギターの力強いカッティングも生かされ、個人的には愛着もある。

このセッションのことは、これまでのS&G史において、ほとんどまともに語られてこなかった。綿密な取材を重ね、最新情報まで詳細に盛り込まれた18年刊行（邦訳は20年）のロバート・ヒルバーン著『ポール・サイモン 音楽と人生を語る』（奥田祐士訳、DU BOOKS）においても、4月のポールの動向には一切触れず、アルバム『サウンド・オブ・サイレンス』について書かれた中で曲目を並べて「…という、すでにレコーディングずみの曲が2曲あった」と、それだけである。「SOS」の大ヒットまでの劇的なストーリーを美しくまとめるためには目障りな一幕だったのかもしれないが、この試みのことは忘れられるべきではないだろう。なお、このセッションを巡る動きに注目した数少ない例としては、中山康樹著『ビートルズとアメリカ・ロック史 フォーク・ロックの時代』（河出書房新社、09年）などがある。

二人は本当に知らされていなかったのか？

さて、ここから最大の〝謎〟に踏み込まなければならない。ポールとアートは「SOS」のオーヴァーダブ・セッションのことを事前に知らされていなかったとされているが、それは本当なのか、という問題である。

まず前提として、前述した4月5日のセッションの存在がある。ウィルソンがS&Gの音作りをエレクトリックな方向に軌道修正しようとしていることを、ポールもアートもその時点でしっかり認識していたはずである。

次に、ポールはイギリスで生活していたが、ウィルソンとのコンタクトはもちろん切れていなかった。ニューヨークでの4月のセッションのあと、ポールは6月17日からロンドンで『ポール・サイモン・ソングブック』のレコーディングを行ったが、それに先駆けてウィルソンは事務手続きのためにロンドンのCBSを訪れている。録音前にはもうニューヨークに戻っていたのだが。

そうした経緯を考えると、「SOS」のオーヴァーダブに関しても連絡は取れたはずだが、気になるのはウィルソンが思いついてから実行に移すまでの時間の速さだ。ココア・ビーチのラジオ局での「SOS」のオンエア情報を聞いてからスタジオ入りまで実際に1週間程度だったとすれば、さすがに連絡は間に合わなかったかもしれないが、急いだ理由を考えておく必要もあるだろう。まず、タイミングを逃さずヒットを狙うという大きな目的があり、さらにウィルソン自身がコロンビアを辞める算段をしていた時期というのも関係しているかもしれない。そしてなにより、二人に意見を求めた結果、拒否される可能性もある。そこで議論している時間はない。そんな事情でとりあえず作業を先行し、二人に対しては事後承諾を求める形となったのではないか。もっともこれはあくまでも推測に過ぎない。二人が事前に情報を得ていた可能性もゼロではなく、そのあたりについての発言も一貫していないので、結局真相はわからないままである。

いずれにしても、発売前にはポールのもとにテスト・プレスが届けられ、休暇を終えて9月からの大学の新学期のためにニューヨークに戻ってきたアートも、ウィルソンに呼ばれてスタジオで音を聞かされた。4月のことを考えればエレクトリック化は想定内だったはずで、気になるのは出来栄えの良し悪しだけだったと思われる。内容に納得できない部分があったとしても、すでに状況は変わりつつあった。あとはチャート・アクションに一喜一憂する日々が訪れるのを待つだけだった。

オリジナル・シングルに刻まれた本当の音

コロンビアからリリースされたＳ＆Ｇのシングルは「ＳＯＳ」から75年の「マイ・リトル・タウン」まで15枚あり、70年3月の12枚目「いとしのセシリア／ニューヨークの少年」までがモノラルだ。日本では82年5月の初来日に合わせて、オリジナル・モノラル・マスターを使用した『オリジナル・シングル全集』として復刻が実現している。特にモノラルが主流だった70年代初頭まで、米国のシングルはアルバム収録ヴァージョンとのミックス違いやテイク違いも多く、Ｓ＆Ｇも例外ではなかったが、そんな中でも「ＳＯＳ／はりきってゆこう」には〝別物〟と言えるほどの違いがあって驚かされる。この音は、ぜひ一度体験してみて欲しいものだ。

一聴して感じるのは、ウォール・オブ・サウンドと見紛うばかりのリヴァーブの深さ。そしてバックの音がやたら大きく、ヴォーカルはやや引っ込んだ感じだ（ポールが違和感を持ったとすればこのあたりかもしれない）。特に違うのがベースで、グリッサンド奏法を多用した迫力のある演奏ぶりが非常に目立つ。リヴァーブが深いのは「はりきってゆこう」も同様で、イントロのバスドラの音から重く響き、ストリングスは埋もれがちで、全体的にガレージっぽい雰囲気もある。ＬＰやＣＤで聴きなじんだクリアな音とはかなり印象が異なるが、ラジオで聴けばかなりインパクトがあっただろう。

Parsley, Sage, Rosemary and Thyme
パセリ、セージ、ローズマリー・アンド・タイム

Columbia：CL 2563 (mono) / CS 9363 (stereo)
発売：1966年10月10日

[A]
1. Scarborough Fair / Canticle
2. Patterns
3. Cloudy
4. Homeward Bound
5. The Big Bright Green Pleasure Machine
6. The 59th Street Bridge Song (Feelin' Groovy)

[B]
1. The Dangling Conversation
2. Flowers Never Bend With The Rainfall
3. A Simple Desultory Philippic
4. For Emily, Whenever I May Find Her
5. A Poem On The Underground Wall
6. 7 O'Clock News / Silent Night

英・CBS：BPG 62860 (mono) / SBPG 62860 (stereo)

[A]
1. Scarborough Fair / Canticle
2. Patterns
3. Cloudy
4. The Big Bright Green Pleasure Machine
5. The 59th Street Bridge Song (Feelin' Groovy)

プロデューサー：Bob Johnston

2001 Reissue CD
Columbia / Legacy：CK 66001
Bonus Tracks
13. Patterns (Demo)
14. A Poem On The Underground Wall (Demo)

「サウンド・オブ・サイレンス」に続いて「早く家へ帰りたい」が米5位、英9位のヒットになったことでサイモン&ガーファンクルの活動はようやく軌道に乗った。それはアートが別の人生を諦めて、ミュージシャンとして生きていくのを決心したことを意味している。次々と舞い込むライヴの仕事に、大ホール中心のツアーまで組まれるようになれば、入ってくる金が違う。売れるとこんなに儲かるんだ?と実感したことだろう。そりゃそうだ。身近なミュージシャン家庭はポールの家ぐらいだったアートは、全米ヒット1曲で家が買えるほどの金が入ってきたことで本気になった。極論を言えば、ポールはアートの〝そこ〟が嫌いなのだろうし、アートは自分が〝金で動く〟と思われることに我慢がならなくなっていく。50年もバンドをやっていると、その辺の悲喜交交を音から感じられるようになってしまうから、『明日に架ける橋』やビートルズの『アビイ・ロード』のアルバムとしての完成度の高さは認められても、そこに私の〝気持ち〟は乗らない。「だから良くない」と言うつもりはないし、そういう作品も愛聴はしているのだが、私が無人島に私が持っていきたいと思うのは、もっと純粋な〝想い〟が乗っかったアルバムなのだ。ゆえにS&Gで言えば、トムとジェリー以来のふたりの夢が叶ったとも受け取れる本作が、いちばんグッと

くるのである。
当時としては録音期間が長く、単体の曲として録音されていったものを並べた、と言っていい。つまり、コンセプトみたいなものはなかったアルバムなのだが、〝想い〟はつながっているから、ディランに対するライヴァル心が暴走したような「ア・シンプル・ディサルトリー・フィリピック」のような曲がここに入っていることにも納得がいくのだ。ちょっとサイケを意識したような「パターンズ」は、同時期のデイヴィ・グレアムがアコギでラーガ・ロックに向かったことへの反応だったとも思えるし、「ザ・ビッグ・ブライト・グリーン・プレジャー・マシーン」はポール・リヴィア&ザ・レイダーズ辺りへの返答だったようにも思う。そういったポールらしい〝目配せ〟がサイモン&ガーファンクルをポップ／ロックの中央に押し出したわけだが、果たしてアートにそんな〝つもり〟はあったのだろうか？

このふたりの音楽を聴いていると、私は優れたお笑いコンビを思い浮かべる。それも、一方はネタづくりをひとりで引き受け、一方が完全にコンビの芸を象徴する、「中川家」みたいなタイプである。アメリカ人の友だちに「こいつらにサイモン&ガーファンクルを感じるか？」と訊いたら、「コージ、それはちゃっちゃいヤツとでっかいヤツのコンビだからか？」と返されそうだが、「このちっちゃいヤツがネタを書いてて、でっかい方は演じることに徹してるんだよ」と説明したら、わかってくれるかもしれない。

私がこういうことを書くと、ロックに妙な幻想を持っている人は「漫才なんかと比べるなんて！」と怒りそうだが、いまの日本では〝ロック・バンド風〟のJポップより、お笑い芸人の方がよっぽどロックなのがわかっていない人と、私は友だちになれないと思う。

それにしても、このアルバム以降のロイ・ハリーの録音は素晴らしい。本作はまだモノラルがメインだから、私は大枚はたいて米コロンビアのモノラル盤を入手してみたのだが、ひとつひとつの楽器の音色をきちんと捉えながら絶妙のミックスをして、モノラルとは思えない空間をつくっているのには驚かされた。ふたりのヴォーカルの生々しさとバランス感、アコギを爪弾く小さな音からアグレッシヴなバンド・サウンドまで、というレンジの広さがアルバムをドラマティックに仕上げていることが、これまでほとんど語られていないのはあまりに残念だ。かつての日本盤やステレオ・ヴァージョンのCDは全体にノペッとしてしまっていて、ハリーの鋭い空間演出は少しもわからない。これはぜひソニーに、モノラルのアナログ盤で再発してもらいたい（というか日本ではモノラルが出たことはなかったよね）。

和久井

Live from New York City, 1967
ライヴ・フロム・ニューヨーク・シティ、1967

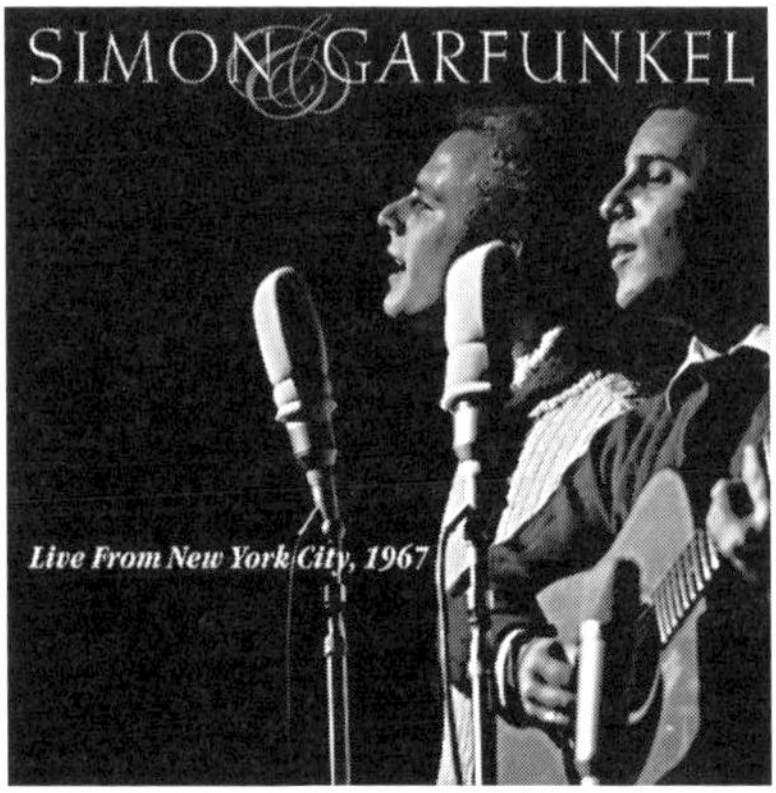

Columbia / Legacy：CK 86754［CD］
発売：2002年7月16日

1. He Was My Brother
2. Leaves That Are Green
3. Sparrow
4. Homeward Bound
5. You Don't Know Where Your Interest Lies
6. A Most Peculiar Man
7. The 59th Street Bridge Song (Feelin' Groovy)
8. The Dangling Conversation
9. Richard Cory
10. A Hazy Shade Of Winter
11. Benedictus
12. Blessed
13. A Poem On The Underground Wall
14. Anji
15. I Am A Rock
16. The Sound Of Silence
17. For Emily, Whenever I May Find Her
18. A Church Is Burning
19. Wednesday Morning, 3 A.M.

プロデューサー：Paul Simon, Art Garfunkel, Roy Halee, Bob Irwin

1967年1月22日にニューヨーク市マンハッタンのリンカーン・センター内にあるフィルハーモニック・センター（現デイヴィッド・ゲフィン・センター）で収録されたライヴ・アルバム。97年に発売されたボックス・セット、『オールド・フレンズ』にはこの日の音源が5曲収録されていたが、コンサートの全容が明らかになったのは2002年のことだった。ただし、『オールド・フレンズ』に入っていた「レッド・ラバー・ボール」（サイモンとオーストラリア出身のザ・シーカーズのメンバー、ブルース・ウッドリーの共作で、ザ・サークルのシングルがヒットした）はオミットされている。

66年のS&Gを巡る動きは目まぐるしいものだった。1月に「サウンド・オブ・サイレンス」のヒットを受けて急遽制作されたアルバム『サウンド・オブ・サイレンス』をリリース、間髪を入れず同アルバム未収録のシングル「早く家へ帰りたい」を出す。人気に便乗して、3月にはトム&ジェリー時代の「ザッツ・マイ・ストーリー」がABCパラマウントからシングルが発売された。対抗するかのようにコロンビアは「アイ・アム・ア・ロック」をシングル・カット、B面の「雨に負けぬ花」はこの時点で未発表の曲だった。

この頃、ようやくS&G側は次のアルバムのレコーディングのためにじゅうぶんな時間と予算を獲得する。10月に発売されることになる『パセリ、セイジ、ローズマリー・アンド・タイム』のためのセッションが何回かに分けて行われ、その中から7月に「夢の中の世界／プレジャー・マシーン」が先行シングルとしてリリースされた。10月のアルバム発売に合わせるように、のちに『ブックエンド』に収録されることになる「冬の散歩道」も、早くもシングルとして発売されている。

レコーディングの時間は確保できたし、プロデューサーとしてボブ・ジョンストンの名前がクレジットされているものの、サイモン、ガーファンクル、そしてエンジニアのロイ・ハリーが制作の主導権を握ることができるようにはなったが、シングルの発売はまだ「出せるものから出す」といった状態だったのだ。また、マネージャーのモート・ルイスの戦略から安易にテレビ出演をせず、ラジオとコンサートを中心に彼らの音楽をじっくり広めようという狙いはある程度成功したものの、リリースとステージのタイミングは別物だった時代だけに、スケジュールが未整理だったことは否めない。さらには年初に『サウンド・オブ・サイレンス』とそれに続くシングルのプロモーションのためのツアーが組まれていたし、『パセリ、セイジ、ローズマリー・アンド・タイム』のリリース前後にはカレッジ・キャンパス・ショウと称して大学を回っている。スタジオではさまざまなミュージシャンを起用してフォークともフォーク・ロックとも異なる、S&G特有のポップスを模索していたが、コンサートでは相変わらずサイモンのギターとふたりの歌声だけでステージを成立させていたのだ。

この1年間の集大成とも言えるのが、本作『ライヴ・フロム・ニューヨーク・シティ、１９６７』だ。62年に開館した、当時はキャパシティ２６００名のこのホールは、音響上の問題を指摘されることもあったが、ふたりの凱旋公演ではさほど問題にはならなかったのだろう。曲が終わるたびに万雷の拍手が起こっている。

例えば「早く家へ帰りたい」などは、スタジオ・ヴァージョンではドラムやオルガンがテンポの強弱をつけるのに大きく寄与しているが、このライヴではギター1本と声のコントロールでオリジナルに伍する仕上がりになっている。シングルではブリティッシュ・ビート風のアレンジだった「冬の散歩道」も、印象的なリフを敢えて再現することなく、スピード感を損なわずに歌いきってしまうのだから恐れ入る。

同年6月に開催された〈モンタレー・ポップ・フェスティヴァル〉の初日に、S&Gはヘッドライナーとして登場した。ふたりだけで演奏する完成度の高さは変わらなかったが、映像を観る限り客席の反応は鈍い。彼らはすでに、時代の流れから降りていたのだ。　**森**

ORIGINAL SOUND TRACK RECORDING
The Graduate
卒業 オリジナル・サウンドトラック

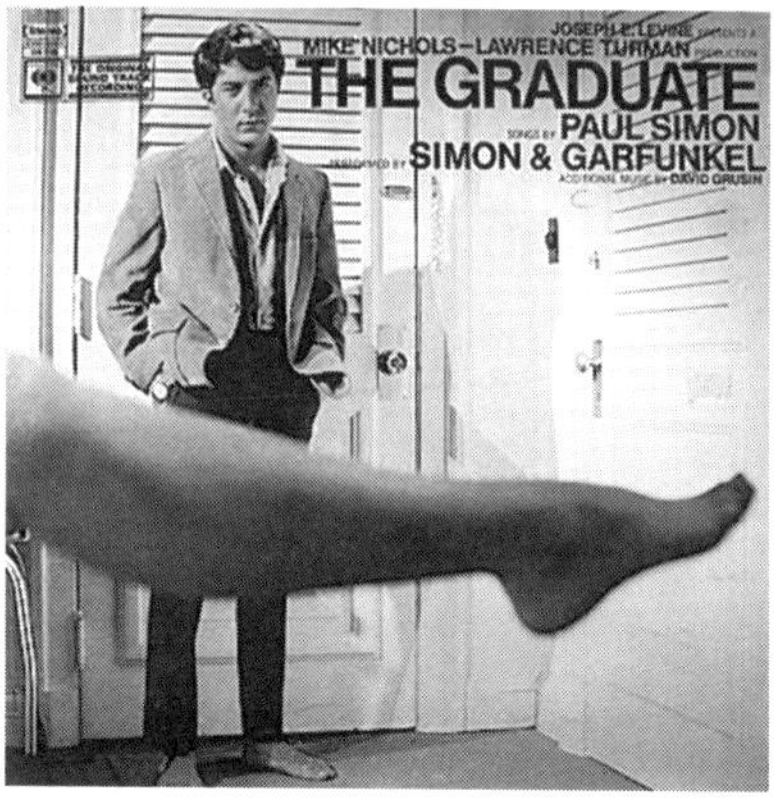

Columbia：OL 6780 (mono) / OS 3180 (stereo)
発売：1968年2月21日

[A]
1. The Sounds Of Silence - Simon & Garfunkel
2. The Singleman Party Foxtrot - Dave Grusin
3. Mrs. Robinson - Simon & Garfunkel
4. Sunporch Cha-Cha-Cha - Dave Grusin
5. Scarborough Fair / Canticle (Interlude) - Simon & Garfunkel
6. On The Strip - Dave Grusin
7. April Come She Will - Simon & Garfunkel
8. The Folks - Dave Grusin

[B]
1. Scarborough Fair / Canticle - Simon & Garfunkel
2. A Great Effect - Dave Grusin
3. The Big Bright Green Pleasure Machine - Simon & Garfunkel
4. Whew - Dave Grusin
5. Mrs. Robinson - Simon & Garfunkel
6. The Sounds Of Silence - Simon & Garfunkel

プロデューサー：Teo Macero

マイク・ニコルズ監督作品、『卒業』のサウンドトラック・アルバム。映画は67年12月に公開され、翌68年の第40回アカデミー賞では最優秀監督賞を受賞した。また、ダスティン・ホフマンの出世作としても知られている。

ニコルズはコメディアンとしてキャリアをスタートさせ、舞台の演出家に転じたあとはブロードウェイで成功を収めている。映画の世界では66年に公開された『バージニア・ウルフなんかこわくない』で初監督を務めた。次の監督作が『卒業』ということになる。

『卒業』の撮影中にS&Gの音楽をニコルズが気に入り、何度も聴くうちに映画に使いたいと、コロンビアの社長に就任したばかりのクライヴ・デイヴィスに申し入れた。クライヴはサウンドトラック・アルバムの発売を前提として前向きに受け止めたが、サイモンは当初さほど興味を示さず、自分たちの音楽が単なる売り物にされたような気になったという。すでに『ブックエンド』となる新しいアルバムに向けての作業も始まっていたが、曲づくりが進んでいなかったことも断ろうとした理由のひとつだろう。しかし、実際にニコルズと顔を合わせ、彼の機知に富んだ話と脚本に感銘を受けたことから、映画のために新しい曲を提供することを約束する。契約の内容は3曲で2万5千ドルだったという。

数週間後、サイモンは「オーヴァー

ズ」と「パンキーのジレンマ」を提示するが、ニコルズは気に入らず、映画のプロデューサー、ローレンス・ターマンはさらなる新曲をつくるよう、サイモンに求めた。ツアーで忙しいことを理由に時間がないと言ったサイモンだが、「映画用じゃないんだけど…昔のことを歌った曲だよ」と前置きして、まだ完成していなかった「ミセス・ルーズベルト」を聴かせたところ、ニコルズは気に入り「ロビンソン夫人にすればいいじゃないか」と押し切り、「ミセス・ロビンソン」と改題されて映画に使われることになる（ガーファンクル曰く、「あれ？あの曲まだ聴かせてないの？」と自分が促したそうだが）。なお、ボツになった2曲は『ブックエンド』で無事に日の目を見た。

　結局、フル・ヴァージョンが間に合わなかった「ミセス・ロビンソン」と発表済の曲を使うことで、S&Gの作業はお役御免となる。ほかのインストゥルメンタルはデイヴ・グルーシンが担当することになった。

　サウンドトラック・アルバムの発売についても、サイモンは『ブックエンド』の発売を控えていたこともあって反対の立場をとっていたが、クライヴの説得により承諾し、結果的にビルボードの1位を獲得する大ヒットになるのだ。プロデュースはテオ・マセロ。マイルス・デイヴィスらを手がけたことで知られる人物だ。

　サントラに収録されたS&Gの楽曲は8テイク。「サウンド・オブ・サイレンス」のバンド入りヴァージョンで始まり、イントロなしで歌から始まる別テイクでアルバムは締めくくられている。「ミセス・ロビンソン」も2テイク収録されているが、ひとつは歌詞抜きで「ディーディー」といったハミングで通して、ギター以外にチェロが何箇所で鳴っているヴァージョン。もう一方はギター1本のみでやはりハミングで始まり、サビのみ歌詞がついている。いずれも1分をわずかに超える程度の長さで、ほとんどデモである。

「スカボロー・フェア／詠唱」は、アコースティック・ギターによるインストゥルメンタルと、フルートのパートを加えてヴォーカルが二度繰り返す長尺の編集版の2種。「四月になれば彼女は」は『サウンド・オブ・サイレンス』の別ヴァージョン。「プレジャー・マシーン」も『パセリ、セイジ、ローズマリー・アンド・タイム』よりも短いテイクが採用されている。

　おそらく、「ミセス・ロビンソン」以外は既存の素材に何らかの手を加えたものが多いようだが、リスナーにとっては関係がなかったようだ。先述のとおり映画もサントラ盤もヒットした。3か月後にリリースされることになる『ブックエンド』とともに、本作はサイモン&ガーファンクルを代表する作品となってしまうのである。

森

ニュー・シネマの中での『卒業』とマイク・ニコルズのパースペクティヴ

和久井光司

ニュー・シネマの概要

アメリカで67年12月21日、日本では68年6月8日に公開された映画『卒業』は、アーサー・ペンの『俺たちに明日はない』に続く2作目のアメリカン・ニュー・シネマに位置づけられる。『Ｔｉｍｅ』は67年12月8日号で『俺たちに明日はない』を大きく取り上げ、「ニュー・シネマ——暴力、セックス……芸術、自由に目覚めたハリウッド映画」とキャッチ・コピーをつけた。アメリカではNew HollywoodもしくはThe Hollywood RenaissanceまたはAmerican New Waveと呼ばれることになる新しいムーヴメントが日本で〝アメリカン・ニュー・シネマ〟と呼ばれたのは、『Ｔｉｍｅ』の記事のインパクトが強かったからだろう。本国では2週間後に公開された『卒業』は、暴力やセックスを強烈に描いたものではなかったが、前年の監督第1作の『バージニア・ウルフなんかこわくない』で、アメリカ映画界にあった検閲制度ヘイズ・コードを撤廃させるきっかけをつくり、ニュー・シネマに道を拓いたマイク・ニコルズの新作であったから、ハリウッドの古い体質に反旗を翻す作品として迎えられたのである。

ヘイズ・コード（Hays CodeもしくはThe Breen Codeまたは Production Code）は、１９３４年にアメリカ映画製作配給業者協会によって制定されたガイド・ラインで、名目上は69年まで続いた。それ以前（Pre Code時代）から、冒瀆的な言葉や台詞、挑発的なヌードやセックス描写、薬物の違法取引、性的倒錯、白人の奴隷、白人と黒人の性的関係、出産シーン、聖職者や宗教の扱いなどには規制が設けられていたが、映画技術の向上に乗って制作者が表現の幅を広げていこうとしたのが20年代末からしばしば問題となったため、大手業界紙『モーション・ピクチャー・ヘラルド』の編集者でカトリック信徒だったマーティン・クィッグリーと、イエズス会士ダニエル・A・ロード神父によって映画倫理規定が作成され、多くの製作者と審議を繰り返した末に、5年がかりで制定されたのがヘイズ・コードだった。

50年代に入ると、サミュエル・フラー、ジュールズ・ダッシン、ニコラス・レイら先鋭的センスの監督が、規制すれすれの表現を試みたため、マッカーシー政策による共産主義排除に乗じてハリウッドでも赤狩りが進み、彼らはヨーロッパに制作の場を移したりしたのだ。

フランスでは50年代後半に、同人誌『カイエ・デ・シネマ』で自由な映画制作の何たるかを批評していたジャン・リュック・ゴダールやフランソワ・トリュフォーが監督となって制作に乗り出したことから、ヌーヴェル・ヴァーグがムーヴメントとなった。60年代に入ると英国やイタリアの映画界からも、〝ヌーヴェル・ヴァーグ以後〟を感じさせる作品が次々と登場するようになっていたから、ハリウッドの新しい動きは〝遅ればせながら〟の印象もあった。けれどガイドラインが崩れ始めると半ばなし崩しとなり、一気に〝ニュー・シネマの時代〟が訪れたのである。

『俺たちに明日はない』『卒業』に続いたのは、フランク・ペリー監督／バート・ランカスター主演の『泳ぐひと』（68年）、ジョン・シュレンジャー監督／ジョン・ヴォイト、ダスティン・ホフマン主演の『真夜中のカーボーイ』、サム・ペキンパー監督／ウィリアム・ホールデン、ロバート・ライアン主演の『ワイルド・バンチ』、アーサー・ペン監督／アーロ・ガスリー主演の『アリス

アーサー・ペン監督
『俺たちに明日はない』
初公開時のパンフレット

アーサー・ペン監督
『アリスのレストラン』
現行DVD

ジョン・シュレンジャー監督
『真夜中のカーボーイ』
現行DVD

のレストラン』、デニス・ホッパー監督／ピーター・フォンダ主演の『イージー・ライダー』、ジョージ・ロイ・ヒル監督／ポール・ニューマン、ロバート・レッドフォード主演の『明日に向かって撃て！』、シドニー・ポラック監督／ジェーン・フォンダ主演の『ひとりぼっちの青春』（以上は69年）、ロバート・アルトマン監督／ドナルド・サザーランド、エリオット・グールド主演の『M★A★S★H』、アーサー・ヘグマン監督の『いちご白書』、アーサー・ペン監督／ダスティン・ホフマン、フェイ・ダナウェイ主演の『小さな巨人』、ラルフ・ネルソン監督／キャンディス・バーゲン主演の『ソルジャー・ブルー』、ボブ・ラファエルソン監督／ジャック・ニコルソン主演の『ファイブ・イージー・ピーセス』（以上は70年）と続いていく。

ここまでが〝第1期〟のアメリカン・ニュー・シネマだったと私は思う。共通するのは、自由を求めるカウンター・カルチャー（マイノリティ）としての姿勢と、旧態への挑戦、強いメッセージを音楽に代弁させているところで、そういう意味では『イージー・ライダー』が最も〝らしい〟と評されるのも納得がいく。

71年になると規制が緩和されたことが作品の幅となって現れ始め、ウィリアム・フリードキン監督／ジーン・ハックマン主演の『フレンチ・コネクション』、ドン・シーゲル監督／クリント・イーストウッド主演の『ダーティ・ハリー』、スタンリー・キューブリック監督の『時計じかけのオレンジ』が〝ニュー・シネマ〟として語られるという〝時代の転換〟が見えてくるのだ。

ハル・アシュビーの『ハロルドとモード　少年は虹を

デニス・ホッパー監督
『イージー・ライダー』
現行DVD

サム・ペキンパー監督
『ワイルドバンチ』
現行DVD

ジョージ・ロイ・ヒル監督
『明日に向かって撃て！』
現行DVD

わたる』（72年）、ピーター・ボグダノヴィッチ監督／ライアン・オニール、テータム・オニール主演の『ペーパー・ムーン』（73年）、ジェリー・シェッツバーグ監督／ジーン・ハックマン、アル・パチーノ主演の『スケアクロウ』、ロマン・ポランスキー監督／ジーン・ハックマン、フェイ・ダナウェイ主演の『チャイナタウン』、ポール・マザースキー監督の『ハリーとトント』（以上は74年）あたりになると、コッポラやスピルバーグの作品にも〝系譜〟が感じられる場合もあったから、私は、マーティン・スコセッシ監督の『タクシー・ドライバー』（75年）を〝ニュー・シネマ最後の作〟と位置づけた方が実態を捉えられるように思っている。

　ミロス・フェアマンの『カッコーの巣の上で』、シドニー・ルメットの『狼たちの午後』と『ネットワーク』も忘れがたいが、ベトナム戦争が直接の題材となったマイケル・チミノの『ディア・ハンター』やコッポラの『地獄の黙示録』まで入れてしまうと、〝第1期〟にあった特徴はほとんど見られなくなっていくからである（『黙示録』におけるザ・ドアーズの「ジ・エンド」と、『卒業』のサイモン＆ガーファンクルは、私には明らかに異質のものと思えるのだ）。

マイク・ニコルズの面白さ

　私はアーサー・ペンとマイク・ニコルズが、（大枠で言えば）アメリカン・ニュー・シネマの方向性を決定したと感じている。とくにこの時期のニコルズと、ポール・サイモン、アート・ガーファンクルの関係には、運命的

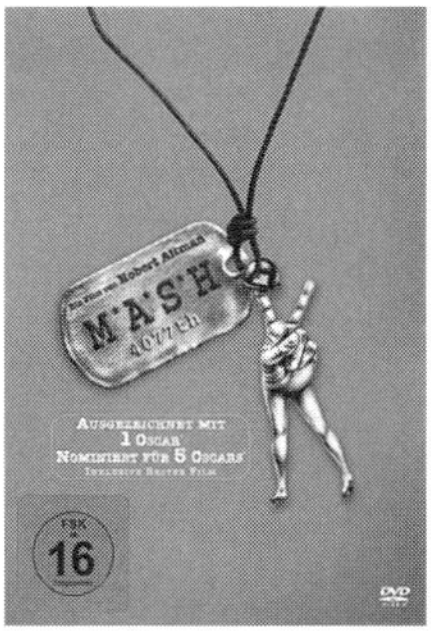

ロバート・アルトマン監督
『M★A★S★H』
現行DVD

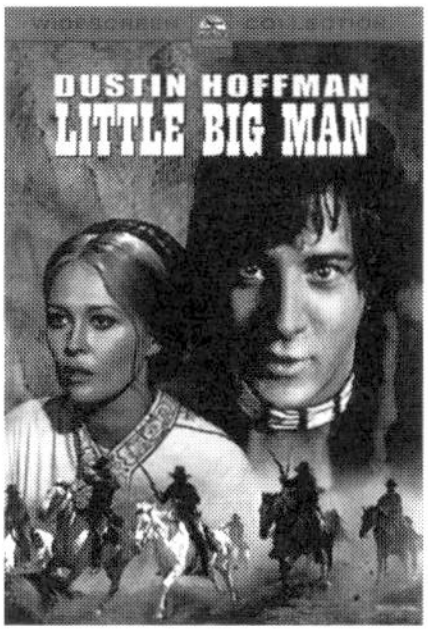

アーサー・ペン監督
『小さな巨人』
現行DVD

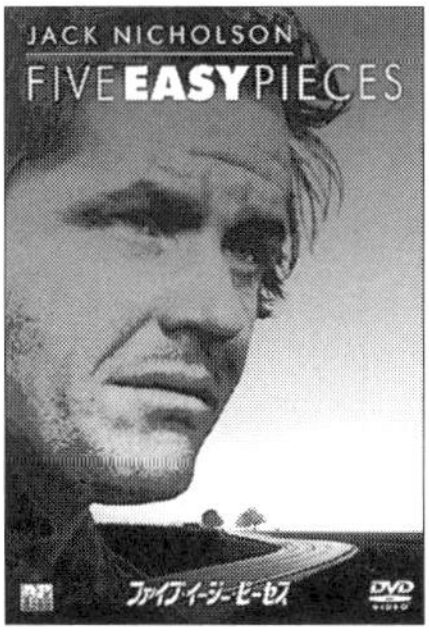

ボブ・ラファエルソン監督
『ファイブ・イージー・ピーセス』
現行DVD

なものさえ見る思いがするのである。

マイク・ニコルズことミハイル・イゴール・ペシュコヴスキーは、1931年11月6日にドイツのベルリンで生まれた。父は20年ごろドイツに移り住んだウィーン出身のユダヤ人内科医、母はユダヤ系ドイツ人だった。39年4月、当時7歳のニコルズは三歳年上の兄と共に、先にアメリカに脱出していた父を追ってニューヨークに渡っている。イタリア経由でアメリカを目指した母と再会できたのは約一年後だったという。

やがてニコルズは医者になるためにシカゴ大学に入るが、中退して53年にニューヨークに帰り、リー・ストラスバーグの下でメソッド演技法を学ぶようになる。けれどニューヨークでは舞台の仕事にありつけなかったためシカゴに戻り、55年に「コンパス・プレイヤーズ」の一員となって、そこで知り合ったエレイス・メイと58年にお笑いコンビ「ニコラス&メイ」を結成するのだ。

62年にふたりはグラミーの最優秀コメディ・パフォーマンス賞を獲得するまでになり、オフ・ブロードウェイの舞台に進出。演出を手がけるようになったニコルズはブロードウェイで活躍するようになり、64年の『ベアフット・イン・ザ・パーク』でトニー賞の監督賞に輝き、『ウエスト・サイド物語』のアーネスト・リーマンが脚本、エリザベス・テイラーとリチャード・バートンが主演の『バージニア・ウルフなんかこわくない』で映画監督としてデビューするのである。

ニューイングランドの小さな大学構内に住む教授ジョージ（バートン）と、大学総長の娘マーサ（テイラー）は、結婚23年目の夫婦。マーサは当然のようにジョージ

ウイリアム・フリードキン監督
『フレンチ・コネクション』
現行DVD

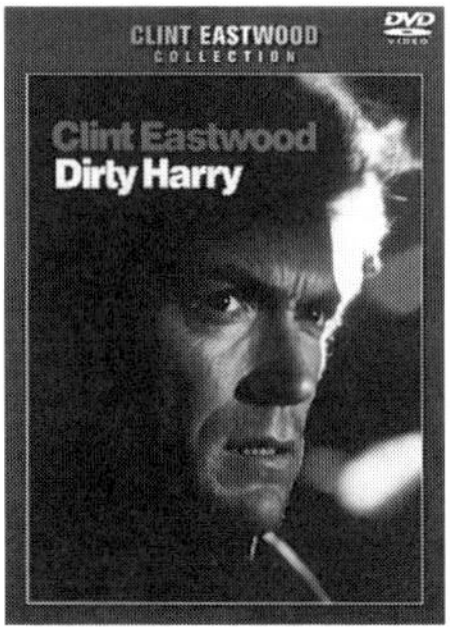

ドン・シーゲル監督
『ダーティ・ハリー』
現行DVD

ジェリー・シャッツバーグ監督
『スケアクロウ』
現行DVD

を尻に敷いていたが、ある夜パーティから戻ったふたりは、酔いも手伝って、お互いへの軽蔑を露わにして罵り合う。そこに総長に訪問を勧められたという若い教師夫婦ニックとハニー（ジョージ・シーゲルとサンディ・デニス）が訪ねてきて、二組の夫婦の過去と現在、愛と憎悪がこれでもかと描かれていくストーリーだ。

この作品でエリザベス・テイラーはアカデミー主演女優賞、サンディ・デニスは助演女優賞に輝き、マイク・ニコルズは一躍トップ映画監督の仲間入りを果たした。夫婦が発する赤裸々な言葉がヘイズ・コードで規制されてしまうと、この映画の圧倒的なリアリティは失われ、作品としてまるで成立しなくなってしまうから、ガイド・ラインを見直すべきということになったのだろうし、エドワード・オルビーの原作をアーネスト・リーマンが脚本にする段階で、コード突破は目標だったとさえ思える。それをある種の軽妙さでドロドロの沼から〝逃して〟いるところに、コメディ出身のニコルズらしい演出が感じられるのだが、残念ながらアメリカに亡命してきたユダヤ人であることや、映画以前の彼のキャリアは日本のメディアではほとんど語られたことがない。

次作『卒業』でニューヨーク育ちのユダヤ人デュオの音楽をあれほど上手く使い、『キャッチ22』と『愛の狩人』でアート・ガーファンクルに重要な役を任せたのは、決して偶然ではなかったはずだ。ニコルズはポールの歌詞と曲、アートのヴォーカルに、ユダヤ系の移民がアメリカに持ち込んだセンスが、〝今日のアメリカ〟にどれだけ深く浸透し、個人の〝異議申し立て〟としてはベストな位置にあること（もちろん宗教的な倫理観も含めて）を

ロマン・ポランスキー監督
『チャイナタウン』
現行DVD

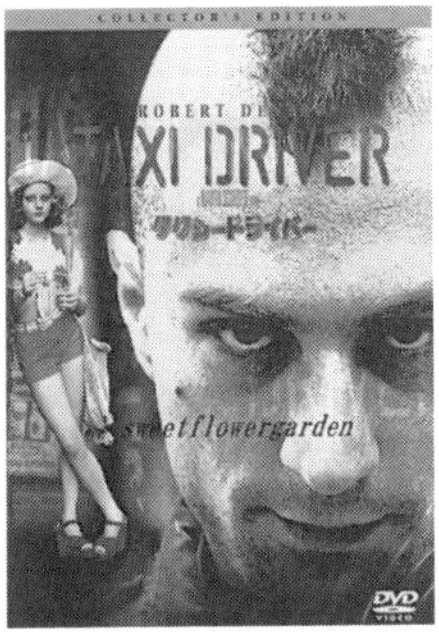

マーティン・スコセッシ監督
『タクシードライバー』
現行DVD

マイケル・チミノ監督
『ディアハンター』
現行DVD

察知していたように思う。

ポール・サイモンはボブ・ディランのように公民権運動に関与することも、社会的なメッセージを作品に刻むこともなかったし、アート・ガーファンクルのヴォーカルのヨーロッパ的な美しさはアメリカのフォークやカントリーとは一線を画している。しかもふたりは西海岸のサイケデリック・ロックやフラワー・ムーヴメントとは距離を置いていたのに、それでも〝アメリカの若者の真の姿〟を感じさせる歌を唄えたのだ。

『キャッチ22』と『愛の狩人』のアートの演技については納富さんが別項でお書きになるからここでは触れないが、マイク・ニコルズはニュー・シネマが第2期に突入した73年に、SFサスペンスの傑作『イルカの日』を発表した。イルカの生態を研究するテリル夫妻（ジョージ・C・スコット、トリッシュ・ヴァン・デリーヴァー）が、イルカに人間の言葉を教えてコミュニケーションを取ることを企てていたのが記者に見抜かれ、世間に公表を余儀なくされたことから、会見を促したフィクサーに二頭のイルカが誘拐され、要人暗殺のために利用されてしまうというストーリーだ。ウィリアム・A・フレイカーによる水中撮影と、ジョルジュ・ドルリューによる美しい音楽は『卒業』の延長線上にあるが、第1期にはなかったテーマの新しさが光っている。

続く『おかしなレディ・キラー』（75年）はウォーレン・ビーティとジャック・ニコルソン主演のオールド・アメリカンなコメディだが、コーエン兄弟のもとになったようなギャグの組み立てには「ニコラス＆メイ」時代の経験が活かされているように思う。

その後は、『シルクウッド』（83年）、『心みだれて』（86年）、『ブルースが聞こえる』（88年）、『ワーキング・ガール』（88年）、『ハリウッドにくちづけ』（90年）、『心の旅』（91年）、『ウルフ』（94年）、『バードケージ』（96年）、『パーフェクト・カップル』（98年）、『2999年異性への旅』（00年）、テレビ・シリーズの『エンジェルス・イン・アメリカ』（03年）、『クローサー』（04年）、『チャーリー・ウィルソンズ・ウォー』（08年）を残したニコルズは14年11月19日に83歳で亡くなっている。

妻のダイアン・ソイアーはABCテレビの『グッド・モーニング・アメリカ』でアンカーを務める高名なニュース・キャスター、73年生まれの息子マックス・ニコルズは映画監督（『きみといた2日間』など）というのも、ポール・サイモンの家族構成と似たものが感じられるのだが、読者のみなさんはどう思われるだろう？　いずれにしても、マイク・ニコルズを再評価すべきだ。

若き日のマイク・ニコルズ

『バージニア・ウルフ
なんかこわくない』
現行DVD

『卒業』
初公開時パンフレット

『卒業』
現行DVD

『イルカの日』
現行DVD

『おかしなレディ・キラー』
現行DVD

Bookends
ブックエンド

Columbia：KCL 2729 (mono)/KCS 9529 (stereo)
発売：1968年4月3日

[A]
1. Bookends Theme
2. Save The Life Of My Child
3. America
4. Overs
5. Voices Of Old People
6. Old Friends
7. Bookends Theme

[B]
1. Fakin' It
2. Punky's Dilemma
3. Mrs. Robinson
4. A Hazy Shade Of Winter
5. At The Zoo

プロデューサー：Paul Simon, Art Garfunkel, Roy Halee

2001 Reissue CD
Columbia/Legacy：CK 66003
Bonus Tracks
13. You Don't Know Where Your Interest Lies
14. Old Friends (demo)

音だけの短編映画を、ポール・サイモンは目指していたのだと思う。「わが子の命を救いたまえ」は、いきなりビルの屋上から飛び降りんとする少年の描写から始まる。情景を描き出し、そこから旋律を紡いでいく。それがコンセプト・アルバムのモチーフとなっているのだ。

映画『卒業』のサウンドトラック盤を挟んで発表されたのが、この68年のオリジナル・アルバム『ブックエンド』となる。「スカボロー・フェア／詠唱」を含む『パセリ、セージ、ローズマリー・アンド・タイム』の成功もあり、創作的な野望と我儘な自己顕示とが複雑に噴出したアルバムだとも言える。ただその配分は、狡猾だと感じるほどに巧みだ。

アコースティック・ギター1本で「ブックエンドのテーマ」が奏でられ、その余韻を断絶するかのような轟音とともに、2曲目の「わが子の命を救いたまえ」が始まっていく。アルバムのA面（1曲目から7曲目まで）は、過酷なアメリカの日常を亡霊のような足取りで徘徊していく、そんなトータル・アルバムとなっているのだ。

ピッツバーグ、サギノー、ニュージャージーと様々な地名とともに各地をバスで回る「アメリカ」は、ロード・ムーヴィーのように目の前の景色が移り変わっていく。がしかし、どれだけの旅を続けようとも、結局のところ何処にも辿り着けはしない。そんな虚いのような無常感を漂わせている。

煙草を吸うために燐寸を擦る音、そして人生の最後の一服を味わうかのような大きな息づかい。こんな背景の描写に連なって、「オーヴァーズ」が静かに始まっていく。互いに愛情の欠片すら見つけ出せなくなってしまった夫婦の話だ。ずっと続いていく憂鬱な時間、別れようと決心する度に考えが停まってしまう。若さ故に夢だけは持ちづつけていた「アメリカ」の世界から、まるで暗転するかのように始まる。

この「オーヴァーズ」は、アルバムのアシスタント・プロデューサーのひとりであるジョン・サイモンとともに作られている。もともとは映画「卒業」の挿入歌として作曲されたのだが、結局この曲は採用されなかった。ジャズのスタンダードによくあるヴァース（序奏）を組み合わせたような曲構成で、ポール・サイモンによるきっぱりとした指弾きのタッチが心地よい。

「老人の会話」は、アート・ガーファンクルがテープ・レコーダーを片手に老人ホームに出向き、そこでの録音をコラージュしたものだ。昔の写真のことを思い出したり、子供のことで愚痴を言ったり、結局のところとりとめがない。そのとりとめの無い会話が、次の曲「旧友」の絶好のイントロダクションとなっている。

「旧友」は、とても哀しい曲だ。公園のベンチの両端にぽつんと座る老人、足元には打ち捨てられた新聞がまとり付き、二人はまるでブックエンドみたいだ。すなわちこれがアルバムの主題となっているのだ。歌詞に「70歳になるなんて、なんて奇妙なことだ」とあるが、これを82歳になったサイモンとガーファンクルの二人は、どう歌うのだろうか。

こうして聞いてみても、A面の構成は完璧だ。ストイックで過剰なものはいっさいなく、ソリッドにまとめられている。

B面は、映画『卒業』用に作られながらも使用されなかった「パンキーのジレンマ」、先にシングル・カットされていた「フェイキン・イット」「冬の散歩道」などで組み立てられ、そして、寓話的な色彩の強い歌詞をもつ「動物園にて」にて締め括られていく。

この作品集を静謐なものに見せているのは、やはりジャケットの意匠になるのだろう。写真を撮ったのはフォトグラファーのはリチャード・アヴェドン、その彼が商業写真から少し距離を置き、労働者や兵士、それに浮浪者などのポートレイトを撮っていた時期と重なる。ポイントとなるのはその目線なのだ。幾分ロウからのショットで、二人の視線が下向きになっている。そのことが、このジャケット写真に、言葉では言い尽くせないほどの落ち着きを与えている。

小川

Bridge Over Troubled Water
明日に架ける橋

Columbia：KCS 9914
発売：1970年1月26日

[A]
1. Bridge Over Troubled Water
2. El Condor Pasa
3. Cecilia
4. Keep The Customer Satisfied
5. So Long, Frank Lloyd Wright

[B]
1. The Boxer
2. Baby Driver
3. The Only Living Boy In New York
4. Why Don't You Write Me
5. Bye Bye Love
6. Song For The Asking

プロデューサー：Paul Simon, Art Garfunkel, Roy Halee
主要参加ミュージシャン：Joe Osborn (b), Larry Knechtel (kbd), Fred Carter Jr.(g), Hal Blaine (ds), Jimmie Haskell and Ernie Freeman (strings)

2001 Reissue CD
Columbia/Legacy：CK 66004
Bonus Tracks
12. Feuilles-O (demo)
13. Bridge Over Troubled Water (demo take 6)

このアルバムを、サイモンとガーファンクルの最高傑作に挙げる人は多いだろう。71年度のグラミー賞では、最優秀レコード賞、最優秀アルバム賞、最優秀楽曲賞を独占するなど、圧倒的な評価を浴びた。やはり完成度からすれば、ずば抜けた作品集だと思う。と同時に、ザ・ビートルズの『アビイ・ロード』がそうだったように、その背後には離別の影が宿っている。

まずは「明日に架ける橋」の話から始めるのが妥当だろう。この曲は歌詞もメロディーもゴスペル・ソングの様式を踏襲している。具体的には、ゴスペル界の名門チーム、ザ・スワン・シルヴァートーンズから多大なる影響を受けているのだ。そのスワン・シルヴアートーンズが歌う「オー・メアリー、ドント・ユー・ウィープ」の歌詞の中に"bridge over deep water"という一節が登場してくる。ポール・サイモンは潜在的にこのフレーズを覚えていたのだろうか。

最初は自身のファルセットで歌ってみた。そのデモが残されている。サイモン自身のギターの弾き語りで、メロディ・ラインがとても素朴に聞こえる。旋律が気高さをまとうのには、やはりあのピアノの伴奏が必要だったのだ。ピアニストのラリー・ネクテルと二人で、何日もかけ練り上げていった。それがアート・ガーファンクルが稀代の名唱で歌い上げたレコーディング・ヴアージョンだ。

後になってポール・サイモンは、「この〈明日に架ける橋〉は、自分で歌うべきだった」と後悔している。実際に、自身のライヴではよくこの曲を歌っている。2018年のサタデー・ナイト・ライヴでは弦楽四重奏を中心とした室内楽的な編成で、「明日に架ける橋」を披露していた。ジョージ・ガーシュインを思わせるようなモダンな響きがあり、このヴァージョンはなかなか聞き逃せない。

歌詞に“Sail on silvergirl”というフレーズがある。シルヴァーが針を連想させることから、この曲はドラッグについて歌っているのではないかという嫌疑をかけられたことがある。実際は、当時の彼女で後に結婚することとなるペギー・ハーパーの髪に白髪を見つけ、そのことを歌詞を書いたという。曲を書き始めたのは、ハリウッド近郊の別荘らしい。ちなみにこの別荘は、ジョージ・ハリスンが「ブルー・ジェイ・ウェイ」を書いたところと同じ場所であるという説があるが、真相は定かではない。

壮大で感動的でドラマチックな「明日に架ける橋」がエンディングを迎えると、その余韻が乾かぬ間にチャランゴの響きが流れ出す。この「コンドルは飛んで行く」へと続く構成にも、発売当時は驚かされた。そしてそれが「いとしのセシリア」の静かな喧騒へと移り変わっていく。ともかく場面転換が小気味いいのが、アルバム『明日に架ける橋』の特徴であるのだ。

A面の最後を「フランク・ロイド・ライトに捧げる歌」で締めくくるという曲の並びが見事だ。この雰囲気は、ニューヨークのビート・ジェネレイションから受け継がれたものではないのだろうか。スノッブで気取っていて知的でなければならない。アート・ガーファンクルの美意識がしっかりと貫かれている。

アルバム『明日に架ける橋』のレコーディング・セッションには、ビーチ・ボーイズの幻のアルバム『スマイル』に匹敵するような珍妙な逸話が残されている。「ボクサー」での号砲のように鳴り響くハル・ブレインのドラムは、コロンビア・レコードのオフィスのエレベーターの前で録られたというが、実験と狂乱と混沌とが渦巻いていたのだろう。

このアルバムでは、エヴァリー・ブラザーズの「バイ・バイ・ラヴ」を堂々とカヴァーし、自らの出自をカミング・アウトしている。これは彼らの卒業記念にふさわしい。すべてをやり尽くし、終焉へと突き進む。この晴れ晴れしさが、『明日に架ける橋』の最大の魅力であるように思えてしまう。そしてこのアルバムを最後に、サイモンとガーファンクルは別々の道を歩み出していくことになるのだ。

小川

ポールが拍車をかけたコンドルの鮮やかな飛翔

斎藤充正

65年11月、ポール・サイモンはツアー先のコペンハーゲンで、「サウンド・オブ・サイレンス」が11月27日付キャッシュボックス誌で58位に上昇したのを確認した。その頃、日付は不明だがフランスでパリ東部劇場に出演した際、同じ公演の別のパートでロス・インカスというグループが南米のアンデス音楽を演奏しているのを聴いた。ポールは海外の音楽や文化に触れ、自身の音楽に取り入れていくようになるが、英国のトラッドやフォークを別にすれば、これが最初の大きな出会いとなった。魅了されたのは「エル・コンドル・パサ」という曲だった。

作曲者ダニエル・アロミア・ロブレスのこと

この曲を作曲したダニエル・アロミア・ロブレスは1871年、ペルーのワヌコ生まれ。幼時から音楽の才能を示したが、両親の希望で首都リマにある大学の医学部に進学する。ところが薬草の研究でアンデスの奥地に行った際、そこで出会った宣教師から先住民（インディオ）の間で伝承されてきた音楽を研究するよう勧められたのが転機となり、大学は中退してしまう。

インカ帝国がスペインに滅ぼされた16世紀以来、ペルーからボリビア、北はエクアドル、南はアルゼンチン北西部の山間部にまたがるアンデス地方には、先住民たちの間で人知れず受け継がれてきた音楽が存在した。ロブレスは19世紀から20世紀にまたがる約20年間をそうした伝承音楽の採集や研究に費やし、その成果を音楽作品としてまとめ、講義や講演の形でも発表していく。

1910年にはリマのサン・マルコス大学で、「アンデスの旋律は五音音階（ペンタトニック・スケール）で作られている」という研究結果を発表し、11年には最初のオペラ作品を上演。続いて作曲したのが13年12月にリマのマシ劇場で初演されたサルスエラ（スペイン発祥の軽歌劇）『エル・コンドル・パサ』の音楽である。

先住民たちにとって、コンドルは神聖な鳥である。1

781年3月、インカ国王の末裔と言われる勇士トゥパク・アマルはスペイン軍に反旗を翻した末に惨殺されたが、その後コンドルに姿を変えてアンデスの空を飛びながら先住民たちを見守っているという伝説がある。

作家でジャーナリストのフリオ・バゥドウィンがフリオ・デ・ラ・パスの筆名で書いた脚本は、その伝説を下敷きとして舞台を現代に置き換えたもので、1911年に実際に起きた鉱山事故をもとに、過酷な環境にある先住民労働者と傲慢な米国人経営者との対決が描かれていた。その背景には当時のインディヘニスモ（先住民擁護運動）の盛り上がりがあり、このサルスエラは民衆の支持を得て成功を収めた。ところが14年にオスカル・ベナビデスによる軍事クーデター、第一次世界大戦の勃発と続いて公演は中断、やがて忘れ去られていく運命となる。

上演100周年を迎えた2013年、初演当時の内容を極力再現する形での再演がついに実現した。楽譜の復元に尽力した音楽学者のルイス・サラサール・メヒアがオーケストラを指揮した新録音は現在、『100年後のエル・コンドル・パサ（El cóndor pasa cien años después: Zarzuela Peruana）』として配信されている。ここで重要なのは、この音楽がクラシックの管弦楽および独唱と合唱で構成され、ケーナ（竹笛）やチャランゴ（アルマジロの甲羅を共鳴胴にした複弦5コースの弦楽器）などアンデスの民俗楽器は一切使われていないという点である。

2幕構成となった舞台は次の7曲で構成されている。

1幕：①前奏曲（プレルディオ）／②歌曲「山頂の雪の中で」（鉱夫たちの合唱）／③歌曲「囚われの哀れな魂」（フランクのヤラビ）／④歌曲「お父さん、彼女を許してあげて」（ソプラノとバリトンの二重唱）

2幕：⑤舞曲（カシュア）／⑥歌曲「山頂の優しい女王」（聖母へのプレガリア）／⑦終曲（パサカジェ）

このうち①⑤⑦という3つの器楽パートが「エル・コンドル・パサ」という〝曲〟の構成要素として残り、①（短縮形、省略もあり）⑦⑤の順番で演奏されるようになる。⑤のカシュア、⑦のパサカジェというのは形式名で、カシュアがワイニョとも呼ばれるなど名称は一定せず、また行進曲風のパサカジェ⑦のパートは同じメロディー（符割にヴァリエーションあり）で哀歌的な曲調のヤラビにも変化し、1曲の中でヤラビとパサカジェが並ぶ場合もあるため、以下の解説ではヤラビを⑧とする。

⑦と⑧の符割の違いについて文字では説明しづらいのだが、後のS&G版では歌い出しの ra-ther be a spar-row than a の部分を構成する8つの音符が、⑦では16分音符（4分の2拍子の1小節分）、⑧では8分音符（4分

の4拍子の1小節分）になったりするということだ。

「エル・コンドル・パサ」の録音

ここからは、１９１７年の初録音から63年のロス・インカスまで、確認できた13種類の録音を比較してみる。ただし33年出版のピアノ独奏用楽譜についてはそれを用いた後年の演奏に絡めて紹介し、55年に初めて録音したエドゥアルド・ファルーは63年と69年の再録音まで追いかけた。スラッシュで区切った項目は、演奏者／形式名／録音年と一部の録音場所／国とレーベル／おおまかな構成の順（[c]は楽譜の紹介のため項目が一部異なる）。

[a]動物園管弦楽団(Orquesta del Zoológico)／ダンサ・インカイカ／17年8月27日、リマ／米 Victor／①⑦⑤

[b]第1憲兵大隊音楽隊(Banda del Batallón Gendarmes No.1)／インカイカ（インカ風）／17年8月29日、リマ／米 Victor／⑧⑤

[c]ピアノ独奏用楽譜（それに基づく演奏はおそらく72年のルーペ・パロンドによる）／インカ・ダンス／33年5月3日登録／米 Edward B. Marks Music Corp.／①⑧⑤

[d]アメリカ海軍軍楽隊(Banda de la Marina Americana)／記載なし／34年または28年／米 Columbia／①⑦⑤

[e]フェリーペ・V・リベーラとオルケスタ・ティピカ・ボリビアーナ／フォックストロット・インカイコ／37年、アルゼンチン／チリ RCA Victor／①⑦⑤⑦

[f]ロス・インカイコス／ヤラビ／54年頃／米 SMC Pro-Arte／①⑧⑤

[g]エドゥアルド・ファルー／ワイニョ／55年／アルゼンチン t.k.（テーカー）／⑧⑤⑧

[h]シパス・ティッカとコンフント・ソル・デ・ペルー／カンシオン（歌）～ダンサ（踊り）～パサカジェ～カシュア／57年／ペルー Sono Radio／①②⑧⑦⑤

[i]アンサンブル・アチャライ／ヤラビ／58年／仏 BAM／①⑧⑤

[j]コンフント・ソル・デ・ペルー／アルブム・ムシカル（音楽アルバム）／61年／ペルー Sono Radio／①⑧⑦⑤

[k]ロス・インカス／ヤラビ／63年／仏 Philips／①⑧⑤

[l]エドゥアルド・ファルー／ワイニョ／63年／アルゼンチン Philips／⑧⑤⑧

[m]エドゥアルド・ファルー／記載なし／69年7月／日 Philips／⑧⑤⑧⑤⑧

二日違いの初録音となった管弦楽の[a]と吹奏楽の[b]で、

早くも前半部分の解釈が大きく異なる二つの編曲例が示されていることに驚く。[a]で早いテンポで演奏される⑦の部分は、[b]ではスローな⑧で演奏されているのだ。

ロブレスは19年からニューヨークに滞在し、演奏活動や作曲、録音、講演などを行っている。帰国前の33年にはピアノ独奏用の楽譜[c]も著作権登録した。①は長めで、前半はヤラビのテンポで演奏するように書かれている。またポール・ヨーダーによる吹奏楽用編曲も書かれ、[d]の前半はテンポこそ遅いが行進曲風なので⑧ではなく⑦と解釈できる。こうした動きから、米国でも当時この曲や作者のことはある程度知られていたと考えられる。

アルゼンチンで活躍したボリビアのギター／チャランゴ／ケーナ奏者の[e]は、アコーディオンとギター主体ののどかな演奏で、⑦も⑤もリズムにあまり変化はない。⑦または⑧の（ra-ther be... から数えて）3小節目（後のS&G版でのwould / If Iにあたる）は原曲にはなく後から足されたものだが、それがここで初登場（音の動きは多少違う）。また⑤のあと⑦に戻るパターンも初めて示された。それまではすべて⑤に〝行ったきり〟だった。

ロブレスは帰国後、リマで教育省の芸術局長を務めながら作曲活動を続けた。彼は42年に亡くなるが、「コンドル…」に対する解釈は50年代中期から活発化する。

エクアドル出身らしいロス・インカイコスは曲により編成が変わるが、[f]はギター三重奏のように聞こえる。ところで17年の初録音[a]から次の[g]や[h]まで、すべての盤には作曲者ロブレスの名前が記載されているが、この米国盤[f]では肝心のその表記が欠落していた（他の収録曲も同様）。同じロス・インカイコスのSMC盤で作者名

JULIO BAUDOUIN - DANIEL ALOMIA ROBLES
El Cóndor Pasa Cien Años Después...
ペルー盤［CD＋Book］
発売：2013年
※現在はSpotify他で配信中

ORQUESTA DEL ZOOLOGICO
El Condor Pasa
米・Victor：69903［SP］
発売：1917年
※[a]を収録

LOS INCAICOS
Cancionero Incaico - The Music Of Bolivia, Ecuador & Peru
米・SMC Pro-Arte：SMC-518［10inch］
発売：1954年頃
※[f]を収録

がきちんと記載されたLPもあり、統一が取れていない。理由はわからないが、ここで作者不明の伝承曲のように扱われたことがのちに混乱を招く原因となる。

［g］はアルゼンチン北部サルタ州出身の名手エドゥアルド・ファルーによるギター・ソロ。［e］と同様（ここでは⑦ではなく）⑧の3小節目を追加するなど構成は独自で、⑤から⑧に戻ってすぐ終わる。彼は⑧をインカイカ、⑤をワイニョと呼んでいる。同じ構成の再録音［l］は「鷲は過ぎ行く」の邦題で初めて日本盤も出た。そして69年の来日時にテイチク・スタジオで改めて録音した［m］では構成を一新、5分39秒に及ぶ充実した演奏となった。邦題はこの時「コンドルが過ぎゆく」に改められている。

［h］はハイトーンのソプラノ歌手を前面に据えたペルーのグループ（複数のヴァイオリンやギター、チャランゴ、打楽器など）による8分20秒。②の一部が初めて歌われ、⑧と⑦が続けて演奏され、⑦にも途中から歌が入る。作詞者としてバゥドウィンの名前も表記。彼らは数年後、⑧⑦⑤の三部構成によるインスト［j］にまとめ直した。

ロス・インカスによる解釈から疑似的〝共演〟まで

この曲の現在のイメージにかなり近づいたと言えるのが、ケーナとチャランゴ、ギター、ボンボ（太鼓）によるアンサンブル・アチャライの［i］である。リーダーでチャランゴなどを弾くリカルド・ガレアッシはパリに住みついたアルゼンチン人ジャズ・ベーシストで、彼こそがロス・インカスの設立メンバーの一人だった。

80年代後半以降ワールド・ミュージックの発信地となるパリには当時から南米出身の音楽家たちも数多く、56年にアルゼンチン人2名（ガレアッシとケーナのカルロス・ベン＝ポット）とベネズエラ人2名で結成されたロス・インカスもその中の一つだった。パリでは50年代初頭からパラグアイ音楽のグループも活動していたが、ケーナやチャランゴなどを使ってアンデス音楽を演奏するのはロス・インカスが初めてだった。ガレアッシは脱退後に結成したこのアチャライで［f］を参考に「コンドル…」を編曲した。［f］とは楽器が入れ替わっただけで構成は同じ、形式名も⑧と明記され（⑧も⑤もリズムはあまり変化せず）、作曲者名はなく伝承曲扱いとされた。

これにロス・インカスの［k］が続く。ガレアッシの脱退後に参加し主導権を握ったホルヘ・ミルチベルグもアルゼンチン人で、彼がエル・インカ（グループ名の単数形）の名で編曲した（後述する理由により67年以降の盤では作曲者をかたる）その演奏は、アチャライよりもメリハリが効いて洗練されていた。[e][g]と同様⑧の3小節目が追加され、音を整えておなじみのメロディーに変更。

そして冒頭に書いた劇場での出会いとなる。「コンドル…」に注目したポールが楽屋でミルチベルグに「この曲はレコードになっているんですか?」と尋ねると、運よくその曲が入ったレコードをプレゼントされたのだ。『南米の歌と踊り』と題された別掲のアルバムか、そこから4曲が抜粋されたEPか、そのどちらかである。

65年12月8に帰国することになったポールはそのレコードを持ち帰り、ちょうど4年後にアルバム『明日に架ける橋』に収録されることになるのだが、その間にミルチベルグがとんでもないことをやっていた。ポールが注目したことでこの曲は「売れる」と判断したのか、作曲者として勝手に著作権登録した上で、66年に人気俳優のマリー・ラフォレとロス・インカスで「コンドル…」を録音したのだ（フランス語詞はミシェル・ジュールダンほか）。なぜかタイトルが2種類あり、EP『第12集』では「アンデスの道を行く(Sur les chemins des Andes)」、LP『アルバム2』では「魔法の笛(La Flûte Magique)」となっていた（日本コロムビア盤『マリー・ラフォレは歌う』には後者で収録）。驚くべきことに、メロディーに合わせてヴォーカルを乗せ（過去には[h]のごく一部でやられていたのみ）、⑤をまるごとカット（過去に前例なし）という、後にS&Gがやることがすべて先取りされていた。ポールはミルチベルグからレコードを受け取る時、もしかしてアイディアを伝えていたのだろうか?

結果的にポールは「コンドル…」の録音に際してフィリップスに[k]の使用許可を取り、①⑧の部分を編集して

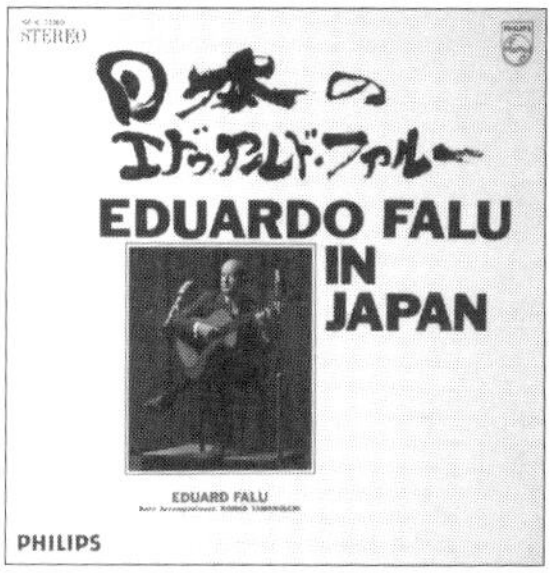

EDUARDO FALU
カンデラリアのサンバ／日本のエドゥアルド・ファルー
日・Philips：SFX-7180
発売：1969年9月
※[m]を収録

LOS INCAS
Chants Et Danses D'Amérique Du Sud
仏・Philips：B 77.982 L
発売：1964年
※[k]を収録

URUBAMBA
Urubamba
米・Columbia：KC 32896
発売：1974年

そのままカラオケとして使い、ポールの英語詞による二人のヴォーカルをオーヴァーダビングして仕上げた。

　あるインタヴューで「ケチュア語で歌われていた」などと根拠のない話をしていたミルチベルグは、ポールにも適当な説明をしたようで、アルバムには"Arrangement of 18th Century Peruvian Folk Melody by Jorge Milchberg"と書かれた。だが、舞台100周年の復元を手がけたサラサール・メヒアによれば、該当するような18世紀の旋律の存在は確認されておらず、この表記は誤りである。

　ロス・インカスの「コンドルが過ぎゆく」（ファルーと同じ日本ビクターのフィリップス・レーベルのため邦題も同じ）が含まれた初の国内盤『アンデスの笛』は、奇しくも『明日に架ける橋』国内盤と同じ70年4月の発売である。CBS・ソニーでも同じ邦題にする予定だったのを、ライナーを手がけた中村とうよう（ロック／フォークにもラテン／フォルクローレにも精通する当時唯一の書き手）が、もっと親しみやすいタイトルにすべきとして「コンドルは飛んで行く」を提案し、採用されたのだった。結果は知ってのとおり。そのライナーには「アロミアス・ロブレスという人が、アンデス山地に伝わる旋律をもとに、作曲した。もともとはインストルメンタル・ナンバー」と、ちゃんと書かれている。

［c］を出版したE・B・マークス・ミュージックは、ポール自身が63年に楽曲宣伝担当として働いていた会社でもあったが、そんな繋がりがあるとは思いもよらなかっただろう。ロブレスの名前の表記がないままリリースされ、世界的ベストセラーとなったことで、息子で映画監督のアルマンド・ロブレス・ゴドイが訴訟を起こした。ポールはこれを真摯に受けとめ、72年6月発売の『グレイテスト・ヒッツ』からクレジットが改められたが、そこには「サイモン＝ミルチベルグ＝ロブレス合作」と書かれていた。どうも納得がいかないが、仕方がないか。

その後のミルチベルグとのコラボレイション

　S&Gによる「コンドルは飛んで行く」はあっという間に世界中に広まり、特に日本ではシングルが39万枚も売れた（オリコン調べ。ちなみに「明日に架ける橋」は26万枚）。ペルーのみならずアンデス地方を代表するフォルクローレの象徴的作品として認識され、主にスペイン語の何種類もの新しい歌詞も付けられ、ほかのジャンルを含め数えきれないほどのカヴァー・ヴァージョンが生まれた。各レコード会社からの国内盤の邦題が「コンドルは飛んで行く」に統一されたことは言うまでもない。

そうしたカヴァーをいくつか聴いてみると、S&Gがきっかけであっても原曲に当たることで、S&Gではカットされた⑤を含む演奏が大半を占めていることに気づく。それは曲の本来の構造からも背景の理解という意味でも好ましいことのように思える。ロブレスは生前「コンドル…」を特に重要作とみなしていなかったが、ペルー政府は2004年3月、これを国の文化遺産とした。

S&Gでの「コンドル…」がロス・インカスとの疑似的な〝共演〟だったのが心残りだったのか、ポールは71年録音の『ポール・サイモン』収録の「ダンカンの歌」で実際に彼らを起用した。これは実に自然体の、いい形でのコラボレイションだったと思う。気になったのはクレジットに参加メンバーの名前がなかったこと。ミルチベルグ以外のメンバーは流動的なので、特定は難しい。

ポールは『ひとりごと』リリース後の73年5月に初の全米ソロ・ツアーを開始する。その際ミルチベルグ率いるウルバンバ、ゴスペル・グループのジェシー・ディクソン・シンガーズというまったく毛色の違う二つのグループがバックに起用されたが、実に画期的なことだった。その模様は『ライヴ・ライミン』にも収められ、同じ内容での初来日公演も74年4月に実現した（高校一年の筆者が初めて体験した海外アーティストの公演だった）。

ロス・インカスではなくウルバンバを名乗ったのはメンバーやコンセプトの違いではなく、単なる契約上の理由からだ。ツアー開始時はミルチベルグのほかウニャ・ラモス（ケーナ）、ホルヘ・クンボ（アンターラほか）、エミリオ・アルテアーガ（ギターほか）の4名だったが、ラモスは来日前にファン・ダレーラと交代していた。

来日直前の74年3月には、ニューヨークでポールのプロデュースにより、アルバム『ウルバンバの魂』が録音される。メンバーの表記がなかったが、ラモス在籍時のライヴ録音1曲を除いた実際の参加メンバーはミルチベルグ、ラモスとマルティン・トーレス（ギター）の3名、それにゲスト扱いでブラジルのアイルト・モレイラ（パーカッション）が参加していたことが判明している。

アルバム収録曲は、共作2曲を含む全曲がミルチベルグの自作。彼は38曲を候補としてポールに提示し、そこから11曲が採用されたというが、全体的に作り物っぽいというか、アンデス音楽が本来持つ根源的な力強さや美しさからは距離があるものになってしまった。あくまでもオリジナル作品集であり、どう仕上げようと自由なのは確かだが、伝承曲を〝自作〟と称した過去もあり、実際の作曲能力がどこまでかを判断するのは難しい。さて、ポールはこのアルバムをどう振り返っているだろうか。

Live 1969
ライヴ1969

Columbia／Legacy：82796 92582 2［CD］
発売：2008年3月25日

1. Homeward Bound／2. At The Zoo／3. The 59th Street Bridge Song (Feelin' Groovy)／4. Song For The Asking／5. For Emily, Whenever I May Find Her／6. Scarborough Fair / Canticle／7. Mrs. Robinson (From The Motion Picture The Graduate)／8. The Boxer／9. Why Don't You Write Me／10. So Long, Frank Lloyd Wright／11. That Silver-Haired Daddy Of Mine／12. Bridge Over Troubled Water／13. The Sound Of Silence／14. I Am A Rock／15. Old Friends / Bookends Theme／16. Leaves That Are Green／17. Kathy's Song

プロデューサー：Paul Simon, Art Garfunkel, Roy Halee
参加ミュージシャン：Fred Carter Jr.(g), Larry Knechtel (kbd), Joe Osborn (b), Hal Blaine (ds, per)

1969年10月から11月にかけて録音された、S&G最後の北米ツアーの模様をまとめたライヴ・アルバム。『グレイテスト・ヒッツ』に収録されていた「エミリー・エミリー」と「キャシーの歌」以外は未発表だった。

前半はこれまでと同様にサイモンのギター1本というスタイル。もはや円熟の域に達しているかのような安定度だ。空気が変わるのは、ハル・ブレインを始めとするバンドが加わった「ミセス・ロビンソン」から。この時点でまだ発売されていなかったアルバム『明日に架ける橋』のレコーディング・メンバーを帯同していたのだ。

ただし、ガッツリとしたバンド・サウンドになっているのは最初の「ミセス・ロビンソン」のみ。それ以外は、サイモンのギターに必要最小限の味付けをするくらいの、抑制の効いたアレンジに終始する。これが絶妙にS&Gの世界を拡張しているのだ。

「明日に架ける橋」に至ってはピアノとガーファンクルの歌のみで、最後にブレインがアクセントをつけるくらいのもの。まだヴォーカルに消化しきれていない部分はあるものの、観客の反応はすこぶる良い。

なお、20年には本作にも数曲が収録されたツアー最終公演から4曲が選ばれ、『ライヴ・アット・カーネギー・ホール1969』というデジタルEPの配信が開始された。すべてが発売直前のアルバム『明日に架ける橋』収録曲であるところがミソ。スタジオ版と聴き比べてみてください。**森**

Live at Carnegie Hall 1969
Sony Music：［digital EP］
配信：2020年1月26日

1. The Boxer／2. So Long, Frank Lloyd Wright／3. Song For The Asking／4. Bridge Over Troubled Water

#3
Talkin' About British & Irish Folk

★★★★★★★★★★★★★★★★★★★

ポール・サイモンを起点に聴く英国とアイルランドのフォーク

Koji Wakui
Jiro Mori

Anne Briggs 1971 (photo by Brian Shuel from Topic Album "Anne Briggs" reissue version)

英国のフォーク・ミュージック事情

和久井光司

ポール・サイモンは彼が有名にしたインスト曲「アンジー」の作者デイヴィ・グレアムを、「おそらくイングランドで最も偉大なギタリスト」と評している。ポールは英国でデイヴィのプレイとミクスチュア度が高い音楽性に衝撃を受けて、ミュージシャンとしての〝終生の在り方〟を決めたと言ってもいい。英国フォークの〝第二世代〟と直接交流したなかで、同じ伝承歌を取り上げても、彼らのアプローチは〝第一世代〟とはまったく異なることを知ったポールは、〝伝統〟と〝革新〟を考えるようになったのだろう。

　私はポールに「スカボロー・フェア」を教えた張本人であるマーティン・カーシーに何度かインタヴューしているが、デイヴィの変則オープン・チューニングに感化されて英国の伝承曲をプログレッシヴな方へと発展させたマーティン、バート・ヤンシュ、ジョン・レンボーン、ウィズ・ジョーンズらは「デイヴィ・グムアムに相応しいのは〝アナーキスト〟の一語だ」と口を揃える。マーティンは、「デイヴィは人に何かを教えてくれるような人じゃなかったから、我々はステージの前にかじりついて彼がチューニングを変えるのを見て、まずは6弦から開放弦をDADGADとするオープン・チューニングを覚えたんだ。いまではダッドガッドと呼ばれて世界中のアコギ奏者に知られているし、ジミー・ペイジは、ケルト、インド、アラブの音階が表現できるチューニングという意味で〝CIA〟なんて呼んでたよね。あれはまさにデイヴィの発明で、ぼくはそこから発展させて、オープンFやオープンCなんてチューニングを試してみるようになったんだ。ジミーはよくフォーク・クラブに出入りしてたから、〝今日もヤードバーズのヤツが来てたね〟なんて楽屋で話題になったりしてたんけど、我々がやってたことをロックに活用した彼のセンスは大したものだと思うよ」と言っていた。

　私はバート・ヤンシュとジョン・レンボーンに、別々に当時のことを訊いたことがある。

　バートは、「俺とジョンはギタリストとしてはスタイルが違うんだが、デイヴィの影響を受けて、アメリカのフォークやブルーズとは違う弾き方で英国の伝承音楽にアプローチするようになった。ブルーズも好きで歌に重きを置いてる俺と、英国音楽の真髄にギターで迫っていこうとするジョンという組み合わせが面白かったから、バンドに発展させようにいうことになってペンタングルが生まれるわけだ」と言ったが、学究肌のジョンはそれだけでは飽きたらなくなっていったようだ。「バートはそこまで興味を示さなかったけど、私はセシル・シャープ・ハウス（英国の伝承音楽をアーカイヴしている機関）に行って、譜面しか残っていない17世紀の音楽を教わってきて、勝手に再現したりするのが面白くなっちゃったんだ。音源が残っていないと比べるものがないから〝オリジナル〟につくり変えられる。元になる曲はいくらでもあるから、曲づくりに悩むことも、先駆者のスタイルに煩わされることもないでしょ。同じ曲を楽器の編成を変えてプレイするのも楽しいから、いつの間にかそれが私の芸風になったんだと思う」と話してくれた。

フォークとは、本来はフォークロア、民族音楽を指す言葉であった。第二次大戦後、世界的にレコードの普及が加速し、アメリカの研究家アラン・ロマックスが戦前からの調査をもとに各地で採集してきたフォーク・ミュージックのアーカイヴ化、レコード化が始まる。たとえばアメリカン・フォークの父ウディ・ガスリーの音源はロマックスがいなければごくわずかしか残されなかっただろうし、レッドベリーはロマックスが探し当てたときには刑務所にいた。フォーク・ブルーズの大家と認められたレッドベリーは恩赦を受けて出所し、ロマックスの尽力によって多くの名曲を残すことになったのだ。戦前は一部でしか知られていなかったミュージシャンや、彼らのレパートリーが、レコードやラジオで広まる状況は、ピート・シーガーらによって〝フォーク・リヴァイヴァル〟と呼ばれるようになり、50年代も半ばに差しかかると、彼が率いたザ・ウィーヴァーズによって新しい命を与えられたレッドベリーの代表曲「グッドナイト・アイリーン」がレコードでヒットするまでになった。

ところが、大恐慌時代に下層労働者階級を鼓舞した歌を書いたウディ・ガスリーが〝父〟とされることが国民の共産主義化につながるとして赤狩りにあい、リヴァイヴァルを牽引していたピート・シーガーらは危険分子のレッテルを貼られてしまうのだ（ミネアポリスで育ったボブ・ディランは高校を卒業するまでウディ・ガスリーを知らなかったというが、同い年でもニューヨーク育ちのポール・サイモン

A. L. LLOYD
First Person
英・Topic：12T 118［1966］

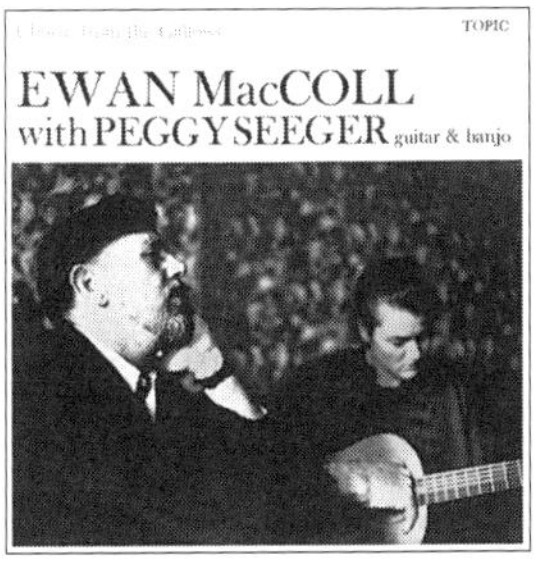

EWAN MacCOLL WITH PEGGY SEEGER
Chorus From The Gallows
英・Topic：12T 16
［1958 orig. 1964 reissue］

JACK ELLIOTT・DERROLL ADAMS
Rambling Boys
英・Topic：10T 14［1960］10inch

はフォーク・リヴァイヴァルの実情を知っていたと思う）。

一方英国でも戦前からフォーク・ミュージックを文化遺産として記録しようという動きはあった。30年代後半に大英博物館の研究員となったシンガーのA.L.ロイド（1908-1982）は、英国各地の伝承歌を、地方別、ジャンル別（子供の歌、船乗りの歌、鉄道の歌、労働歌など）にアーカイヴ化していたのだが、その仕事が知られるようになったのは戦後のことで、まずは書籍化、次にラジオ番組によって、英国圏のフォーク・ミュージックが整理され始める。

ロイドの相棒として50年代に知られるようになるイワン・マッコール（1915-1989）はスコットランド人の両親の血を引くシンガーで、ソングライターであった。ロイドとマッコールはアメリカのようなフォーク・リヴァイヴァルを英国でも起こそうと、デュオで多くのレコードをリリースしていく。この動きに早くからヨーロッパでも歌っていたピート・シーガーの従妹、ペギー・シーガー（1935-）が加わったのは58年。彼女がマッコールとのデュオで多くのレコードをリリースするようになると、英国におけるリヴァイヴァルは最初の黄金時代を迎える。50年代末～60年代初頭のことだ。シーガーはバンジョーの弾き語りで知られ、それまでにもいた女性バンジョー奏者（ボディが軽く小さく、ギターのようなバレー・コードのない5弦楽器であることが、女性にバンジョーが好まれた理由だろう）の憧れの存在にもなる。そして彼女を追いかけたシンガーが、赤狩りを逃れて英国に来ていたアラン・ロマックスにスカウトされ、58年にデビューしたシャーリー・コリンズ（1935-）だった。

マーティン・カーシーを通じてポール・サイモンに伝わった「スカボロー・フェア」は、もともとはイワン・マッコールのレパートリーだったし、ロッド・スチュアートやポーグスのヴァージョンで知られる「ダーティー・オールド・タウン」、ロバータ・フラックが歌って72年に全米1位になった「ザ・ファースト・タイム・エヴァー・アイ・ソウ・ユア・フェイス」の作者としても知られている。マッコールとシーガーは早くから私生活のパートナーでもあったが、77年に結婚して3人の子供をもうけている。ちなみに早逝したシンガー、カースティ・マッコール（1959-2000）はイワンの最初の結婚のときの子、UB40のアリ、ロビン、ダンカンのキャンベル3兄弟は、デイヴ・スウォーブリックが在籍したリヴァイヴァル第一世代の名バンドのリーダー、イアン・キャンベルの息子たちだ。

第一世代を支えたのは、アメリカではフォークウェイズやプレスティッジ、英国ではトピックやアーゴといった非商業的なレコード会社だったから、伝統的なフォークは日本の歌舞伎や能、狂言のように世襲されているようにも思われているが、決してそんなことはなく、大衆音楽らしい自由度の上に成り立っている。とくに英国の第二世代以降

SHIRLEY COLLINS・DAVY GRAHAM
Folk Roots, New Routes
英・Decca：LK 4652［1965］

NIGEL DENVER
Moving On
英・Decca：LK 2728［1966］

DOMINIC BEHAN
Cosmopolitan Man
英・Folklore：F-LEUT-4［1962］

は、メジャー・レーベル、フォーク専門レーベル、インディー・レーベルを渡り歩いてリリースを続けるミュージシャンが多くなったから、その子供世代はフォークに縛られない音楽活動をしているのだと思う。

そういう意味でも、デイヴィ・グレアムがデッカに移籍してシャーリー・コリンズとの共演盤まで出し、マーティン・カーシーがフォンタナ、フォーク・シーンからポップ・スターになったドノヴァンがパイ、英国時代のポール・サイモンがCBS、サイモンがプロデュースしたジャクソン・C・フランクがEMIコロンビアからデビューした64～65年の動きは、第二世代がシーンの中心に躍り出たのを象徴していたのである。

一方、ボブ・ディランに「時代は変る」のもとになった「ザ・パトリオット・ゲーム」を教えたシンガーとして知られ、デッカにアルバムを残しながらも消えていったナイジエル・デンヴァーのような人もいる。厳しい言い方かもしれないが、ただ伝承歌を唄っているだけではビジネスにならない、ということだろう。

日本ではあまり知られていないが、アイルランド出身の作家ブレンダン・ビハン（1923-1964）と、フォーク歌手ドミニク・ビハン（1928-1989）の兄弟はアイルランド移民の精神的な支柱になった表現者だった。初期のIRAの活動家だったブレンダンは劇作家／小説家として成功してアメリカに亡命。朗読のレコードも残した。英国でシンガー・ソングライターとして成功したドミニクは重要曲「ザ・パトリオット・ゲーム」や、スキャッフォルドもカヴァーした「リヴァプール・ルー」の作者として知られ、ボブ・ディラン、ジョン・レノン、ヨーコ・オノらに賛辞を贈られている。ジョンとヨーコの「ハッピー・クリスマス」が「リヴァプール・ルー」を下敷きにして書かれたのは明らかだから、賛辞ぐらいは当然だと思うけれど（笑）。

ブリティッシュ・フォーク アイリッシュ・フォーク
必聴の名盤 41選

選・文／和久井光司　森 次郎

DAVY GRAHAM
Folk, Blues & Beyond

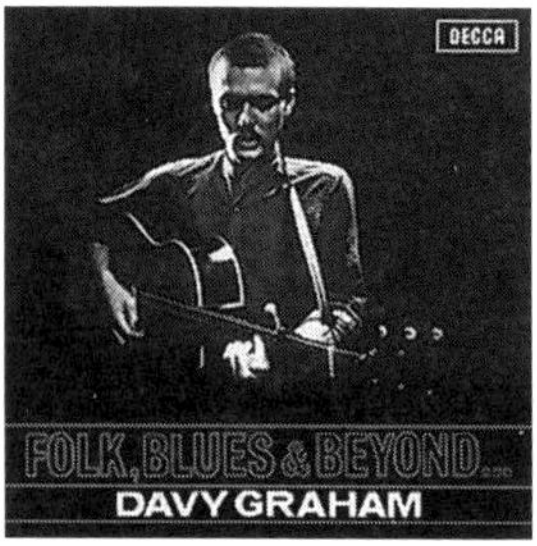

英・Decca：LK 4649
発売：1965年1月

[A] 1. Leavin' Blues／2. Cocaine／3. Sally Free And Easy／4. Black Is The Colour Of My True Love's Hair／5. Rock Me Baby／6. Seven Gypsies／7. Ballad Of The Sad Young Men／8. Moanin'
[B] 1. Skillet (Good 'N Greasy)／2. Ain't Nobody's Business What I Do／3. Maajun (A Taste Of Tangier)／4. I Can't Keep From Crying Sometimes／5. Don't Think Twice, It's All Right／6. My Babe／7. Goin' Down Slow／8. Better Git In Your Soul

プロデューサー：Ray Horricks

　62年にパイからリリースした“The Guitar Player”に続くソロ名義の第2作は、前作にはあったジャズのテイストは抑えてフォークやブルーズに寄ったアルバムだった。エンジニアはガス・ダッジョン。エレクトリックはジョン・メイオール、アコースティックはデイヴィ・グレアムとデッカは考えていたのかもしれないが、インドやアラブ、ラテンへの興味から〝弾き語りワールド・ミュージック〟とも言える路線に転じていくグレアムは商業的な成功をまったく考えなくなり、ミュージシャンズ・ミュージシャン化を進めてしまうのだ。そのためアメリカや日本では一部のギタリストにしか知られていなかったが、90年代に再評価され、60年代の諸作もCD化された。

　上手いギタリストとは言えないけれど、音階と音楽表現の関係をギターで追求し続けた稀有な人で、豊富なアイディアの実践は一聴の価値あり。父はスカイ島、母は英国領だったギニア出身というのが意外にポイントかもしれない。

和久井

DONOVAN
What's Bin Did And What's Bin Hid

英・Pye：NPL 18117 (mono) / NSPL 18117 (stereo)
発売：1965年5月14日

[A] 1. Josie / 2. Catch The Wind / 3. The Alamo / 4. Cuttin' Out / 5. Car Car / 6. Keep On Truckin'

[B] 1. Goldwatch Blues / 2. To Sing For You / 3. You're Gonna Need Somebody On Your Bond / 4. Tangerine Puppet / 5. Donna Donna / 6. Ramblin' Boy

プロデューサー：Terry Kennedy, Peter Eden, Geoff Stephens

スコットランドのグラスゴーで生まれ、62年ごろロンドンのフォーク・シーンに落ち着いたドノヴァンは、デビュー曲「キャッチ・ザ・ウィンド」のヒット（英4位、米23位）で注目され、一躍ポップ・スターとなった。アイドル性の高いルックスに、深みのある声、メロディアスな曲調が当初の売りだったが、サイケへの移行も早く、66年の「サンシャイン・スーパーマン」は米1位、「メロー・イエロー」は2位に輝いた。ディラン、ビートルズ、ジミヘンとの親交でも歴史に残る。

英国的な香りが濃厚な傑作といえば71年の『HMSドノヴァン』だが、美しいメロディづくりと独特のヴィブラートは一貫しているから、ここではファースト・アルバムを選んだ。70年にはオープン・ロードをバックに〝ケルティック・ロック〟を標榜し、71年ごろはプランクシティのメンバーとも交流を持ったという先見性にも注目したい。80年代半ば以降はアイルランドで生活し、独特の活動を続けているのも面白い。

和久井

MARTIN CARTHY
Martin Carthy

英・Fontana：TL 5269 (mono) / STL 5269 (stereo)
発売：1965年

[A] 1. High Germany / 2. The Trees They Do Grow High / 3. Sovay / 4. Ye Mariners All / 5. The Queen Of Hearts / 6. Broomfield Hill / 7. Springhill Mine Disaster

[B] 1. Scarborough Fair / 2. Lovely Joan / 3. The Barley And The Rye / 4. The Wind That Shakes The Barley / 5. The Two Magicians / 6. The Handsome Cabin Boy / 7. And A-Begging I Will Go

プロデューサー：Terry Brown

41年ハートフォードシャー生まれ。リオン・ロッセルソン、マリアン・マッケンジーらとのザ・スリー・シティ・フォーでデッカとCBSにアルバムを残しながら、ソロ作はフォンタナからリリース。デイヴ・スウォーブリックとのデュオで英国フォークの新境地を築いた第二世代のリーダーである。63年初頭にボブ・ディランをアパートに泊め、65年にポール・サイモンに「スカボロー・フェア」を教えた張本人は、伝承曲の著作権登録問題でアメリカのレコード協会に抗議する立場となったため、彼らに対する発言は控えているが、ディランやサイモンとの思い出は「だいじにしている」と言っていた。

デイヴィ・グレアムのDADGADをヒントに、オープンC、オープンFといったチューニングを駆使するギター名人であり、一時はスティーライ・スパンにも在籍。歌声は抜群で、ホーンを加えたバンド、ブラス・モンキー、妻ノーマ・ウォーターソン、娘イライザ・カーシーとも作品がある。

和久井

MICK SOFTLEY
Songs For Swingin' Survivors

英・Columbia：33SX 1781
発売：1965年

[A] 1. After The Third World Is Over (Or How I Learnt To Live Without Myself) / 2. The Bells Of Rhymney / 3. Strange Fruit / 4. Blues For Cupid Green / 5. All I Want Is A Chance / 6. The War Drags On

[B] 1. Keep Movin' On / 2. Jeannie / 3. What Makes The Wind To Blow / 4. I've Gotta Deal You Can't Turn Down / 5. West Country Girl / 6. Plains Of The Buffalo

プロデューサー：Peter Eden, Geoff Stephens

39年に北アイルランドで生まれ、59年からバスキングの旅でヨーロッパを放浪。62年ごろロンドンのフォーク・クラブの常連となり、ドノヴァンを追う存在としてEMIコロンビアからデビューした。基本は自作自演で曲はポップだが、味はあるものの地味なのが難点。70年以降CBSからリリースした3作の方が本人の個性は出ていると思うのだが、レアなこのデビュー作がCD化されてから妙に評価が高まっている人だ。

イングランドやアイルランドの伝承曲よりもビッグ・ビル・ブルーンジーのブルーズなどを好んだりしたのが、アメリカや日本ではかえってわかりやすいのかもしれない。個人的には71年の〝Street Singer〟や、72年の〝Any Mother Doesn't Grumble〟あたりの方が充実していると思う。しかし、まあこのアルバムの方がピュアとは言えるかもしれない。その後はインディー・レーベルに移籍し、85年以降はリリースがなかったのが残念。17年9月1日に77歳で亡くなっている。

和久井

JACKSON C. FRANK
Jackson C. Frank

英・Columbia：33SX 1788
発売：1965年12月

[A] 1. Blues Run The Game / 2.Don't Look Back / 3. Kimbie / 4. Yellow Walls / 5. Here Come The Blues

[B] 1. Milk And Honey / 2. My Name Is Carnival / 3. Dialogue (I Want To Be Alone) / 4. Just Like Anything / 5. You Never Wanted Me

プロデューサー：Paul Simon

43年にニューヨークのバッファローで生まれたジャクソン・カーリー・フランクは、ロンドン滞在中の親友ポール・サイモンを頼って渡英し、彼のプロデュースで生涯唯一のオリジナル・アルバムとなる本作を録音した。これが〝幻の名盤〟と呼ばれるようになったのはニック・ドレイクらのカヴァーによって「このソングライターは何者?」ということになり、サンディ・デニーに歌手になるのを勧めた〝元恋人〟として知られるようになったからだった。

アンディ・ウォーホルのファクトリーでミューズとして君臨したイディ・セジウイックの妹エレインとウッドストックで結婚生活をおくったり、アート・ガーファンクルに復活のチャンスを与えられたりしたのも伝説に輪をかけたが、99年3月3日に56歳で没した。

15年にBa Da Bingから発売されたCD3枚組〝The Complete Recordings〟が大量の未発表音源を含むすごい内容だが、日本ではすでに入手困難。海外から買ってね。

和久井

BERT JANSCH
Bert Jansch

英・Transatlantic：TRA 125
発売：1965年4月16日

[A] 1. Strolling Down The Highway／2. Smokey River／3. Oh How Your Love Is Strong／4. I Have No Time／5. Finches／6. Ramblings Going To Be The Death Of Me／7. Veronica／8. Needle Of Death

[B] 1. Do You Hear Me Now?／2. Alice's Wonderland／3. Running, Running From Home／4. Courting Blues／5. Kasbah／6. Dreams Of Love／7. Angie

プロデューサー：Bill Leader

ジョン・レンボーンとのデュオ作を経てペンタングルを結成するバート・ヤンシュだが、エジンバラのフォーク・クラブでアーチー・フィッシャーやデイヴィ・グレアムの従妹ジル・ドイルと共演、インクレディブル・ストリング・バンドのロビン・ウィリアムソンとフラットをシエアしていたという過去があった。ロンドンに出て頭角を現すとアン・ブリッグスと浮名を流して有名になり、本作でソロ・デビューを果たした。

ブリッグスと磨き上げた「ブラックウォーターサイド」がレッド・ツェッペリンの「ブラック・マウンテン・サイド」となったことは有名だが、デイヴィ・グレアムとマーティン・カーシーから伝授されたアコギのテクニックに多くのロック・ギタリストが憧れたのは、プレイする姿がとくべつカッコよかったからだろう。ヴォーカルのやさぐれ感と、ギターの野放図さに〝ロック〟が感じられるのがこの人のいいところだ。バート版「アンジー」はこのアルバムに収録されている。 **和久井**

JOHN RENBOURN
Another Monday

英・Transatlantic：TRA 149 (mono／stereo)
発売：1966年

[A] 1. Another Monday／2. Ladye Nothing's Ioye Puffe／3. I Know My Babe／4. Waltz／5. Lost Lover Blues／6. One For William

[B] 1. Buffalo／2. Sugar Babe／3. Debbie Anne／4. Can't Keep From Crying／5. Day At The Seaside／6. Nobody's Fault But Mine

プロデューサー：Bill Leader

『バート・ヤンシュ』とほぼ同時にリリースされた『ジョン・レンボーン』に続くセカンド・アルバム。このあとデュオ作『バート&ジョン』を出して、ビル・リーダーの勧めでペンタングル結成となるわけだが、その後もふたりはペンタングルと並行してソロ作をリリースし、ジョンは学究肌のアコースティック・ギタリストとして知られていった。

ステファン・グロスマンとのデュオ作や、ジョン・レンボーン・グループ、スティーヴ・ティルストンらとのシップ・オブ・フールズもいいが、鋭いギター・テクニックを味わうなら70年代後半の〝The Hermit〟〝A Maid In Bedlam〟〝The Black Balloon〟の三連発が油が乗りきった時期と言える。

目の前でギターを弾いてもらって感じたのは、繊細なタッチで思いのほか音が小さかったことで、「強く弾くとガラスのような音色にならない」と言っていたのには納得させられた。芸風に反して、明るくて気のいいオジサンだったな。 **和久井**

AL STEWART
BedSitter Images

英・CBS：BPG 63087 (mono) / SBPG 63087 (stereo)
発売：1967年10月6日

[A] 1. Bedsitter Images / 2. Swiss Cottage Manoeuvres / 3. The Carmichaels / 4. Scandinavian Girl / 5. Pretty Golden Hair / 6. Denise At 16
[B] 1.Samuel, Oh How You've Changed! / 2. Cleave To Me / 3. A Long Way Down From Stephanie / 4. Ivich / 5. Beleeka Doodle Day
プロデューサー：Roy Guest

初レコーディングがジャクソン・C・フランクのアルバムでのギターで、これが本人のデビュー作。ポップな曲づくりとセンシティヴなヴォーカルが魅力のシンガー・ソングライターだが、アラン・パーソンズによるプログレ的な味つけが効いた『モダン・タイムズ』(75年、米30位)、『イヤー・オブ・ザ・キャット』(76年、米5位)、『タイム・パッセージ』(78年、米10位)が全盛期というのが、この人の面白いところだ。それでも〝本筋〟から離れた印象にはならないのは、意外に曲が〝強い〟からだと思う。

本作、69年の『ラヴ・クロニクルズ』、70年の『ゼロ・シー・フライズ』という初期の3枚がいま聴くと次の『オレンジ』よりフィットしたりするのが面白いし、後期ウィングスのローレンス・ジュバーとのライヴ盤『ビトウィーン・ザ・ウォー』(95年)なんて秀作もある。いまひとつ本質を摑みにくいし派手さには欠けるが、ハマるとじわじわ染みてくるタイプだ。隠れファン多し。 **和久井**

ROY HARPER
Come Out Fighting Ghengis Smith

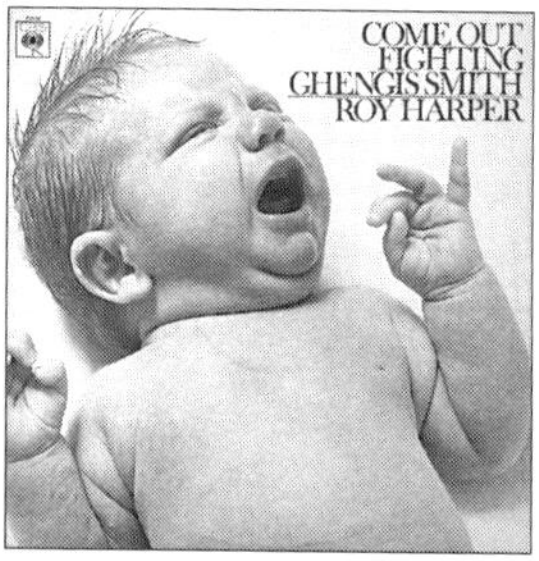

英・CBS：BPG 63184 (mono) / SBPG 63184 (stereo)
発売：1967年

[A] 1. Freak Street / 2. You Don't Need Money / 3. Ageing Raver / 4. In A Beautiful Rambling Mess / 5. All You Need Is / 6. What You Have
[B] 1. Circle / 2. Highgate Cemetary / 3. Come Out Fighting Ghengis Smith
プロデューサー：Shel Talmy

ピンク・フロイドの「ハヴ・ア・シガー」でのヴォーカルや、ジミー・ペイジ、ケイト・ブッシュとの交流で知られるロイ・ハーパーは、41年マンチェスター生まれ。ジャック・ケルアックに影響を受けてポエトリー・リーディングを始め、64年ごろロンドンのフォーク・クラブで歌い始めた。ほぼ自主盤だった66年の〝Sophisticated Beggar〟に続くメジャー初アルバムである本作はあのシェル・タルミーがプロデュース。10分40秒に及ぶ「サークル」と、9分近いタイトル曲に詩人としての力量があふれているが、何よりヴォーカルがいいのが特徴だ。オープン・チューニングのギターに、神がかった歌はまさにカリスマ。本作のライナーはバート・ヤンシュが書いている。

傑作が多い人だが、74年の〝Valentine〟、75年の〝HQ〟、77年の〝Bullinamingvase〟はロック・アルバムとしても非常に高水準だ。実はとってもいい人で、若い奥さんの尻に敷かれながらアイルランドで自身のレーベルをやっている。 **和久井**

THE INCREDIBLE STRING BAND
The Incredible String Band

英・Elektra：EUK 254
発売：1966年10月

[A] 1. Maybe Someday / 2. October Song / 3. When The Music Starts To Play / 4. Schaeffer's Jig / 5. Womankind / 6. The Tree / 7. Whistle Tune / 8. Dandelion Blues

[B] 1. How Happy I Am / 2. Empty Pocket Blues / 3. Smoke Shovelling Song / 4. Can't Keep Me Here / 5. Good As Gone / 6. Footsteps Of The Heron / 7. Niggertown / 8. Everything's Fine Right Now

プロデューサー：Joe Boyd

ヨーロッパにバスキングに出かけるのも飽きたクライヴ・パーマーがグラスゴーで始めた〝インクレディブル・フォーク・クラブ〟で、フィドルを弾きながらスコティッシュ・バラッドを歌うロビン・ウィリアムソン、R&Bを歌っていたマイク・ヘロンと結成。これが米エレクトラからやってきたジョー・ボイドの目に止まり、すぐさま本作が録音された。ところがクライヴがインドに行ってしまったため、ISBはロビンとマイクで続けることになり、サイケに走ったり、ポップになったりしながら続いていくことになるのだ。本作の素晴らしさを受け継いでいるのはロビンの色が強く出た71年の"Liquid Acrobat As Regards The Air"ぐらいか。マイクの色が出ると凡庸になっちゃうのが難点なんだよね。

帰国したクライヴはCOBを結成したが長続きせず、90年代にソロ、ロビンとのデュオで復活を遂げた。ロビンは72年の名盤"Myrrh"以来、とんでもない数のソロ作（主にインスト）を残している。

和久井

THE PENTANGLE
The Pentangle

英・Transatlantic：TRA 162 (mono/stereo)
発売：1968年5月17日

[A]
1. Let No Man Steal Your Thyme
2. Bells
3. Hear My Call
4. Pentangling

[B]
1. Mirage
2. Way Behind The Sun
3. Bruton Town
4. Waltz

プロデューサー：Shel Talmy

トランスアトランティック・レコーズのビル・リーダーの発案で、バート・ヤンシュ、ジョン・レンボーンに、シンガーのジャッキー・マクシー、ベースのダニー・トンプソン、ドラムスのテリー・コックスが加わって結成されたのがペンタングルだ。女性ヴォーカルにジャズ系のリズム・セクションという編成でアコースティックなままロックに踏み込んだのが革命的で、72年に一旦解散するまでに残した6作はいずれも秀作だ。全英チャートでは5位まで上がった69年の"Basket Of Light"よりも、70年の"Cruel Sister"、72年の"Solomon's Seal"の方が私はいいと思う。

85年にジョン抜きで再結成され、95年以降はジャッキー・マクシーズ・ペンタングルとして活動を続けたが、ジョンがいないペンタングルは明らかに緊張感に欠けていて〝別物〟という印象だ。それほど黄金期は絶妙のバランスだったということ。「本作のストイックさがいちばん」と言う人が多いのはそれを物語っている。

和久井

THE JOHNSTONS
The Johnstons

英・Transatlantic：TRA 169
発売：1968年

[A] 1. They'll Never Get Their Man / 2. The Tunnel Tigers / 3. 'Fhir A' Bhata / 4. O'Carolan's Concerto / 5. The Lark In The Morning / 6. The Whistling Thief / 7. The Rounding Of Cape Horn

[B] 1. The Dublin Jack Of All Trades / 2. Apprentice Song / 3. Caillerch An Airgid / 4. Reels (Hand Me Down The Tackle & Jenny's Welcome To Charlie) / 5. The Rambler From Clare / 6. The Lambs On The Green Hills / 7. The Frog's Wedding

プロデューサー：Nathan Joseph

65年にアイルランドでイワン・マッコールのカヴァー、「ザ・トラヴェリング・ピープル」をヒットさせたザ・ジョンストンズのファースト・アルバム。この時点でのラインナップは、オリジナル・メンバーであるエイドリアンとルーシーのジョンストン姉妹と、ミック・モロニー、そしてポール・ブレイディの4人だった。

メンバー全員が歌えるし、ほとんどがトラディショナル・ナンバーなので、まだコーラスがメインのフォーク・グループの域を超えてはいないように聴こえるかも知れない。しかし、彼らが革新的だったのは、ミックとポールというふたりのマルチ奏者が、アイリッシュ・トラッドにバンジョーやマンドリン、そしてギターを駆使して新たな表情を与えたことだ。だからこそ、インストルメンタルが挟み込まれていても、ヴォーカル曲の合間のインターヴァルのようには感じられないのだろう。

このあと彼らはロンドン経由で米国へ拠点を移し、73年まで活動を続けている。 **森**

SWEENEY'S MEN
Sweeney's Men

英・Transatlantic：TRA 170
発売：1968年

[A] 1. Rattlin' Roarin' Willy / 2. Sullivan's John / 3. Sally Brown / 4. My Dearest Dear / 5. The Exile's Jig / 6. The Handsome Cabin Boy

[B] 1. Dicey Riley / 2. Tom Dooley / 3. Willy O'Winsbury / 4. Dance To Your Daddy / 5. The House Carpenter / 6. Johnstone / 7. Reynard The Fox

プロデューサー：Bill Leader

66年5月に結成されたスウィーニーズ・メンは、3人のシンガー兼マルチ・インストルメンタリストが集まったグループだ。この1枚目のアルバムはメンバーだけで録音されているが、使われた楽器は、マンドリン、ギター（12弦も含む）、バンジョー、ブズーキ、ハーモニカ、ティン・ホイッスル、コンサーティナ（手風琴）。中でもジョニー・モイニハンがギリシャから持ち帰ったとされるブズーキは、チューニングを変えたり改造したりしながら、アイルランドの伝統的な楽曲に導入していったものだ（ブズーキは同時多発的に何人かのミュージシャンが手にしていたらしい）。

さらに本作では、テリー・ウッズが米国滞在中に覚えた「トム・ドゥーリー」や「ザ・ハウス・カーペンター」を、アンディ・アーヴァインがスコットランドの伝統的なバラッドを基にした「ウィリー・オー・ウィンズベリー」を歌っている。彼らもまた、新たな要素を加えることでアイリッシュ・トラッドの発展に寄与したのだ。 **森**

FAIRPORT CONVENTION
Unhalfbricking

英・Island：ILPS 9102
発売：1969年7月

[A]
1. Genesis Hall
2. Si Tu Dois Partir
3. Autopsy
4. A Sailor's Life

[B]
1. Cajun Woman
2. Who Knows Where The Time Goes
3. Percy's Song
4. Million Dollar Bash

プロデューサー：Joe Boyd

サンディ・デニーとイアン・マシューズを加えたフェアポート・コンヴェンションは、ジュディ・ダイブル時代の〝出来損ないのジェファーソン・エアプレイン〟みたいなフォーク・ロックを脱して英国のトラディショナル・フォークとロックの融合を図るようになっていく。その進化の過程は69年の3枚のアルバムに刻まれているのだが、まだ微笑ましい〝What We Did On Our Holidays〟と、デイヴ・スウォーブリックまで加わってトラッド熱が極まった〝Liege & Lief〟のあいだで丁度いい英国フォーク・ロック感を発しているのがこのアルバムだ。

「ジェネシス・ホール」と「時の流れを誰が知る」のサンディのヴォーカルが奇跡とも言えるほどのキモだが、リチャード・トンプソンのギターにも個性が表れ始めている。一歩引かざるをえなかったイアン・マシューズが脱退を決意したのも納得だけれど、ツアー中の交通事故でオリジナル・ドラマーのマーティン・ランブルが亡くなったのは惜しまれる。

和久井

MIKE COOPER
Do I Know You？

英・Dawn：DNLS 3005
発売：1970年3月

[A] 1. The Link／2. Journey To The East／3. First Song／4. Theme In C／5. Thinking Back

[B] 1. Think She Know Me Now／2. Too Late Now／3. Wish She Was With Me／4. Do I Know You?／5. Start Of A Journey／6. Looking Back

プロデューサー：Peter Eden

42年レディング生まれのシンガー／ギタリスト。68年にパイからリリースしたファースト・アルバム〝Oh Really!?〟、自身のヴィレッジ・シング・レーベルを起こすイアン・A・アンダーソンとのスプリット盤〝The Country Blues of…〟を経ていよいよ独自の音楽性を開花させたのがここから始まるドーン時代。次の〝Trout Steel〟のあと、ザ・マシンガン・カンパニー・ウィズ・マイケル・ギブスをバックに、フォークとジャズ・ロックを融合させたりして、80年代以降は環境音楽やレゲエまでやってみせる。

あまりに幅が広いから捉えどころがないのだが、96年の〝Island Songs〟なんて極上のリゾート・ミュージック・アルバムだったから侮れないのだ。ブルーズ・ギターに潜むオルタナな要素をこれほど実験してきた人はほかにいないが、「普通のロックをやればいいのに」と思わせるポップな曲も書く。突然段ボールの蔦木俊二さんも、先日『実は大好きなんですよ』と言っていた。

和久井

STEELEYE SPAN
Hark! The Village Wait

英・RCA Victor：SF 8113
発売：1970年6月

[A] 1. A Calling-On Song / 2. The Blacksmith / 3. Fisherman's Wife / 4. Blackleg Miner / 5. Dark-Eyed Sailor / 6. Copshawholme Fair
[B] 1. All Things Are Quite Silent / 2. The Hills Of Greenmore / 3. My Johnny Was A Shoemaker / 4. Lowlands Of Holland / 5. Twa Corbies / 6. One Night As I Lay On My Bed
プロデューサー：Sandy Roberton

フェアポートを脱退したアシュリー・ハッチングスが、ロンドンのフォーク・シーンで活躍していたマディ・プライア&ティム・ハート、アイルランド人のゲイ&テリー・ウッズ（元スウィーニーズ・メン）を誘って結成したグループの第1作。素晴らしいハーモニーでトラディショナル・ナンバーの普遍性を伝える名盤中の名盤だ。

アシュリーはアルビアン・バンド、ウッズ夫妻はウッズ・バンド結成のためにすぐに脱退したが、マーティン・カーシーとヴァイオリンのピーター・ナイトが加わって、“Please To See The King”“Ten Man Mop or Mr. Reservoir Butler Rides Again”と傑作を連発。その後はマディ・プライア中心のロック・バンドとなり、激しくメンバーを代えながら現在まで続いている。初期の3枚を聴けば英国フォークのマニアとなること間違いなし。マディにインタヴューしたとき当時のことを訊くと、「マーティンのエレキがうるさくてまいったわ（笑）」と言っていた。

和久井

HARVEY ANDREWS
Places And Faces

英・Decca：DN 9 (mono) / SDN 9 (stereo)
発売：1970年

[A] 1. Boothferry Bridge / 2. Dancing Laughing Eyes / 3. The Party / 4. My Lady's Pleasure / 5. Seagull / 6. Aston Hall / 7. City Dweller / 8. England My England
[B] 1. Pam / 2. Peter / 3. Chris / 4. Joe / 5. David / 6. Hans
プロデューサー：Ioan Allen

43年にバーミンガムで生まれたアンドリュースは66年にトランスアトランティックからのEPでデビュー。オリジナル曲に重きを置いたシンガー・ソングライターだが、ポップ・スターになれるタイプではなかったのが災いして、70年の本作までアルバムがなかった。しかし曲は極上で、歌もギターも上手い。72年の“Writer Of Songs”と73年の“Friends Of Mine”はそこそこ売れたが、メジャー・リリースは80年の“Brand New Day”が最後。その後は自身のレーベルで質の高いアルバムをつくり続けている。

メロディアスな曲に定評のある人だが、詩人としての力量も相当なもので、地道なツアーでアルバムを売ってきた姿勢はカナダなどでも根強く支持されている。90年代のCDがアナログ化されれば、いまならイケそうなのだけれど。とにかく再評価したい人だ。作家のスコット・K・アンドリュースは71年に生まれた息子で、SF、純文学、短篇、ノン・フィクション……と約20冊の著書がある。

和久井

CAT STEVENS
Tea For The Tillerman

英・Island：ILPS 9135
発売：1970年11月23日

[A] 1. Where Do The Children Play?/2. Hard Headed Woman/3. Wild World/4. Sad Lisa/5. Miles From Nowhere

[B] 1. But I Might Die Tonight/2. Longer Boats/3. Into White/4. On The Road To Find Out/5. Father And Son/6. Tea For The Tillerman

プロデューサー：Paul Samwell-Smith

ロンドンのピカデリー・サーカス近くでレストランを営むギリシャ系キプロス人の父と、スウェーデン人の母の3番目の子供として48年に出生。66年に元ザ・スプリングフィールズのマイク・ハーストに見いだされてデラムからデビューした。他者によるカヴァーでソングライターとして評価され、70年にアイランドに移籍すると、元ヤードバーズのポール・サミュエル・スミスのプロデュースで、自身でもヒットを連発するようになった。4作目にあたる本作と、翌年の『ティーザー・アンド・ザ・ファイアキャット』のころが全盛期で、日本でも高い人気を誇ったが、78年にイスラム教に改宗して一旦引退してしまう。95年のカムバック後はユスフ・イスラムとして活動したが、20年にはキャット・スティーヴンス名義で本作の『2』を発表した。

基本的にはポップ・シンガーソングライター寄りなのだが、出自や宗教のせいか音楽性も独特。それをあまり前面に出さなかったこのころの作品は、いまだに愛聴されている。　**和久井**

ANNE BRIGGS
The Time Has Come

英・CBS：S 64612
発売：1971年

[A] 1. Sandman's Song/2. Highlodge Hare/3. Fire And Wine/4. Step Right Up/5. Ride, Ride/6. The Time Has Come

[B] 1. Clea Caught A Rabbit/2. Tangled Man/3. Wishing Well/4. Standing On The Shore/5. Tidewave/6. Everytime/7. Fine Horseman

プロデューサー：Colin Caldwell

44年に生まれたアンは、ヒッチハイクで出かけたエジンバラのフォーク・クラブでアーチー・フィッシャーと出会って歌うようになり、63年のオムニバス“The Iron Muse”に収録の2曲で注目され、63年のEP“The Hazards Of Love”でさらに知られるようになる。バート・ヤンシュによって彼女の名は広められ、アイルランドではジョニー・モイニハンにブズーキを教わるなど音楽的な幅を広げたが、アンは商業的な成功に興味を示さず、70年にトピックから『アン・ブリッグス』、CBSから本作を発表するも、めったに人前に出なかった。73年にはスティーヴ・アシュリーらをバックに従えた『シング・ア・ソング・フォー・ユー』を録音したが、妊娠を理由にスコットランドの田舎に引っ込んでしまったため、そのアルバムは96年までリリースされなかったのだ。

〝ツェッペリンにも影響を与えた伝説のシンガー〟であることは間違いないが、伝統的なフォークなので、エンタテインメントは期待しないこと。　**和久井**

LINDISFARNE
Fog On The Tyne

英・Charisma：CAS 1050
発売：1971年10月

[A] 1. Meet Me On The Corner／2. Alright On The Night／3. Uncle Sam／4. Together Forever／5. January Song

[B] 1. Peter Brophy Don't Care／2. City Song／3. Passing Ghosts／4. Train In G Major／5. Fog On The Tyne

プロデューサー：Bob Johnston

ロッド・クレメンツ、アラン・ハル、レイ・ジャクソンを中心にニューキャッスルで結成された。70年にカリスマからデビューし、〝Nicely Out Of Tune〟からシングル・カットした「レディ・エレノア」のヒットで人気を摑む。ボブ・ジョンストンがプロデュースした本作からは「ミート・ミー・オン・ザ・コーナー」がヒット。アルバムは全英1位に輝いた。

　メンバー・チェンジを繰り返しながら現在も活動を続け、ポップなメロディと抜群のハーモニーで英国ならではのカントリー・ロックを奏で続けている。分派のジャック・ザ・ラッド、ラディエイター、アラン、レイ、ロッドのソロも秀作なので、中央では語られなくなっても〝ローカル・バンドの鑑〟として君臨し続けてきた。最もポップな曲を書き、ソロ作でも知られたハルが95年に50歳で亡くなったが、それが逆にリンディスファーンのブランド化に向けての結束を強めたようなところもあり、今世紀はもう日本におけるヴェンチャーズみたい。　**和久井**

THE ALBION COUNTRY BAND
No Roses

英・Pegasus：PEG 7
発売：1971年10月

[A] 1. Claudy Banks／2. The Little Gypsy Girl／3. Banks Of The Bann／4. Murder Of Maria Marten

[B] 1. Van Dieman's Land／2. Just As The Tide Was A 'Flowing／3. The White Hare／4. Hal-An-Tow／5. Poor Murdered Woman

プロデューサー：Sandy Roberton, Ashley Hutchings

スティーライ・スパンを辞めてさらなるトラッド追求に転じたアシュリー・ハッチングスと、シャーリー・コリンズの結婚によって生まれた傑作。デイヴ・マタックス、リチャード&リンダ・トンプソン、ラル&マイク・ウォーターソンらの参加でトラッドとロックの橋渡しが慣行された。アシュリーがアイランドでつくったセッション・アルバム〝Morris On〟は本作の発展形と言ってもいい。

　〜ダンス・バンド、〜カントリー・バンドと名義やメンバーを変えながら現在も続いているアルビオン・バンドだが、76〜78年の〝Battle Of The Field〟、〝The Prospect Before Us〟、〝Rise Up Like The Sun〟あたりが充実期。その後のアルバムはメンバーや企画による、といった感じ。アシュリーが陣頭指揮をとってトピックからリリースした〝Give Me A Saddle, I'll Trade You A Car〟（89年）と〝1990〟も良かったが。

　本作はシャーリーの歌によるところが大きいので、これが好みの方は彼女のソロを。　**和久井**

THE WOODS BAND
The Woods Band

英・Greenwich Gramophone：GSLP 1004
発売：1971年

[A]
1. Everytime
2. Noisey Johnny
3. January's Snows
4. Lament & Jig (Inc. 'Valencia Lament' & 'Apples In Winter')

[B]
1. Dreams
2. As I Roved Out
3. Promises
4. Over The Bar (Inc. 'The Road To Athy')

プロデューサー：Tony Reeves

一枚でスティーライ・スパンを脱退したゲイ&テリー・ウッズが結成したバンドの唯一のアルバム。71年9月にロンドンのモーガン・スタジオで録音されたもので、ギター、ベースなどをエド・ディーン、ドラムスをパット・ナッシュに任せた以外は多くの楽器をテリー・ウッズがプレイし、マルチ・ミュージシャンとしての実力を見せつけている。ポリドールに移籍した夫妻はゲイ&テリー・ウッズ名義で“Backwoods”“The Time Is Right”“Renowned”を残し、78年にはサンディ・ロバートンのロックバーグから“Tender Hooks”を発表したが、離婚を機にデュオを解消。95年になって発売されたBBCライヴ“In Concert”も素晴らしい。

テリーはソロ・シングルを出したあとザ・ポーグスを結成して前線に復帰。パンクとトラッドを融合させた功績は高く評価されている。ゲイもソロ作を残しているが、彼女はニュー・ウェイヴに向かって失敗したクチ。70年代半ばらしいデュオ時代の音は永遠だろう。　**和久井**

NICK DRAKE
Pink Moon

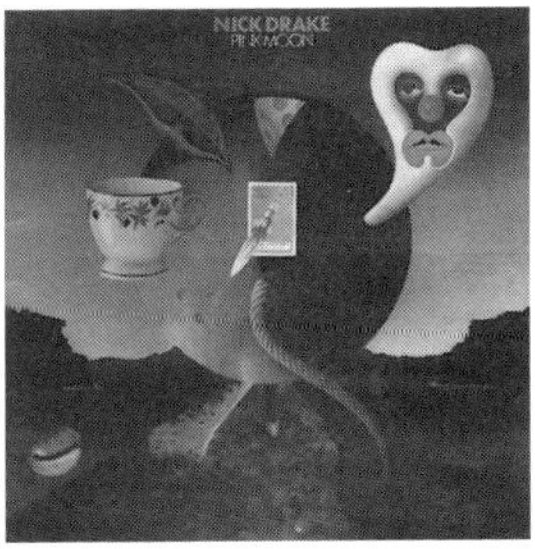

英・Island：ILPS 9184
発売：1972年2月25日

[A]
1. Pink Moon
2. Place Io Be
3. Road
4. Which Will
5. Horn
6. Things Behind The Sun

[B]
1. Know
2. Parasite
3. Free Ride
4. Harvest Breed
5. From The Morning

プロデューサー：John Wood

48年6月15日にミャンマーのラングーンで生まれたニック・ドレイクは、51年に英国に戻るとバーミンガム近郊で育ち、スクール・バンドで歌うようになった。フランスからモロッコに至る放浪の旅でドラッグを覚えたニックは、67年にハムステッドの姉のフラットに転がり込み、ケンブリッジで音楽活動を本格化された。68年1月に出会ったロバート・カービィによってシンガー・ソングライターとしての個性が与えられ、アシュリー・ハッチングスに紹介されたジョー・ボイドのプロデュースで69年にアイランドからデビュー。リチャード・トンプソンやダニー・トンプソンが参加した『ファイヴ・リーヴズ・レフト』が高く評価されたが、セカンド『ブライター・レイター』でポップ化がうまくいかなかったからか、本作は弾き語りで極めて内向的な歌を聴かせた。その後、精神に異常をきたし、74年11月25日にオーヴァードースで没。

生の最後の輝きを刻んだような本作には、文句のつけようがない。永遠の名盤だ。　**和久井**

BARRY DRANSFIELD
Barry Dransfield

英・Polydor：2383 160
発売：1972年

[A] 1. The Werewolf / 2. Be My Friend / 3. Jigs: Hyde Park Mansions / Irish Jig / 4. She's Like A Swallow / 5. Broken Barricades / 6. Girl Of Dances
[B] 1. Lots Of Little Soldiers / 2. Lily's Ballade / 3. Reels: The Trip To Derrow / The Traveller / St. Anne's Reel / 4. Robin Hood And The Peddlar / 5. General Worthington
プロデューサー：Bill Leader

弟ロビンとのデュオでも知られるバリー・ドランスフィールドは47年ヨークシャー生まれ。ロビンとの“Rout Of The Blues”と“Lord Of All I Behold”で注目され、アシュリー・ハッチングスが企画した“Morris On”で知られるようになり、バリーは72年にヴォーカルとフィドルに自身のギターや足踏みをつけただけの本作を発表した。伝統的なジグやリールのメドレーと、プロコル・ハルムの「ブロークン・バリクイズ」のカヴァーを同居させるセンスがのちに評価されるようになり、廃盤市場で高値で知られるようになったアルバムだが、CDは何度も出ているから簡単に聴けるだろう。続くザ・ドランスフィールズ名義のアルバム“The Fiddler's Dream”も一聴の価値あり。これもCD化されている

ポップ畑で成功していないから知る人ぞ知る存在だが、英国フォーク好きのあいだでは重要な人として知られ、78年のソロ“Bowin' And Scrapin'”も必聴盤にあげられる。ロビンのソロ作も悪くない。

和久井

LAL & MIKE WATERSON
Bright Phoebus

英・Trailer：LES 2076
発売：1972年9月

[A] 1. Rubber Band / 2. The Scarecrow / 3. Fine Horseman / 4. Winifer Odd / 5. Danny Rose / 6. Child Among The Weeds
[B] 1. The Magical Man / 2. Never The Same / 3. To Make You Stay / 4. Shady Lady / 5. Red Wine And Promises / 6. Bright Phoebus
プロデューサー：Bill Leader

伝承曲を歌うヨークシャーのファミリー・グループ、ザ・ウオーターソンズ（長姉ノーマはマーティン・カーシーと結婚）のマイクとラルがオリジナル曲を歌ったアルバムで、マーティン・カーシー、リチャード・トンプソン、アシュリー・ハッチングス、マディ・プライア、ティム・ハート、デイヴ・マタックスらによる鉄壁の演奏でも知られた名作だ。ビル・リーダーの想いが結実した累生の一枚と言ってもいいだろう。

ラル＆ノーマの“A True Hearted Girls”（77年）と、ラルとオリヴァー・ナイトの“Once In A Blue Moon”（96年）も素晴らしいアルバムだったが、ラルは98年9月4日に55歳で亡くなった。オリヴァー・ナイトはデュオの未発表音源を“A Bed Of Roses”（99年）にまとめているのだが、そのあたりは日本ではまったく話題にならなかったのが悲しい。

本書の読者には、CDでなら簡単に手に入る本作ぐらいは知っておいていただきたいと切に希うしだいだ。

和久井

CHRISTY MOORE
Prosperous

愛・Tara：TARA 1000/TARA 1001
発売：1972年

[A] 1. The Raggle Taggle Gipsies; Tabhair Dom Do Lamh / 2. The Dark Eyed Sailor / 3. I Wish I Was In England / 4. Lock Hospital / 5. James Connolly / 6. The Hackler From Grouse Hall

[B] 1. Tribute To Woody / 2. The Ludlow Massacre / 3. Letter To Syracuse / 4. Spancillhill / 5. The Cliffs Of Dooneen / 6. Rambling Robin

プロデューサー：Bill Leader

ファーストの『パディ・オン・ザ・ロード』は典型的なフォークのアルバムのような仕上がりだったが、3年後に発売された本作でクリスティ・ムーアは化けた。一定の緊張感と演奏の自由度を孕む原動力となったのは、プロデューサーのビル・リーダーが集めたミュージシャンに依るところが大きい。

「ロック・ホスピタル」など、ドーナル・ラニーのブズーキとアンディ・アーヴァインのマンドリンが絡み合う空間の上を、リアム・オフリンのイーリアン・パイプが飛び交い、泰然としたムーアの歌が響いてくるのだからたまらない。

かと思えば、無伴奏で歌われる「ジェイムズ・コノリー」の説得力たるや。ボブ・ディランの「ソング・トゥ・ウディ」を改題した「トリビュート・トゥ・ウディ」を収録するという間口の広さにも、あざとさは感じられない。

フィドルのクライヴ・コリンズ、コンサーティーナのデイヴ・ブランド、バウロンのケヴィン・コネフも参加。必聴。 **森**

HORSLIPS
Happy To Meet...Sorry To Part

愛・Oats：MOO 3
発売：1972年12月

[A] 1. Happy To Meet / 2. Hall Of Mirrors / 3. The Clergy's Lamentation / 4. An Bratach Bán / 5. The Shamrock Shore / 6. Flower Amang Them All / 7. Bím Istigh Ag Ól

[B] 1. Furniture / 2. Ace And Deuce / 3. Dance To Yer Daddy / 4. Scalloway Ripoff / 5. The Musical Priest / 6. Sorry To Part

プロデューサー：Alan O'Duffy, Horslips

初めて〝ケルト・ロック〟と呼ばれたバンドが、ホースリップス。ドラム、ベース、ギター、キーボードという典型的なロック・バンドに、アイリッシュ・トラッドの演奏に使われるイーリアン・パイプやフィドルといった楽器が加わる編成だ。

結成当初はアイルランドに留まり、自らレーベル〝オーツ〟を立ち上げ、コンセプト・アルバムをリリースするというスタンスをとっていた。その第一弾が本作ということになる。

「ダンス・トゥ・ヤー・ダディ」などはロックとケルトの要素がどちらも入っているが、融合していると言うよりは交互に顔を出す印象だ。「フラワー・アマング・ゼム・オール」に至っては、ロック感覚ゼロの、ケルトそのまんまのインスト・ナンバーに仕上がっている。逆に「ザ・ミュージカル・プリースト」はメロディはアイリッシュっぽいが、演奏はロック・バンドそのもの。

オリジナル盤はコンサーティナを横から見たデザインになるように型抜きされた、八角形の変形ジャケットだ。 **森**

JOHN MARTYN
Solid Air

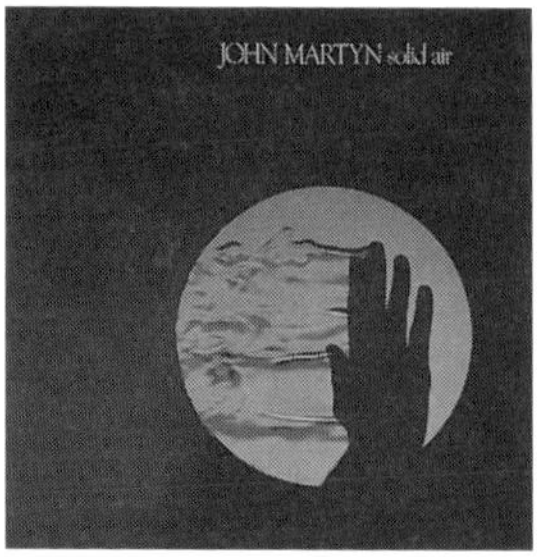

英・Island：ILPS 9226
発売：1973年2月

[A]
1. Solid Air
2. Over The Hill
3. Don't Want To Know
4. I'd Rather Be The Devil

[B]
1. Go Down Easy
2. Dreams By The Sea
3. May You Never
4. The Man In The Station
5. The Easy Blues

プロデューサー：John Wood

48年サリー生まれ。当初は弾き語りで67年にアイランドからデビューした。妻ビヴァリーとウッドストックで録音したアメリカ志向の2作を経てソロに戻り、AOR的な方向に転じて新境地を見せた71年の“Bless The Weather”と、エリック・クラプトンやシャーデーのカヴァーでも知られる「メイ・ユー・ネヴァー」を収録した本作で人気を安定させた。

　ジャズ・コードの研究からフュージョンを視野に入れたのも早く、81年の“Glorious Fool”はフィル・コリンズのプロデュース、マックス・ミドルトンの鍵盤で制作するなど、サウンドの変遷も面白かった。私は00年の“Glasgow Walker”や04年の“On The Cobbles”が意外に好きだったが、09年1月29日に60歳で没。女王陛下から勲章を授与される直前の訃報だった。11年には晩年の録音をまとめた“Heaven And Earth”がリリースされたが、90年代以降はインディー系からのリリースが多かったため、内容の濃さが知られていないのが残念だ。 **和久井**

PLANXTY
Planxty

愛・Polydor：2383 186
発売：1973年

[A] 1. Raggle Taggle Gypsy / Tabhair Dom Do Lãmh / 2. Arthur McBride / 3. Planxty Irwin / 4. Sweet Thames Flow Softly / 5. Junior Crehan's Favourite / Corney Is Coming / 6. The West Coast Of Clare

[B] 1. The Jolly Beggar / Reel / 2. Only Our Rivers / 3. Sí Bheag, Sí Mhór / 4. Follow Me Up To Carlow / 5. Merrily Kissed The Quaker / 6. The Blacksmith

プロデューサー：Phil Coulter

先に紹介したクリスティ・ムーア『プロスペラス』のレコーディングのために集まった、ドーナル・ラニー、アンディ・アーヴァイン、リアム・オフリン、そしてクリスティの4人が結成したグループ。60年代半ばに起こったアイリッシュ・ルーツ・リヴァイヴァルの頂点を極めたとも言えるのが、この通称〝ブラック・アルバム〟だ。

　クリスティとアンディというタイプの違うヴォーカリストふたりを擁し、ソロでもバッキングでもきっちりと役割を果たすリアムがツボを押さえまくり、のちにアイルランドを代表するプロデューサーになるドーナルが仕切っているのだから、手に負えなくなるのも当然か。

　英国の伝統歌である「ザ・ブラックスミス」を聴いて欲しい。前半のアンディが歌うパートはブズーキ、マンドリンなど複数の弦楽器がこれでもかと言わんばかりに多彩なフレーズを織り込み、後半のインスト部分に入るとイーリアン・パイプやバウロンなど、伝統楽器が暴れまくっているのだ。最強。 **森**

RICHARD & LINDA THOMPSON
I Want To See The Bright Lights Tonight

英・Island：ILPS 9266
発売：1974年4月30日

[A] 1. When I Get To The Border / 2. The Calvary Cross / 3. Withered And Died / 4. I Want To See The Bright Lights Tonight / 5. Down Where The Drunkards Roll
[B] 1. We Sing Hallelujah / 2. Has He Got A Friend For Me / 3. The Little Beggar Girl / 4. The End Of The Rainbow / 5. The Great Valerio
プロデューサー：John Wood

フェアポートを脱退したリチャードが初ソロ作『ヘンリー・ザ・ヒューマン・フライ』を発表したあと、72年に結婚したリンダとデュオを組んでの第1作。9年間の結婚生活で6枚のアルバムを残したが、本作、次の『ホーキー・ポーキー』、81年の『シュート・アウト・ザ・ライツ』と、07年に発掘されたライヴ盤があれば、いいところはさらえる。サイモン・ニコル（ダルシマー）、ジョン・カークパトリック（コンサーティナ）、グリフォンのリチャード・ハーヴェイ（クロムホーン）を加えたのも効いて、エレクトリックなオリジナル曲にトラッドの風味が加えられたことで、英国ならではのフォーク・ロックが完成されている。

リチャードのその後のソロ作はおよそ駄作がなく、90年代はオルタナティヴ・ロックとして再評価されたのも面白かった。今世紀に入ってからのリンダのソロ作の充実ぶりにも注目してほしいし、最新作“Proxy Music”のジョークもあっぱれ。女性は強いねぇ（笑）。 **和久井**

RALPH McTELL
Streets

英・Warner Bros：K 56105
発売：1975年

[A] 1. Streets Of London / 2. You Make Me Feel Good / 3. Grande Affaire / 4. Seeds Of Heaven / 5. El Progresso
[B] 1. Red Apple Juice / 2. Heron Song / 3. Pity The Boy / 4. Interest On The Loan / 5. Jenny Taylor / Je N'Etais Lá / 6. Lunar Lullaby
プロデューサー：Ralph McTell

44年12月3日にケントで生まれたマクテルは68年初頭にトランスアトランティックから初アルバム“Eight Frames A Second”を発表して注目され、71年にはEMI傘下のフェイマスからガス・ダッションのプロデュースによるポップ路線の“You Well-Meaning Brought Me Here”をリリース。これが好評だったためワーナー・ブラザーズと5年契約。74年には代表曲「ストリーツ・オブ・ロンドン」にロッド・クレメンツらによるバックをつけて再録音し、これが全英2位まで上がるヒットとなった。82年にグラナダ・テレビで始まった子供番組『アルファベット・ズー』で歌のお兄さんを務めたのも効いて、英国では引き出しの多いヴェテラン・シンガーとして知られている。

ブルーズもトラッドもオリジナル曲もOKで、歌もギター上手いからアルバムの質は常に高いが、ラジオでの仕事もあるからか、あんまり商売っ気がないのがタマにキズ。私は近年のウィズ・ジョーンズとのデュオも好みだった。 **和久井**

ANDY IRVINE, PAUL BRADY
Andy Irvine, Paul Brady

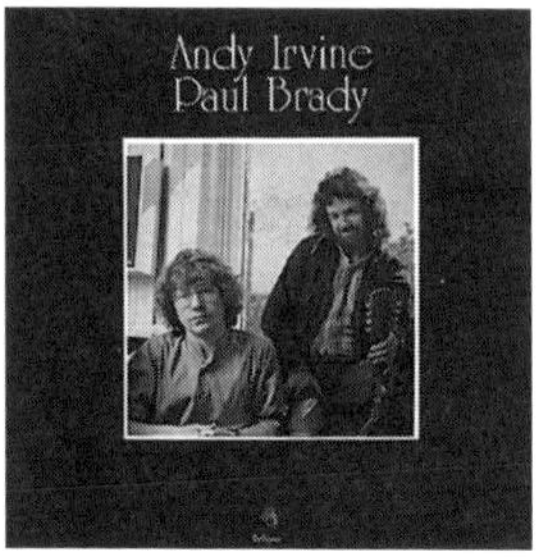

愛・Mulligan：LUN 008
発売：1976年12月

[A] 1. The Plains Of Kildare／2. Lough Erne Shore／3. Fred Finn's Reel／Sailing Into Walpole's Marsh／4. Bonny Woodhall／5. Arthur McBride And The Sergeant

[B] 1. The Jolly Soldier ～ The Blarney Pilgrim／2. Autumn Gold／3. Mary And The Soldier／4. The Streets Of Derry／5. Martinmas Time ～ The Little Stack Of Wheat

プロデューサー：Dónal Lunny

74年にクリスティ・ムーアの脱退が決まったプランクシティに誘われたのが、解散したジョンストンズのポール・ブレイディだった。しかしプランクシティも75年に活動を終え、アンディ・アーヴァインとポールはデュオとしてツアーを行うようになる。そのふたりが、先にプランクシティを抜けていたドーナル・ラニーをプロデューサーに迎え、フィドルのケヴィン・バークを加えた4人で作り上げたのが本作だ。

1曲めの「プレインズ・オブ・キルデア」が始まるや、フォークでもロックでもない、彼らが築き上げてきたアイリッシュならではのビートが溢れ出している。ほとんどの曲がトラッドだが、古さを感じるどころか、どの曲も普遍性を纏っているのだ。プランクシティの1枚目が革新性の塊だったことを考えると、この一派が5年ほどで成熟したことに驚かされる。

すぐに別々の道を歩み始めたふたりだが、発売40周年を記念して2017年にリユニオンを果たす。観たかった。 **森**

WIZZ JONES
Magical Flight

英・Plant Life：PLR 009
発売：1977年

[A]
1. Pictures
2. Mississippi John
3. Old Fashioned Shotgun Wedding
4. Song To Woody
5. Topolino Song

[B]
1. Magical Flight
2. The Valley
3. See How The Time Is Flying
4. Canned Music

プロデューサー：Nigel Pegrum, Wizz Jones

39年にサリーで生まれ、50年代末に歌い始めたウィズは、ジャック・エリオットとデロール・アダムスに影響されてクライヴ・パーマーらとバスキングの旅に出るようになり、日銭で暮らすようになった。66年にはバンジョーのピート・スタンリーと録音した〝Sixteen Tons Of Bluegrass〟でEMIからデビューし、69年には初ソロ作をユナイテッド・アーティスツから発表したが、ポップ路線が性に合わないのか、メジャーとインディー、ドイツのマイナー・レーベル……と、自由な制作を求めて放浪。75年にはレイジー・ファーマーなるバンドでもアルバムを残している。

激レアな〝Happiness Was Free〟（76年）に続く本作は、マディ・プライアらスティーライン・スパンのメンバーが参加したポップな作で、ウィズのために曲を書いているアラン・タンブリッジの3曲と自作の3曲がいい。タッピングを混ぜるフィンガー・ピッキングの名手として知られるミュージシャンズ・ミュージシャンだ。 **和久井**

GERRY RAFFERTY
City To City

英・United Artists：UAS 30104
発売：1978年1月20日

[A]
1. The Ark
2. Baker Street
3. Right Down The Line
4. City To City
5. Stealin' Time

[B]
1. Mattie's Rag
2. Whatever's Written In Your Heart
3. Home And Dry
4. Island
5. Waiting For The Day

プロデューサー：Hugh Murphy, Gerry Rafferty

ビリー・コノリーとのハンブルバムズでデビューし、71年に初ソロ・アルバム〝Can I Have Money Back?〟を発表したあと、ジョー・イーガンらと結成したスティーラーズ・ホイールでは「スタック・イン・ザ・ミドル・オブ・ユー」をチャート・ヒットにしながら3枚のポップ・アルバムを残した。

久々のソロ・アルバムとなった本作は、ポール・サイモンが〝大いに刺激された〟と語る名作で、シングル・カットされた「霧のベイカー・ストリート」は英3位、米・キャッシュボックスでは1位という世界的なヒットに。続くアルバム『ナイト・オウル』からはタイトル曲が英5位、アルバムは10位を記録している。

スコットランド人らしいメロディはポール・マッカートニーと比較されることも少なくないが、フォークとAORのあいだを行くようなサウンドも日本人好みだ。80年代後半からは寡作だったが、どのアルバムも素晴らしかった。11年1月4日に63歳で没。 **和久井**

CHRIS REA
Whatever Happened To Benny Santini?

英・Magnet：MAG 5021
発売：1978年

[A] 1. Whatever Happened To Benny Santini? / 2. The Closer You Get / 3. Because Of You / 4. Dancing With Charlie / 5. Bows And Bangles

[B] 1. Fool (If You Think It's Over) / 2. Three Angels / 3. Just One Of Those Days / 4. Standing In Your Doorway / 5. Fires Of Spring

プロデューサー：Gus Dudgeon

ガス・ダッジョンのプロデュースによる本作『何がベニーに起ったか』でこの人がデビューしたとき、久しぶりに英国から本格派のシンガー・ソングライターが現れたと思ったものだが、アイリッシュ・ルーツを彷彿させながらもAOR的な曲と、ボニー・レイットと並べて語りたいスライド・ギターで唯一無二の活動を続けてきた。

本作からは「フール」がアメリカでビルボード12位のヒットとなり、85年の『シャムロック・ダイアリーズ』がヨーロッパ各国のチャートを上がった。その後は86年の『オン・ザ・ビーチ』(英11位)、87年の『ダンシング・ウィズ・ストレンジャーズ』(2位)、89年の『ザ・ロード・トゥ・ヘル』(1位)、91年の『オーベルジュ』(1位)で全盛期をつくる。やがてブルーズ色を次第に強くしてルーツ路線に転じていくが、メロディアスな曲と渋いヴォーカルは鉄板。近年のボズ・スキャッグスは曲がよくないと思うのだが、クリス・リア(レアじゃ生焼けよ)は曲の質が高い。 **和久井**

IAN MATTHEWS
Stealin' Home

英・Rockburgh：ROC 106
発売：1978年8月11日

[A] 1. Gimme An Inch Girl / 2. Don't Hang Up Your Dancing Shoes / 3. King Of The Night / 4. Man In The Station / 5. Let There Be Blues

[B] 1. Carefully Taught / 2. Stealin' Home / 3. Shake It / 4. Yank & Mary / Smile / 5. Slip Away / 6. Sail My Soul

プロデューサー：Sandy Roberton, Ian Matthews

フェアポートを脱退してすぐのマシューズ・サザン・コンフォートではジョニ・ミッチェルのカヴァー「ウッドストック」を全英1位にし、その後はアンディ・ロバーツらとのプレインソングでもアルバムを残してアメリカへ。エレクトラで2枚、コロンビアで2枚をつくって帰国、旧友サンディ・ロバートンが起こしたロックバーグ・レーベルでの本作からは、テレンス・ボイランの「シェイク・イット」を世界的なヒットにした。オリジナル曲もいいのにカヴァーが多いことを訊くと、「ヴォーカルがよくないおかげで損をしてる曲もあるから、自分が唄ったらよくなるかもって思うんだよ」と言っていたことがある。なるほど「シェイク・イット」はイアンが唄ってこそだよね。

80年代はアメリカでA&Rの仕事もしてザ・ロング・ライダーズを見つけたり、テキサスでバンドをやったりもして、活動はフレキシブル。ソフトな声だが実は声量があって、ベラボーに歌が上手いのはライヴを観た人にしかわからない。

和久井

CLANNAD
In Concert

愛・Ogham：BLB 5001
発売：1979年

[A]
1. O Bhean A 'Ti
2. Fairies Hornpipe / Off To California
3. Neansai Mhile Gra
4. Mhaire Bruinneal
5. Planxty Burke

[B]
1. An Ghiobóg
2. Down By The Sally Gardens
3. Níl Sén La

プロデューサー：Nicky Ryan

クラナドは、もともとアイリッシュ・トラッドをアイルランド語で歌う、ファミリー・グループとして活動が始まった。ドニゴールで育った彼らは、メンバーの父親らがつくったミュージック・バーで歌いながら、地元の歌手や語り部から伝統歌や詩を教えてもらい、グループ向けにアレンジするのが常だったらしい。次第にオリジナルや英語の曲も取り上げるようになったクラナドのステージは、73年のレコード・デビュー以降、アイルランド以外のヨーロッパ各地、さらには米国でも好評を博すようになる。

『イン・コンサート』は、78年のスイス・ツアー中に録音されたライヴ・アルバム。完成されたアレンジと確信に満ちた歌と演奏によって、観衆に熱狂的に受け入れられていることがよくわかる。80年代に入ると、血縁関係があったエンヤの合流やシンセサイザーの大幅な導入などもあり、バンドに変化が起こってくるため、本作をフォーク時代の集大成として位置付けても良いだろう。

森

DOLORES KEANE & JOHN FAULKNER
Broken Hearted I' ll Wander

愛・Mulligan：LUN 033
発売：1979年

[A] 1. The Ploughboy / 2. Month Of January / 3. Will Ye Go To Flanders / 4. Tommy Peoples / Mary Shore (Jigs) / 5. Johnny Lovely Johnny / 6. Mouth Music / Eddie Curran's Favourite

[B] 1. The Low, Low Lands Of Holland / 2. Kyle Brack Rambler / Miss McGuinness / Speed The Plough (Reels) / 3. Allan Tyne Of Harrow / 4. The Home Ruler / Cross The Fence (Hornpipes) / 5. The Bonny Light Horseman

プロデューサー：P.J. Curtis

アイルランドのフォーク・グループ、デ・ダナンのヴォーカリストだったドロレス・ケーン（ファースト・アルバム発表後脱退）と、夫でマルチ・インストルメンタリストのジョン・フォークナーによるデュオ・アルバムの1枚目。ドロレスはアイルランド生まれで、ショーン・ノス（無伴奏で歌う同国の歌唱法）歌手だった叔母の影響で幼い頃から音楽に親しんでいた。ジョンはロンドン出身だが、イワン・マッコールとペギー・シーガー夫妻の薫陶を受け、英国とアイルランドのフォークの影響を受けるようになったという。

そんなふたりが伝統歌を取り上げているのだから、昔ながらのトラッド・ソングのようで自然と捻りが効いている。ジョンのギターだけをバックにドロレスが歌う「ジョニー・ラヴリー・ジョニー」など、ヴィブラートをかけ過ぎないヴォーカルと、控えめだが堅実な演奏が、丁度良い塩梅のまま楽曲がリスナーに手渡されるような印象なのだ。ジョンはブズーキ、ハーディ・ガーディ、歌にと大車輪。 **森**

JUNE TABOR WITH MARTIN SIMPSON
A Cut Above

英・Topic：12TS410
発売：1980年

[A] 1. Admiral Benbow / 2. Duvy Lowston / 3. Flash Company / 4. Number Two Top Seam / 5. Strange Affair

[B] 1. Heather Down The Moor / 2. Joe Peel / 3. Le Roi Renaud / 4. Riding Down To Portsmouth / 5. Unicorns

プロデューサー：Paul Brown

アン・ブリッグスの影響を受けてシンガーとなったが、歌を生業にするつもりはなかったようで、マディ・プライアとのザ・シリー・シスターズで76年にレコード・デビュー。同年、初ソロ作“Airs And Graces”、77年に“Ashes And Diamonds”を発表し、80年にアコギの名手マーティン・シンプソンと録音したのがこれだった。風を起こし大地を震わせるようなジューン・テイバーのヴォーカルと大胆かつ繊細なマーティン・シンプソンのギターは、英国フォークの可能性を見せつけるほどで、非の打ちどころがない。

その後もジューンのアルバムは安定していたが、90年にはザ・オイスター・バンドとのコラボ作“Freedom And Rain”をリリースして、ロック・シンガーとしてもやっていける力量を見せつけた。オイスターズとは11年に“Ragged Kongdom”、19年にウェブ限定で“Fure And Fleet”を残し、24年秋にはツアーも敢行するという。現在76歳のジューンは間違いなく英国一の女性シンガーである。 **和久井**

NIC JONES
Penguin Eggs

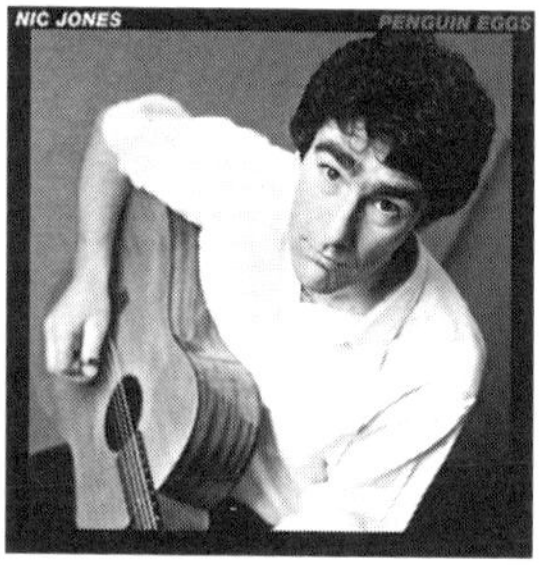

英・Topic：12TS411
発売：1980年6月

[A]
1. Canadee-i-o
2. The Drowned Lovers
3. The Humpback Whale
4. The Little Pot Stove

[B]
1. Courting Is A Pleasure
2. Barrack Street
3. Planxty Davis
4. The Flandyke Shore
5. Farewell To The Gold

プロデューサー：Tony Engle

67年からザ・ハリアードの一員として活躍し、70年にトレイラーからリリースされた“Ballads And Songs”で衝撃のソロ・デビュー。ギターのフィンガー・ピッキングと、フィドル、ヴォーカルの上手さで英国フォーク第三世代をリードした人だった。

71年の“Nic Jones”、77年の“The Noah's Ark Trap”、78年の“From The Devil To A Stranger”もいいが、メロディ・メイカー誌のフォーク・アルバム・オブ・ザ・イヤーに輝いた本作こそが最高傑作だと思う。ギターのオープン・チューニングが極まり、フラメンコの学習でテクニックが向上したのも効いて、独特の広がりがあるからだ。

しかし82年2月28日、ニックはツアー中の交通事故で半身不随となり、キャリアを諦めざるをえなくなった。その後、長いリハビリを経て、10年4月5日には28年ぶりにステージに登場。78年にアルバムをつくったバンドッグズの面々がサポートしてきたが、それも13年4月13日が最後になっている。 **和久井**

ANDY IRVINE
Rainy Sundays...Windy Dreams

愛・Tara：TARA 3002
発売：1980年1月

[A] 1. The Emigrants：Come To The Land Of Sweet Liberty ～ Farewell To Old Irelan ～ Edward Connors／2. Longford Weaver／3. Christmas Eve

[B] 1. Farewell To Ballymoney／2. Romanian Song／3. Paidushko Horo／4. King Bore And The Sandman／5. Rainy Sundays

プロデューサー：Dónal Lunny

アンディ・アーヴァイン、初のソロ・アルバム。デュオを組んでいたポール・ブレイディが一足先に果たしたソロ・デビューを手伝い、プランクシティの再編を挟んで、ようやくレコーディングが行われたのだ。

A面がアイルランドの伝統音楽、B面がバルカン音楽をベースにつくられている。冒頭は「ジ・エミグランツ」、移民たちと題された、14分に迫る圧巻のメドレーだ。アンディはハーディ・ガーディ、マンドーラ、ブズーキと楽器を持ち替えながら、深い歌声を響かせ、ハーモニカを吹く。この連続する3曲の演奏を、ドーナル・ラニーと共にライヴでも試みていたというのだから驚きだ。

ところでアンディとドーナルが来日した際、ステージを取り囲むように多くの楽器がセッティングされていた。開演が近くなるとアンディが現れ、床に座り込んでひとつひとつ手にとってはチューニングをしていた姿が印象的だった。ロードに出るのが好きだという彼ならではの儀式のように見えたのだ。 **森**

#4
Paul Simon 1971-1986

★★★★★★★★★★★★★★★★★★★★

ポール・サイモンのソロ活動(1)

Masayuki Ishiura

さまざまな音楽ジャンルを渉猟したポールの音楽性

石浦昌之

前史を除けば63〜70年までという（ほぼビートルズと同様）、長くない活動期間を経てS&Gは解散した。アートは甘いメロディを好む「シンガー」、ポールは哲学的な歌詞とリズムにこだわる「ソングライター」。少年っぽく平板なポールの歌声を、かすれて震えるようなアートのハイトーンで包み込めば、二人で一人の歌声に。そんなS&Gの一方が欠けたら彼らの音楽は成立しないのでは…と誰もが思ったに違いない。

才能で惹かれ合うも、ぶつかり合うポールとアートのライバル関係。ルックスでいえば（アメリカ人としては平均的だが）ポールより身長が高く、カールした金髪のアート。対するポールは小柄で黒髪のナード（オタク）な雰囲気。頭一つ違う天使のようなアートが曲を作っていると思われたという悲しいエピソードから、二人のパブリック・イメージが勝気なポールの心を捻じ曲げさせたことは想像に難くない。ポールは10代の頃、身長が低いことを意識して内省的になったといい、エルトン・ジョン同様、髪の毛についてのコンプレックスもあった。そんなポールだが、誰よりも自信家で野心家。アートがいなければ注目されることはないとわかりつつも、トム&ジェリーでデビューして以来、アート抜きで自身の才能を認めてほしいという悲痛な願望があった。それはトム&ジェリー時代のポール（ジェリー・ランディス）が、「ヘイ、スクールガール」がスマッシュ・ヒットした58年に、アート（トム・グラフ）に内緒でトゥルー・テイラー名義のソロ・シングルを出したことに始まり（この画策にはビッグ・レコードのオーナー、シド・プローセンとポールの父ルイが加担）、S&Gのデビュー盤をリリースした後の65年に英国でソロ作をリリースしたことや、83年にS&Gの再結成アルバムとしてのリリースが期待された音源からアートの歌唱トラックを消去し、ソロ作としてリリースしたことなど、アートの心に傷を残すポールの裏切りエピソードは枚挙に暇がない。一方、ソングライティングの才がないアートは、ポールにない好ルックスを生かそうと俳優として活動。レコーディングに不在の日が増えてポールの不満は鬱積、S&G後期の二人はすれ違ってしまった（後にポールも映画業界に接近し、髪の毛のコンプレックスを解消した若々しい姿で主演映画『ワン・トリック・ポニー』を製作するが、大コケ）。

そんなポールの劣等感も、S&G解散後のソロ3作品（特に75年作でグラミー賞2部門制覇の『時の流れに』）とのちのスランプを潜り抜け86年に発表した『グレイスランド』でとうとう解消。「時の流れに」では作曲時にガットト・ギターを用いて、ボサ・ノヴァ、ジャズから学んだコード・プログレッション（鍵盤で表現するとより効果的）を楽曲に昇華させ、アートの力を借りずにアメリカ建国200年の76年に全米1位を獲得。そして、南アフリカのミュージシャンの助力を得た瑞々しく現代的なロック・アルバム『グレイスランド』が英仏など世界各国チャートで1位を獲得（全米3位）、グラミー賞最優秀作にも選ばれ、現在まで世界で累計1600万枚を売り上げるモンスター・アルバムとなった。アフリカ的なリズムを生かすことで彼のヴォーカルは快活な響きを湛え、「コール・ミー・アル」のミュージック・ヴィデオでは「サタデー・ナイト・ライヴ」（SNL）人脈のチェビー・チェイス（俳優だが60年代末にバンド、カメレオン・チャーチでドラムスとキーボードを担当）と共演するなど人の縁も功を奏し、「S&Gの」という前置きを必要としない音楽家として一本立ちできた。ただ当時、白人による黒人差別政策であるアパルトヘイト（人種隔離）を続ける南アフリカ共和国でのレコーディングを決行したことが、彼の国にお金を落とす文化的営みをボイコットする西側諸国の動きに逆行しており（85年にスティーヴン・ヴァン・ザントが手掛けたアパルトヘイトに抗議する楽曲「サン・シティ」には数多のミュージシャンが参加していた）、欧米の白人（ポールはユダヤ系だったが）による非西洋文化の搾取とも批判されてしまう。もちろん今では、アフリカ音楽を世界に広め、現地ミュージシャンが世界的な音楽市場でブレイクする契機を与えたものとして高い評価が下されている。非西洋の音楽を採り入れ、新しいポップ・ミュージックを生み出すこうした試みは、同時代では元ジェネシスのピーター・ゲイブリエル（反アパルトヘイト運動を行って投獄され、死亡した活動家スティーヴ・ビコに捧げた「ビコ」を80年に発表、82年には国際色豊かなライヴ・イヴェント「WOMAD」を企画）の動向とも併せて、80年代後半には「ワールド・ミュージック」と形容されるようになる。

ポールがソロ活動において、S&G時代のキャリアを凌駕する音楽的業績を残すことができたのは、アメリカ的雑食性を体現した彼の比類なきソングライティング・スキルにある。S&Gというと、ポールのアコースティック・ギターを基調に繊細なハーモニーを聴かせるフォーク・デュオという印象が強く（そのスタイルの楽曲が一番聴衆に響いたからだ）、ソロ時代のポールの音楽すらその枠に収めたがろうとする向きもある。そんなS&Gのフィンガー・ピッキング・スタイルは彼が一時的に取り入れた英国フォークに由来する。60年代のフォーク・リバイバル期に登場したボブ・ディラン（ボビー・ヴィーの巡業ではピアノを弾いていた）がアコースティック・ギターを手に取り、フォーク・ソングのルーツの一つとして英国フォーク／トラッドを参照したように、彼に大きく影響されたポールもロックンローラー、ブリル・ビルディングのソングライターとしての道に見切りをつけ、流行としてフォークのエッセンスを採り入れようとした。異性をうっとりさせるような歌声や性的魅力がなくても、社会に対するプロテストを生真面目に歌詞に載せて成立するフォーク・ソングは、ポールにうってつけだった（彼は都市住民の疎外感を禅的な「静寂の音（サウンド・オブ・サイレンス）」と表現できる詩人の才も持ち合わせていた）。そもそもNYという都会に生まれてロックンロールの産湯に浸かったポール・フレデリック・サイモンは、リズム&ブルーズ、ドゥー・ワップ、ジャズ、ゴスペルなど黒人音楽の豊潤なエッセンスを含んだ多様なアメリカ音楽を浴びるように聴いて育った世代（カントリーはエルヴィス、エヴァリー・ブラザーズ経由だ）。50〜60年代にかけて、第二次大戦後の音楽業界がラジオやレコードなどのメディアを通じ、平和な時代の経済的恩恵に浴した十代をターゲットに一大産業を形成する道程をポールは並走した。60年代に入り、レコード（ヴァイナル）が頑丈で安価となり多くの人々の手元に届きやすくなると、付加価値や差から儲けを生み出す資本主義のセオリーに従い、米レコード会社は国内のみならずヨーロッパ、アジア、アフリカなどからも売り物になる曲を探し求めるようになり、それらがアメリカを中心とする世界市場でヒットするグローバルな文化現象が生じた（YouTubeを通じて国境を超えてバズる楽曲はあるが、自国第一主義が幅を利かせた21世紀の音楽業界の方が基礎体力を失い、偏狭になった感もある）。世界各国のポップスが等しくヒット・チャートに並んだ一例として、坂本九の「スキヤキ」（63年全米1位）を挙げることもできよう。ポールの変わり身の早さは、時代の変化を先導する米音楽業界に順応する生存本能でもあった。

とはいえ彼のオリジナル曲には「スカボロー・フェア」のような英国トラッド「そのもの」を思わせる楽曲はさほど存在せず、ポールの勝気なエゴ丸出しのオリジナリティがこれでもかと付け加えられた。この辺りが完璧主義者ポールの偉大さであり、彼の楽曲にオリジナルを超えるカヴァー・バージョンが生まれない理由にもなっている（この個性はジョン・レノンとも似ている）。そんなポールのソングライティング技術の真髄を紹介しよう。S&Gが68年にコロンビアからリリースしたアルバム『ブックエンド』（フォークの域を超えたプログレッシヴな音作りは米オリジナル盤LPで味わいたい）に収録された「アメリカ」は、ポールの「これまで」と「これから」を示すエポック・メイキングな楽曲だ。冒頭ポールとアートが「woo」ときれいなハーモニーを響かせるイントロは、ギターの2フレットにカポタストを付けた、C・C／B・Am・Am／G・Fというコード進行。これはS&Gに多大な影響を与えたデュオ、エヴァリー・ブラザーズの「夢を見るだけ」などを手癖で弾きながら作った雰囲気だ。そして、中指でハンマリングし、薬指でチョーキングするブルージーなギター・フレーズは、バート・ヤンシュをはじめとするフォーク・ブルーズを日がな一日コピーし続けた英国時代の残滓だろう。さらに、10代のポールが夢中になり、S&G以前のキャリアで親しんだドゥー・ワップによくある3連バラードのリズムを想起させる8分の6拍子になっているのが面白い。そしてAメロから「レット・アス・ビー・ラヴァーズ…」とポールの歌が始まるが、言葉を詰め込んで抑揚をつける歌い回しは、フォークに転身したポールが夢中になったボブ・

サイモンとガーファンクル
アメリカ
日・CBS/Sony：CBSA 82117
発売：1971年

BOB DYLAN
Bob Dylan
米・Columbia：CL 1779
発売：1962年

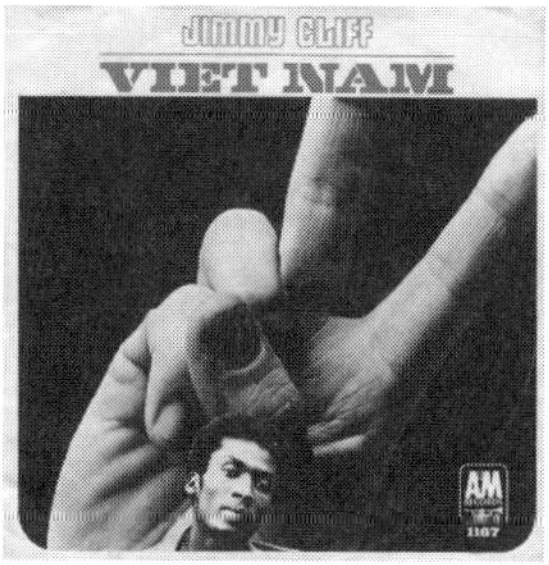

JIMMY CLIFF
Viet Nam
米・A&M：1167
発売：1970年

ディランから学んだものだろう（ポールはオリジナル曲が少なかった初期のソロ・ステージで、リトル・ウィリー・ジョンの「フィーヴァー」、ジョーン・バエズやトム・パクストンのレパートリーに交えて、ディランがアレンジした「いつも悲しむ男」をカヴァーしていた）。そして虚ろなムードのBメロの展開後、「オール・カム・トゥー・ルック・フォー・アメリカ（誰もがアメリカを探しにやってきた）」と歌い上げるサビのリフレインに至る3分強…濃密な構成には一編の映画を見終わったような感慨があり、彼の天才的なソングライティングに脱帽するほかない。さらにハル・ブレイン、ラリー・ネクテル、ジョー・オズボーンというレッキング・クルーの腕利きと共にスタジオ・ワークで作り上げた壮大なサウンドを配して語られるのは、サギノーからヒッチハイクでピッツバーグへ行き、広大なアメリカをグレイハウンド・バスで横断する恋人たちの彷徨える姿（ポールの英国時代の恋人キャシーも登場）。公民権運動、ケネディ大統領やキング牧師の暗殺に揺れた激動の60年代アメリカだったが、ベトナム戦争が本格化した68年には学生を中心とした反対運動が激化。ジョンとヨーコはちょうどその頃、平和を求める「ベッド・イン」のパフォーマンスを行った。徴兵を拒否したヒッピーはドラッグに溺れ、ソンミ村での目を覆うような虐殺事件や帰還兵のPTSD（心的外傷後ストレス障害）を耳にして人々は心身ともに疲弊。自由・平等という普遍理念を掲げることで人々の紐帯を保ってきたアメリカ合衆国はその理想やスピリットを失いかけていた。「僕はむなしくて心がうずくけど、どうしてだかわからないんだ」のくだりは、当時のアメリカの若者の声を代弁したものだったのだろう。アメリカとは一体何なのか、その「誰もがアメリカを探しにやってきた」…多様なルーツから織りなされる広大な「アメリカ」を探す旅は、一人の米国人であるポール・サイモンにとって、自身を形成した音楽のルーツを探究し、改めて自身の手によって再構築する終わりなき旅となった。

S&G時代にポールが範をとったアメリカン・フォーク・ミュージックは、ワールド・ミュージックを先取りするアメリカ的雑食性を伝統的に有している。トーケンズが61年に歌ったアフリカのメロディ「ライオンはねている」（全米1位）は元々、米フォークの父ピート・シーガー在籍のウィーヴァーズのレパートリー。また、67年の「パタ・パタ」（全米12位）で知られる南アフリカ出身の女性歌手ミリアム・マケバ（ヒュー・マセケラと夫婦だった時期もあり、二人は後に『グレイスランド』のツアーに招かれる）をデビューさせたハリー・ベラフォンテ（ポールも参加した「ウィ・アー・ザ・ワールド」の発起人）は、無名の民衆により歌い継がれた先人の想いをイタコのように憑依させるフォークの文脈で、世界中のメロディを紹介した功労者だ。そんなフォークの感性を備えてデビューしたポールが、世界中の音楽を同様に渉猟し、自身の音楽性を形作ったことは自然な営為に思える（フォークの宿命は商業主義に飲まれて売れたとき、「パクリ」「剽窃」というコピーライトの問題が生じる点で、ポールやディランもそれに巻き込まれた）。「スカボロー・フェア」（マーティン・カーシーの独創的アレンジを無断引用したが、00年にマーティンと雪解け）では英国トラッド、「59番街橋の歌」（デイヴ・ブルーベック・カルテットのリズム隊と録った）ではジャズ、「フランク・ロイド・ライトに捧げる歌」ではボサ・ノヴァ、「コンドルは飛んで行く」（ペルーの作曲家・民族音楽学者のダニエル・アロミア・ロブレスがサルスエラのために作曲）や「ダンカンの歌」では南米フォルクローレ、「恋人と別れる50の方法」（デンマークのカール・ニールセンが17年に曲をつけた「Tit er jeg glad」のメロディを引用）や「アメリカの歌」（キリストの受難を描いたバッハの「マタイ受難曲」のメロディで、P，P＆Mは既に「ビコーズ・オール・メン・アー・ブラザーズ」と詞を付け歌っていた）ではクラシック…ポールが参照した音楽スタイルはさまざまだ（「いとしのセシリア」はアフリカ的ポリリズムの先駆）。そして「母と子の絆」は、エリック・クラプトン「アイ・ショット・ザ・シェリフ」に先立つロック界初の本格的なジャマイカのスカ／レゲエへのアプローチ。

ポールはデズモンド・デッカー＆ジ・エイシズ（ファンだったポール・マッカートニーは意匠を模した「オブ・ラ・ディ、オブ・ラ・ダ」で彼の名を登場させる）やパラゴンズを通じてスカ・ビートを知っていたが、S＆G時代の「手紙が欲しい」ではその再現に失敗。ジミー・クリフが69年にリリースした反戦歌「ベトナム」の音像の再現をジャマイカ録音による「母と子の絆」で叶えた。本場に乗り込んで録ったリズムに生き生きした詞をはめ込む手法は『グレイスランド』に繋がるアプローチだ。

そして、「明日に架ける橋」で聴かれたゴスペル（スワン・シルヴァートーンズの「メアリー・ドント・ユー・ウィープ」の歌詞を引用）はディキシー・ハミングバーズを迎えた「母からの愛のように」に結実、「追憶の夜」「グレイスランド」のようなソロ時代のリズミックなロックンロールは、エルヴィスを初期衝動とするトム＆ジェリー時代のリヴェンジでもあった。

Paul Simon
ポール・サイモン

Columbia：KC 30750
発売：1972年1月14日

[A]
1. Mother And Child Reunion
2. Duncan
3. Everything Put Together Falls Apart
4. Run That Body Down
5. Armistice Day

[B]
1. Me And Julio Down By The Schoolyard
2. Peace Like A River
3. Papa Hobo
4. Hobo's Blues
5. Paranoia Blues
6. Congratulations

プロデューサー：Roy Halee, Paul Simon
参加ミュージシャン：Neville Hinds (org), Larry Knechtel (kbd), Hux Brown (g), Los Incas (flute, charango, per), Jerry Hahn (g), David Spinozza (g), Stefan Grossman (g), Jackie Jackson (b), Ron Carter (b), Joe Osborn (b), Winston Grennan (ds), Hal Blaine (ds), Mike Mainieri (vib), Airto Moreira (per), Fred Lipsius (sax), Steve Turre (trombone), Charlie McCoy (harmonica), Stéphane Grappelli (violin), Cissy Houston (cho)

2004 Reissue CD
Warner Bros.：R2 78899
Bonus Tracks
12. Me And Julio Down By The Schoolyard (demo)
13. Duncan (demo)
14. Paranoia Blues (Unreleased)

『ポール・サイモン・ソングブック』に次ぐセカンド。全米4位・全英1位というチャート・アクションは、S&G解散後のポールのソロ活動への注目度を物語っている。プロデュースはロイ・ハリー。彼が共同制作者となったS&Gのラスト・アルバムのレコーディングでは、映画撮影で忙しいアートを一人待つポールの心情が歌われた「ニューヨークの少年」や「ソング・フォー・ジ・アスキング」など、ほぼ実質ポールのソロ作品と呼んでも良い楽曲が含まれていた。そんなポールがソロで表現する音楽の間口は、本盤でさらに広げられ、アートの不在を巧みに補っている。

　アルバムから早々にシングル・カットされた冒頭の「母と子の絆」（全米4位）がとにかく素晴らしい。現地制作のトラックに詞をあとからはめ込む『グレイスランド』方式の先駆となる、ジャマイカのキングストン録音。S&G「手紙が欲しい」でスカの再現に失敗していただけに、ポールは好みのデズモンド・デッカーやジミー・クリフを手掛けていた中国系ジャマイカ人プロデューサー、レスリー・コングに連絡を取り、現地ミュージシャンのコーディネイトを依頼。同じくレスリーが手掛けたトゥーツ・アンド・ザ・メイタルズのハックス・ブラウン（リード・ギター）、ジャッキー・ジャクソン（ベース）、ウィンストン・グリーンナン（ドラムス）らが集められ、「アイ・シヨット・ザ・シェリフ」に先行するロック界初のレゲエ・ヒットが生まれた。母と子の再会を描く歌詞は、ジミー・クリフ（72年の主演映画『ザ・ハーダー・ゼイ・カム』など、英アイランド・レコードから世界的スターとなったレゲエ歌手）の反戦歌「ベトナム」の中に登場する、息子の死を母親に伝える電報のくだりなどにインスピレイションを得たもの（タイトルはポールがNYの中華料理店で目にした「鶏と卵」を使った料理名を採用）。ポールは12年に英で行った『コンサート・イン・ハイド・パーク』のゲストにジミーを呼び、彼のソロ歌唱による代表曲「ハーダー・ゼイ・カム」「メニー・リヴァーズ・トゥ・クロス」に続けて、恩返しとばかりに「ベトナム」「母と子の絆」をデュエットした。

お年頃な少年の悪事？が両親にバレたさまをコミカルに歌った「僕とフリオと校庭で」（全米6位）はのちにライヴの人気曲に。チック・コリアの『リターン・トゥ・フォーエヴァー』に参加したブラジルのドラマー／パーカッショニスト、アイルト・モレイラの起用は、リズム・トラック録りをブラジルで行った『リズム・オブ・ザ・セインツ』を予見させる。そしてヒスパニックのファースト・ネーム「フリオ」をタイトルに使うアイデアは、プエルトリコ系米国人のギャング団を舞台化した、後年の『ザ・ケープマン』に繋がるものと言えよう。

こうした新味を加えつつ、旧来のS&Gのリスナーを失うわけにはいかなかったポール。「コンドルは飛んで行く」で共演したロス・インカスを再び招いた「ダンカンの歌」をパリで録音（少年の初々しい性体験を含む成長物語は「ボクサー」の発展形）。S&Gのアルバムでお馴染みのラリー・ネクテル、ジョー・オズボーン、ハル・ブレインが参加した「コングラチュレーション」や、チャーリー・マッコイ（「ボクサー」でベース・ハーモニカを吹いた）を再登場させた「パパ・ホーボー」もある（パリ録音の姉妹編「ホーボーズ・ブルース」ではヴァイオリンのステファン・グラッペリをフィーチャー）。さらに、ジェリー・ハーン・ブラザーフッドのジェリー・ハーンや、BS&Tのフレッド・リプシウスが参加した「休戦記念日」はS&G時代の68年の作。また、英国でフォーク・ブルーズに傾倒していた頃を思わせるLA録音の「パラノイア・ブルース」（名手ステファン・グロスマンがボトルネック・ギターで参加）や「平和の流れる街」では、ポールの冴え渡るギター・プレイの高みが味わえる。「いつか別れが」や「お体を大切に」（ロン・カーターが参加）は妻ペギーのもとでドラッグやタバコをやめたポールの独白調で、アートの声域にあたるハイノートはファルセットで表現された。

石浦

「韻踏み屋サイモンのお通りだ」…といったタイトルながら名邦題『ひとりごと』でお馴染みのサード（全米2位）。「I♡NY」のロゴで有名になるミルトン・グレイザーが手掛けた、ポールの人生と頭の中を覗き込んだようなアートワークも印象深い（弟エディや、ペギーとの間に生まれた息子ハーパーという大切なファミリーの写真も）。ニクソンの対抗馬として72年の大統領選に出た民主党マクガヴァン候補の支援コンサート（ポールは24年の岸田首相訪米の際にバイデン大統領が開いた祝賀会で演奏するなど一貫して民主党支持）のための一時的なS&G再結成に合わせ、72年に『グレイテスト・ヒッツ』がリリースされたあと、あっという間に充実した本作が完成した。

アートの『天使の歌声』の録音でロイ・ハリーを取られたため（ロイはC・デュプリー、G・エドワーズが演奏し、A・トゥーサンがホーン・アレンジを手掛けた「君のやさしさ」のみに参加）、フィル・ラモーンとジェリー・マスターズがエンジニアを担当（プロデュースはポール自身）。ティーンエイジャーの心情を「ママ、僕のコダクローム（有名なフィルム会社「コダック」の商標）を取りあげないで」…と歌った、「僕とフリオと校庭で」の続編のような「僕のコダクローム」（全米2位）、ニューオーリンズのオンワード・ブラス・バンドや「明日に架ける橋」のインスピ

There Goes Rhymin' Simon
ひとりごと

Columbia：KC 32280
発売：1973年5月5日

[A]
1. Kodachrome
2. Tenderness
3. Take Me To The Mardi Gras
4. Something So Right
5. One Man's Ceiling Is Another Man's Floor

[B]
1. American Tune
2. Was A Sunny Day
3. Learn How To Fall
4. St. Judy's Comet
5. Loves Me Like A Rock

プロデューサー：Paul Simon, Phil Ramone, Muscle Shoals Rhythm Section, Paul Samwell-Smith, Roy Halee

参加ミュージシャン：Barry Beckett (kbd), Bob James (kbd), Paul Griffin (p), Bobby Scott (p), Carson Whitsett (org), Jimmy Johnson (g), Pete Carr (g), Cornell Dupree (g), David Spinozza (g), David Hood (b), Gordon Edwards (b), Richard Davis (b), Roger Hawkins (ds), Rick Marotta (ds), James Stroud (ds), Grady Tate (ds), The Dixie Hummingbirds (cho), Claude Jeter (vo), Maggie and Terre Roche (cho), Don Elliott (vib), Airto Moreira (per), Onward Brass Band (horns)

2004 Reissue CD
Warner Bros.：R2 78900
Bonus Tracks
11. Let Me Live In Your City (work-in-progress)
12. Take Me To The Mardi Gras (acoustic demo)
13. American Tune (unfinished demo)
14. Loves Me Like A Rock (acoustic demo)

レイションとなったスワン・シルヴァートーンズのクロード・ジーター牧師のファルセットをフィーチャーした「夢のマルディ・グラ」（SNLではジェイムズ・テイラーと共演）、息子ハーパーに歌った「セント・ジュディーのほうき星」（クリフトン・シュニエのバンドのドラマー、ロバート・セント・ジュディよりタイトルを借用）、一つの真理を歌う「君の天井は僕の床」、そしてロックンロールが流れない日曜のラジオで聴き馴染んだゴスペルを、ディキシー・ハミングバーズを迎え再現した「母からの愛のように」（全米AC1位・ポップ2位）では、マッスル・ショールズ・リズム・セクション（フェイム・スタジオでのアトランティック録音で名を成した、黒っぽい音を紡ぐ白人セッションマン）起用が功を奏した。ポールはステイプル・シンガーズの「アイル・テイク・ユー・ゼア」（72年に全米ポップ・R&B1位）を聴き、そのバックを務めた彼らにアル・ベル経由で白羽の矢を立てる。「アイル…」はジャマイカン・レゲエのプロデューサー、ハリー・ジョンソンのハリー・J・オールスターズの「リクイデイター」（69年）のイントロを借用していたから、「母と子の絆」でレゲエを採り入れたポールの耳を捉えたのだろう。ボブ・ジェイムズやボビー・スコットが参加、クインシー・ジョーンズが弦アレンジを手掛け、のちのポールのメロウな音を先取りした「何かがうまく」（B・ストライサンド、P・スノウのカバーもある）、75年にアルバム『セダクティヴ・リーズニング』の1曲をポールがプロデュースするマギー&テリー・ローチ姉妹がコーラスで参加した「素晴らしかったその日」も好曲だ。

本作随一の重要楽曲は、もう一つのアメリカ国歌とでも言うべき「アメリカの歌」（全米8位）。「魂は何処へ」でバッハのクリスマス・オラトリオのメロディを歌ったアートは、かつてポールにバッハの「マタイ受難曲」のコラール（独の作曲家ハンス・レオ・ハスラーの世俗的な愛の歌「わが心は千々に乱れ」のメロディが原曲）に詞をつけることを提案（そのアイデアの一つは「明日に架ける橋」として結実）。ここでポールは大統領選でのニクソンへの敗北、ウォーターゲート事件で露呈した政治腐敗を背景に、60年代アメリカの理想主義が脆くも崩れ去った諦念とそれでも立ち上がろうとする矜持を詞に込めた。22年にリアノン・ギデンスと披露した最新版では「僕らはメイフラワー号でやって来たんじゃない 血のように赤い月の船でやって来たんだ」と詞を改めている。ちなみに、本メロディに既に詞を付け歌っていたP，P&Mのピーター・ヤーロウの73年作にポールが提供・プロデュースした「グラウンドホッグ」（バックにザ・バンドのメンバー）は本盤と同時期の佳曲だ。**石浦**

Paul Simon In Concert: Live Rhymin'
(With Urubamba And The Jessy Dixon Singers)
ライヴ・ライミン

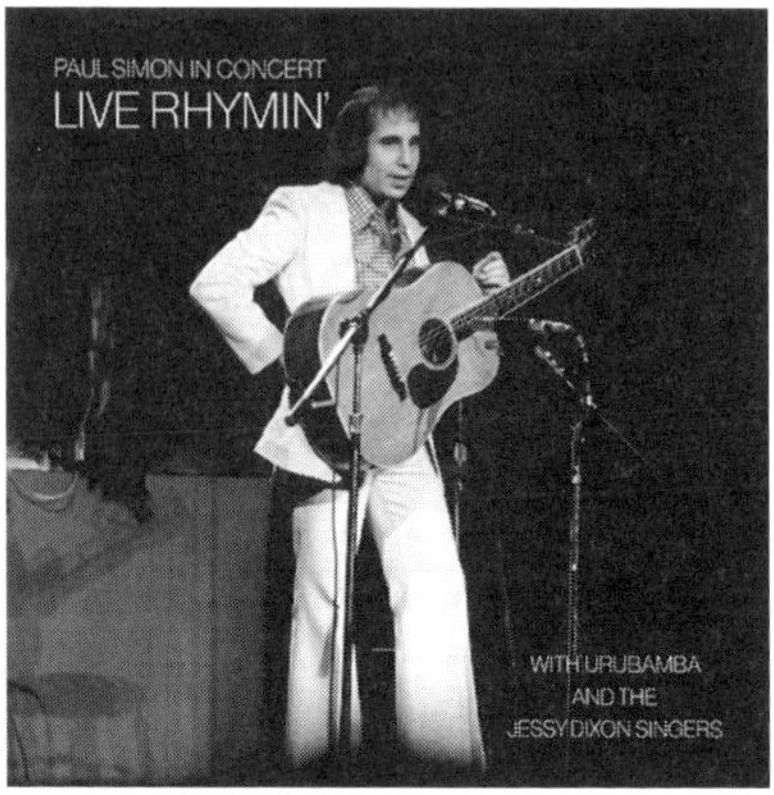

Columbia：PC 32855
発売：1974年4月13日

[A]
1. Me And Julio Down By The Schoolyard
2. Homeward Bound
3. American Tune
4. El Condor Pasa (If I Could)
5. Duncan
6. The Boxer

[B]
1. Mother And Child Reunion
2. The Sound Of Silence
3. Jesus Is The Answer
4. Bridge Over Troubled Water
5. Loves Me Like A Rock
6. America

プロデューサー：Phil Ramone

2011 Reissue CD
Columbia/Legacy：88697 82000 2
Bonus Tracks
13. Kodachrome
14. Something So Right

『ポール・サイモン』と『ひとりごと』というヒットした2枚のソロ・アルバムを携えて、73年に行ったツアーの模様を収めたライヴ・アルバム。億万長者の証のような白いスーツが眩しいジャケットの本盤には、73年6月2〜3日のNYカーネギー・ホール、11月3日のインディアナ州ノートルダム大学公演の模様が収録された。エンジニアリングの監修はツアーに帯同したフィル・ラモーンが手掛けている。既にヒット曲として認知され、拍手で迎えられた冒頭の「僕とフリオと校庭で」を聴けばわかるように、当時のステージは生のアコースティック・ギターをマイクで拾うスタイル。フィルは、同曲や「早く家へ帰りたい」など、ポールの弾き語りの巧みな手腕をダイナミックに記録することに成功している。

本ツアーの目玉はアルバム・ジャケットにクレジットされた通り、ウルバンバとジェシー・ディクソン・シンガーズとの共演。ポールのライヴ・ヴォーカリストとしての声量やアートの不在を補うためにも彼らの参加は心強かった。S&Gの「コンドルは飛んで行く」は、ポールがパリで出会ったアンデスのフォルクローレを演奏するグループ、ロス・インカスの演奏をそのまま流用したもの。ウルバンバと改名したロス・インカスによりレコード通りに演奏されたこの曲は、本ツアーのハイライトになった。同じく彼らがレコーディングに参加していた「ダンカンの歌」もアルバム・ヴァージョンを超える迫真の演奏。メロディをケーナの響きに置き換えた「ボクサー」（「ナウ・ザ・イヤーズ・アー・ローリング・バイ・ミー」…と新たな歌詞が追加）も聴き物だ。なお、74年にはウルバンバのアルバム・プロデュースをポールが担当している（アルバム所収の「カチャパリ」はツアーで披露された）。

そしてジェシー・ディクソン・シンガーズ。72年にニューヨークのラジオシティ・ミュージックホールでディキシー・ハミングバーズらと共に彼らの演奏を観たポールが共演を誘った（コンサートはトニー・ヘイルバットの企画で、『ひとりごと』に彼へのサンクス・クレジットがある）。ゴスペルは日本ではあまり紹介されて来なかった音楽だが、ゴスペルを世俗化したのがレイ・チャールズやサム・クックのR&Bであり、ポールが夢中になったエルヴィスもルーツとしたように、米国黒人音楽の最も重要な源流のひとつだ。アメリカのラジオでは頻繁にエアプレイされ、ポールはドゥー・ワップと共に耳を傾けていた。スワン・シルヴァートーンズの「メアリー・ドント・ユー・ウィープ」でクロード・ジーター神父が陶酔して唸る「アイル・ビー・ユア・ブリッジ・オーヴァー・ディープ・ウォーター」を引用した「明日に架ける橋」（ポールはジーター神父にお礼として１０００ドルの小切手を渡した）、ビートルズの「レット・イット・ビー」に続き、当時はビル・ウィザース、ビリー・プレストンなどゴスペル・ルーツを感じさせるヒット曲がチャートを賑わせていた。ジャマイカ録音をライヴで再現することが困難な「母と子の絆」をゴスペル風味のアレンジで乗り切り、「サウンド・オブ・サイレンス」も聖歌の如き荘厳なコーラスで聴かせてくれる。コンテンポラリー・ゴスペルの偉大なソングライターである双子サンドラ&アンドレ・クロウチ作の「ジーザス・イズ・ジ・アンサー」は、ポールが心動かされた、聴衆と共に神の高みに登り詰めるステージの感動をそのまま収録。「明日に架ける橋」ではアート無しの演奏でむしろ当初のゴスペル色を浮揚させることができた。「ママはご機嫌（母からの愛のように）」はオリジナルよりテンポ・アップし、ステージ終盤を盛り上げる。「メアリー・ドント・ユー・ウィープ」の歌詞を引用して発展させたのが「明日に架ける橋」なら、楽曲の雰囲気を模したのが本作だろう。ラストは「もうちょっと話してよ」の客席の声に「これからも僕らが生き続けられるよう望むよ」と応じて「アメリカ」を弾き語る。74年には、瓜二つの弟エディ・サイモンをリズム・ギタリストとしてステージに上げ、待望の初来日公演を行って観客を熱狂させた。**石浦**

Still Crazy After All These Years
時の流れに

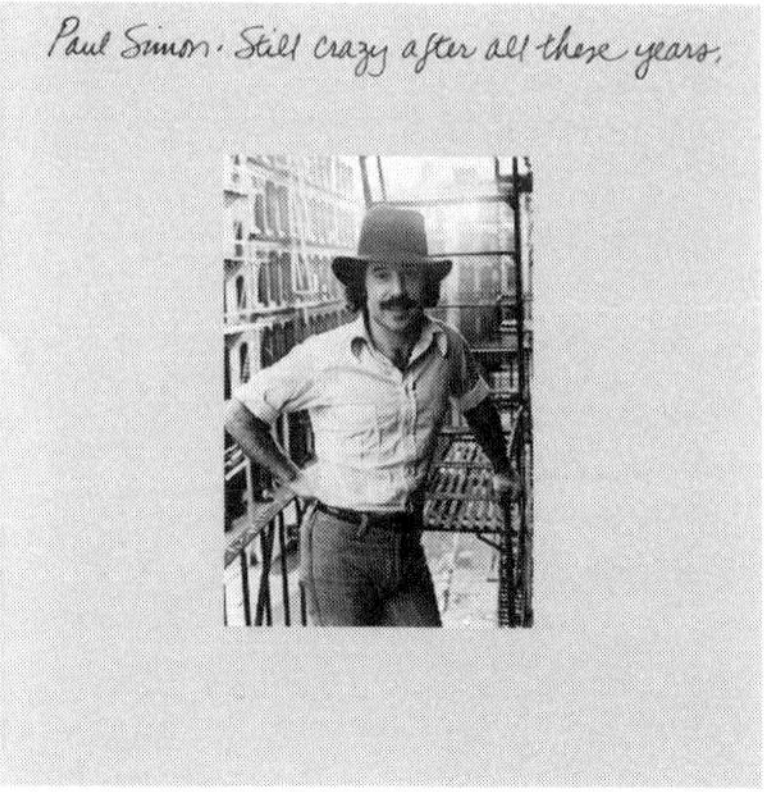

Columbia：PC33540
発売：1975年10月25日

[A]
1. Still Crazy After All These Years
2. My Little Town
3. I Do It For Your Love
4. 50 Ways To Leave Your Lover
5. Night Game

[B]
1. Gone At Last
2. Some Folks Lives Roll Easy
3. Have A Good Time
4. You're Kind
5. Silent Eyes

プロデューサー：Paul Simon, Phil Ramone
参加ミュージシャン：Art Garfunkel (vo), Patti Austin (cho), Barry Beckett (p), Richard Tee (p), Bob James (p), Tony Levin (b), Steve Gadd (ds), David Sanborn (sax), Kenneth Ascher (kbd), Sivuca (vo, accordion), Ralph MacDonald (per), Leon Pendarvis (p), Pete Carr (g), Joe Beck (g), Hugh McCracken (g), John Tropea (g), David Hood (b), Gordon Edwards (b), Roger Hawkins (ds), Grady Tate (ds), Toots Thielemans (harmonica), Michael Brecker (sax), Eddie Daniels (sax), Phil Woods (sax), Valerie Simpson (cho), Phoebe Snow (vo, cho), The Jessy Dixon Singers (cho)

2004 Reissue CD
Warner Bros.：R2 78901
Bonus Tracks
11. Slip Slidin' Away (demo)
12. Gone At Last (original demo)

S&Gのラスト・アルバムでボサ・ノヴァを参考にしたポール。『ゲッツ／ジルベルト』のエンジニアを務めた名匠フィル・ラモーン（南アフリカ生まれ、NY育ち）を『ひとりごと』のレコーディングに招いたが（『ライヴ・ライミン』の音作りも彼）、そんなフィルとタッグを組み、ジャケットそのままのニューヨーカーの悲喜こもごもを格調高く描いて見せた『時の流れに』（全米1位）はソロ初のグラミー賞2部門受賞の栄誉をもたらした（ポールはスティーヴィー・ワンダーが新作を出さなかったからと謙遜した）。コロンビア史上最高の売り上げだったS&Gのラスト・アルバムを抜いたビリー・ジョエルの『ストレンジャー』、そして『ニューヨーク52番街』もそのサウンドの系譜にある。S&Gのマネージャー、モート・ルイスの妻だったがポールと通じ合い結婚することになったペギーとの仲が悪化していた辛い時期。愛する息子ハーパーの育児に追われる妻と帰りの遅い夫。当時最新のスティーヴィー・ワンダー『インナーヴィジョンズ』のサウンド・チェックに没頭する音楽中心の夫と、それを3度中断させようとした妻（ミュージシャンの家庭あるある）…思うようにいかない哀しみを泣きながらシャワーで洗い流そうとした時、ほろ苦い「今でも君に狂っているんだ（スティル・クレイジー・アフター・オール・ジーズ・イヤーズ）」

の名フレーズが誕生した（結局二人は離婚）。

この頃のポールはガット・ギターを用い、テンション・ノートを加えたジャズのハーモニーや転調を生かした作風を確立。タイトル曲はマッスル・ショールズのリズム・セクションを再び招いて、ギターのコード感をバリー・ベケットのフェンダー・ローズの響きに入念に置き換えた。ボブ・ジェイムズのアレンジ、マイケル・ブレッカーのサックス・ソロといい、フュージョン色の強いサウンドはSNLのコメディ感覚（産みの親ローン・マイケルズとは意気投合し、ポールは七面鳥に扮して番組に出演…アートとの再共演も）と共に70年代のトレンドになる。ポールとは以後長い付き合いになるスティーヴ・ガッドのドラムスが印象的な「恋人と別れる50の方法」はトニー・レヴィンのベース、ジョン・トロペイ&ヒュー・マックラケンのギター、ラルフ・マクドナルドのパーカッションに、フィービ・スノウ、ヴァレリー・シンプソン、パティ・オースティンのコーラスを交えた完璧な都会的サウンドで、離婚をユーモラスな韻で描いてみせた（全米1位）。「僕は窓を開けて寝るのが好きだけど 君は窓を閉めるのが好きだからさよならさ」と歌われる「優しいあなた（ユーアー・カインド）」、ケン・アッシャーがピアノを弾いた「きみの愛のために（アイ・ドゥ・イット・フォー・ユア・ラヴ）」という別離が生んだ佳曲もある（後者はビル・エヴァンスがカバー）。S&G久々の再結成「マイ・リトル・タウン」はビターな作品で、アートの『愛への旅立ち』（結果的に『時の流れに』より売り上げは優った）のために同曲を書き送ったのはバラード中心の甘いアートの作品に刺激を与えようとするものだった。リチャード・ティーが迫力のピアノで参加した「哀しみにさようなら（ゴーン・アット・ラスト）」（全米9位）にはフィービ・スノウ、ジェシー・ディクソン・シンガーズが参加。ラストの「もの言わぬ目（サイレント・アイズ）」は、75年のハル・アシュビー監督によるウォーレン・ベイティ主演の映画『シャンプー』で使用。そもそも「時の流れに」は、のちにポールが再婚するキャリー・フィッシャーのデビュー作となるこの映画のために書かれたものだ。セッション中にできた「スリップ・スライディン・アウェイ」は移籍前のコロンビアへの手切れ金のようなシングル・ヒットに。本盤以降のポールは、ユダヤ系アメリカ人のハロルド・アーレン、ジョージ・ガーシュイン、アーヴィング・バーリン、ロジャース&ハマースタインといったNYのティン・パン・アレー／ブリル・ビルディングのソングライターの系譜に自らを位置づけ、フォーク歌手としてのパブリック・イメージを次第に払拭しようと試みる。　**石浦**

One-Trick Pony
ワン・トリック・ポニー

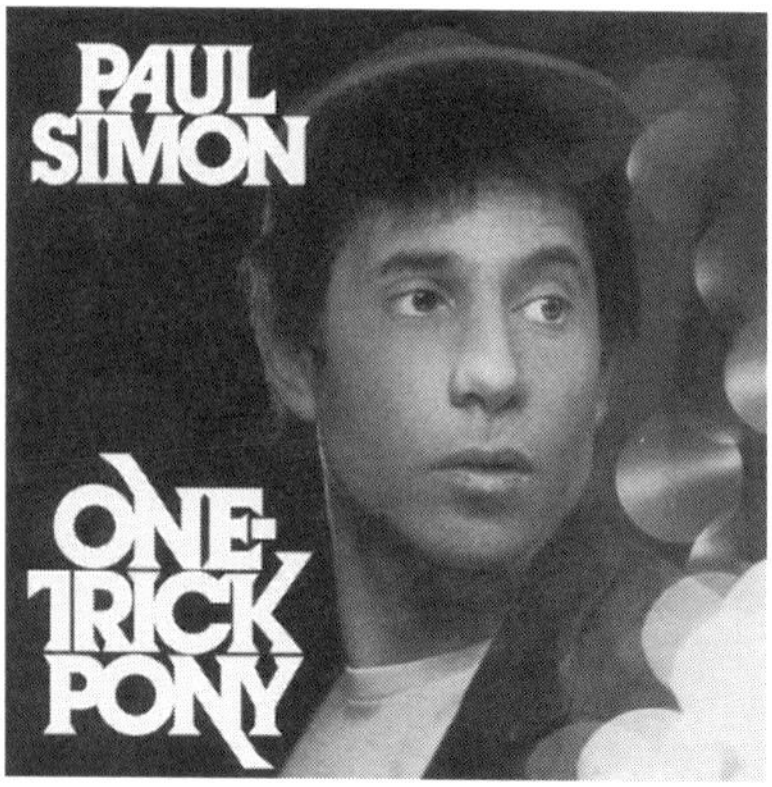

Warner Bros.：HS 3472
発売：1980年8月12日

[A]
1. Late In The Evening
2. That's Why God Made The Movies
3. One-Trick Pony
4. How The Heart Approaches What It Yearns
5. Oh, Marion

[B]
1. Ace In The Hole
2. Nobody
3. Jonah
4. God Bless The Absentee
5. Long, Long Day

プロデューサー：Paul Simon, Phil Ramone

参加ミュージシャン：Eric Gale (g), Richard Tee (p, tambourine, vo), Tony Levin (b), Steve Gadd (ds, per), Patti Austin (vo),Joe Beck (g), Hiram Bullock (g), Jon Faddis (flugelhorn), Don Grolnick (syn), Anthony Jackson (b), Ralph MacDonald (per), Hugh McCracken (g), John Tropea (g)

2004 Reissue CD
Warner Bros.：R2 78902
Bonus Tracks
11. Soft Parachutes (unreleased soundtrack recording)
12. All Because Of You (outtake)
13. Spiral Highway (unreleased soundtrack recording)
14. Stranded In A Limousine (From Greatest Hits, etc.)

前作の大成功にペギーとの離婚、ギターを弾く左手の不調、SNLの生みの親ローン・マイケルズ（同じアパートメントに住む気の置けない友人）との蜜月。76年の同番組でのジョージ・ハリスンとの共演（「ヒア・カムズ・ア・サン」「早く家へ帰りたい」）、ジェイムズ・テイラーの仲立ちによりアートが出したサム・クックのカバー「ワンダフル・ワールド」に参加したほかには、目立った活動のなかったポール。往年のロック・ミュージシャンが次の一手を打ちかねていたその頃、エルヴィス・プレスリーも77年にグレイスランドで亡くなる。ジョン・レノン（SNLのテーマ曲は「真夜中を突っ走れ」のようだった）も75年の原点回帰作以降、5年間主夫業に専念していた。

そんな70年代も終わりを告げる頃、ポールは新たなステージを求めて映画界へ進出。『キャッチ22』へのリヴェンジとばかりに、77年のウディ・アレン監督『アニー・ホール』でハリウッドのレコード・プロデューサー、トニー・レイシー役を演じて手応えを感じ、自身の脚本・音楽による映画を構想し始める。それは映画『ナッシュビル』、そしてSNLに出演していた女優シェリー・デュヴァルと同棲を始めたことも理由の一つだろう（のちにシェリーが、キャリー・フィッシャーをポールに紹介したことで関係は壊れる）。その内容は、自らが扮する架空のミュージシャン、ジョナ・レヴィンの物語。彼は60年代に反戦歌「ソフト・パラシュート」でヒットを飛ばすも、70年代に鳴かず飛ばずとなり、時代の趨勢に合わせて売れるレコードを出せと迫るレコード会社（ルー・リード演ずる気鋭のプロデューサーがジョナの意に反したアレンジを施す）との間で煩悶する。ここには、ソフトで耳障りのよいサウンド、ニュー・ウェイヴなど新たな音楽の台頭によりオールド・ロッカーの居場所が無くなっていくという、ポール世代のミュージシャンが置かれたリアルな現状が反映された（ジョナはB-52'sの前座を務める）。S&G再結成に鼻息が荒いコロンビアを去り、映画に強いワーナー・ブラザースへの移籍を試みたことや、結婚生活の破綻と息子との関係というポール自身の経験も生かされている。そんな映画のタイトルは「ワン・トリック・ポニー」（一つの芸しかできない子馬、つまり一発屋）。ポール自身は一発屋ではなかったものの、60〜70年代の遺産で食いつなぐことになる危惧はあったのかもしれない。しかし、リアリティのない映画は観衆の心に刺さらず、酷評される。ミュージシャンが作る映画にありがちな「失敗作」の烙印を押されてしまう。

ワーナーに移籍し、映画のサントラとして作られた本盤（全米12位）は、映画にジョナのバンドで出演したスタッフ組のエリック・ゲイル（激渋なソロが堪らない）、リチャード・ティー、スティーヴ・ガッド、そしてトニー・レヴィンという腕利きが参加した黒っぽい音（本バンドを従えた81年のビデオ『イン・コンサート』をライヴのベストに挙げるファンも）。映画と異なるテイクもあり、充実した作品だ（映画のみで聴けた「ソフト・パラシュート」は、04年の再発CDに別ヴァージョンながらボーナス収録）。ポールと共にリチャードもボーカルを取るタイトル曲と「エース・イン・ザ・ホール」（コール・ポーターの名曲とは同名異曲）は79年のライヴで、そのほかはNYでのスタジオ録音、ポールとフィル・ラモーンがプロデュースを担当している。何と言っても「追憶の夜（レイト・イン・ジ・イヴニング）」においてスティーヴ・ガッドが叩いたリズミックなサウンド、『卒業』のサントラ以来のデイヴ・グルーシンが書いたホーン・パートが素晴らしい。エルヴィスの「ミステリー・トレイン」に始まり、後の「グレイスランド」に通底する、踊らずにいられぬ3コードのシンプルなサウンドは、82年のS&G再結成コンサートにおいても際立っていた。74年に録られた「哀しみにさようなら（ゴーン・アット・ラスト）」のデモには本曲のアイディアとなるビートが確認できる。「一日の終りに（ロング、ロング・デイ）」ではデュエット相手にパティ・オースティンを選んだ。 **石浦**

Hearts And Bones
ハーツ・アンド・ボーンズ

Warner Bros.：9 23942-1
発売：1983年11月4日

[A]
1. Allergies
2. Hearts And Bones
3. When Numbers Get Serious
4. Think Too Much (b)
5. Song About The Moon

[B]
1. Think Too Much (a)
2. Train In The Distance
3. René And Georgette Magritte With Their Dog After The War
4. Cars Are Cars
5. The Late Great Johnny Ace

プロデューサー：Roy Halee, Paul Simon, Russ Titelman, Lenny Waronker

参加ミュージシャン：Al Di Meola (g), Steve Gadd (ds), Richard Tee (kbd), Marcus Miller (b), Nile Rodgers (g, per), Jeff Porcaro (ds), Bernard Edwards (b), Eric Gale (g), Steve Ferrone (ds), Dean Parks (g), Anthony Jackson (b), Greg Phillinganes (p), Rob Sabino (kbd), Rob Mounsey (syn), Airto Moreira (per), Mike Mainieri (vib, marimba), Tom Coppola (Synclavier), The Harptones (cho)

2004 Reissue CD
Warner Bros.：R2 78903
Bonus Tracks
11. Shelter Of Your Arms (work in progress)
12. Train In The Distance (acoustic demo)
13. René And Georgette Magritte With Their Dog After The War (acoustic demo)
14. The Late Great Johnny Ace (acoustic demo)

待ちに待ったS&G再結成による、81年9月に50万人を集めたセントラル・パーク・コンサート。入場料無料だがグッズの売り上げはNY市に寄付されるという理想主義の色濃いイヴェントだ。60年代のかつての若者達の連帯や、社会の荒波を潜り抜けた再会を喜ぶノスタルジーが充満したコンサートとなる。恋人を自殺で失い、主演映画もパッとしない…失意の下にあったアートをポールが誘った。ポールが「美しき若葉の頃」に参加した新作『シザーズ・カット〜北風のラストレター』のプロモーションを控えたアートが、首を縦に振って実現した共演だった（ポールは映画で負債を負っていた）。ワーナーは大成功に終わったコンサートと再結成ツアーの勢いのまま、当然S&Gとしての新作を期待する。ポールがかつて「59番街橋の歌」のカヴァーに感心したハーパーズ・ビザールを手掛けたレニー・ワロンカーにプロデュースを依頼し（彼がワーナーの社長に昇進したため、ラス・タイトルマンが後を継ぎ、ロイ・ハリーも引き入れた）、ツアーの合間に十分な新曲を準備。アートの助力を得て録音を開始するも、余りにもパーソナルな内容の楽曲を鑑みてアートのヴォーカルを消去し、ソロ作品として発表してしまう（わざわざ「バックグラウンド・ヴォーカルズ・バイ・ポール・サイモン」と表記）。これで再結成ツアーの頃から表面化した二人の仲に完全に亀裂が入った。もちろん自身の楽曲について久々にアートに口出しされ、全てをコントロールしたいポールの堪忍袋の緒が切れた部分もある。ただ、中身を聴いてみると確かにS&Gのアルバムというより、ポールの内省的な色合いが強いソロ作品であるようにも思える（全米35位）。
当初アルバム・タイトルを「考え過ぎかな」にする予定で、その楽曲を2ヴァージョン収録（a）にはシックのナイル・ロジャースが参加）するほど考え過ぎている本盤のタイトル曲は、77年からの交際を経て、スター・ウォーズのレイア姫役で知られるキャリー・フィッシャーとの再婚がテーマ。彼らの心と骨（〝骨〟はイェイツの詩の影響）は離れない…と最後に歌われるが、危うさを感じさせる不安なムードもある。実際、キャリーの双極性障害もあり、疲弊した二人は翌年離婚した（キャリーといえば、03～04年にはLAでレコーディング中のジェイムズ・ブラントとのロマンスも話題になった）。一方、「遙かなる汽笛に」は、かつての妻ペギーとの関係を歌ったもの。S&Gのコーラスを彷彿とさせる「アレジー」（ポールの痛めた指が歌われる）や「カーズ・アー・カーズ」もあり、「月に捧げる想い」はアートが甘く歌ったお蔵入りヴァージョンにS&Gのマジックが感じられたのが惜しい。「犬を連れたルネとジョルジェット」はルネ・マグリット夫妻（MVではポール夫妻が演じた）を主題としたシュールな作品。ペンギンズ、ムーングロウズ、オリオールズ、ファイヴ・サテンズというポールの愛するドゥー・ワップ・グループが織り込まれる（なんとハープトーンズが参加）。そしてラストの「レイト・グレイト・ジョニー・エイス」…『時の流れに』のレコーディングの頃からジョニー・エイス、ジョン・F・ケネディの死をテーマにアイデアを温めていた楽曲。その後、80年に不慮の死を遂げたジョン・レノンを加え、銃の暴力の犠牲となった3人のジョニーに捧げている。ポールが初めて買ったレコードとされる黒人R&B歌手ジョニー・エイスの「プレッジング・マイ・ラヴ」（00年にDVDがリリースされた『ユー・アー・ザ・ワン－イン・コンサート』では本曲の前にカヴァー）。54年のリリース後、ツアー中にジョニーがロシアン・ルーレットの暴発事故で亡くなり、皮肉にも全米R&B1位のヒットとなった。突然の死がもたらす喪失感や感傷を、不穏で印象的なコーダ（フィリップ・グラスが書いた）で表現している（セントラル・パークでは本曲演奏中に客席から男がステージに駆け寄り、警備員に連れ去られるヒヤッとするシーンも）。アウトテイクの「シチズン・オブ・ザ・プラネット」は04年にアートの手を加え、S&Gの新曲として晴れてリリースされた。

石浦

Graceland
グレイスランド

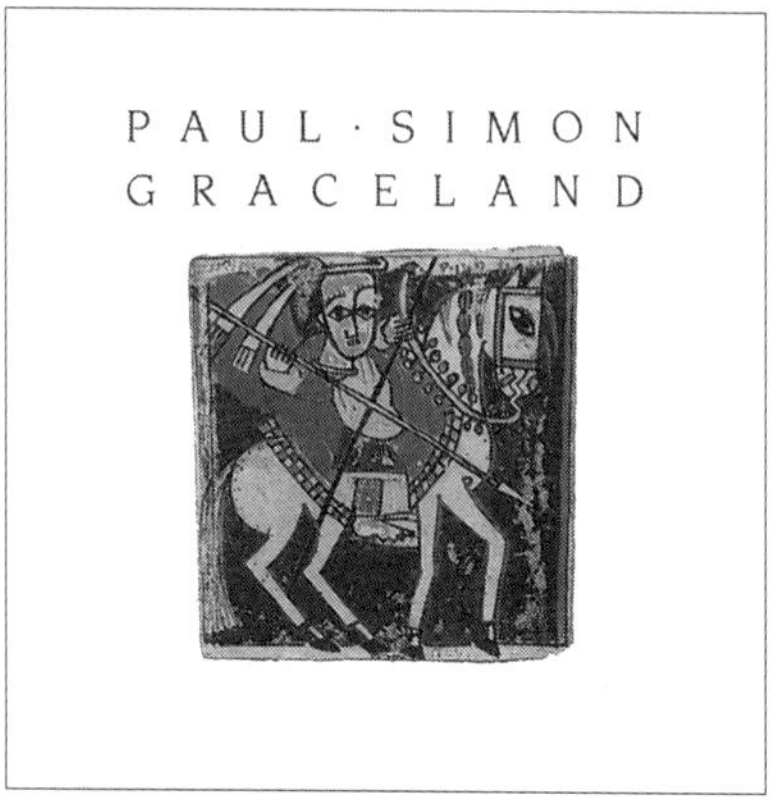

Warner Bros.：9 25447-1
発売：1986年8月25日

[A]
1. The Boy In The Bubble
2. Graceland
3. I Know What I Know
4. Gumboots
5. Diamonds On The Soles Of Her Shoes

[B]
1. You Can Call Me Al
2. Under African Skies
3. Homeless
4. Crazy Love, Vol. II
5. That Was Your Mother
6. All Around The World Or The Myth Of Fingerprints

プロデューサー：Paul Simon
参加ミュージシャン：Good Rockin' Dopsie and the Twisters, Los Lobos, Linda Ronstadt (vo), Youssou N'Dour (per), Adrian Belew (g), Ray Phiri (g), Rob Mounsey (syn), Forere Motloheloa (accordion) , Bakithi Kumalo (b), Ralph MacDonald (per), Mike Makhalemele (sax), Alex Foster (sax), Lenny Pickett (sax), Ronnie Cuber (sax), Morris Goldberg (penny whistle, sax), Dave Bargeron (trombone), Randy Brecker (trumpet), Jon Faddis (trumpet), Alan Rubin (trumpet), The Everly Brothers (cho), Ladysmith Black Mambazo (cho), Joseph Shabalala (vo)

2004 Reissue CD
Warner Bros.：R2 78904
Bonus Tracks
12. Homeless (demo)
13, Diamonds On The Soles Of Her Shoes (unreleased)
14. All Around The World Or The Myth Of Fingerprints (early)

「ミシシッピ・デルタはナショナル・ギターのように輝いていた」。名フレーズで始まるタイトル曲を含む本盤は、S&Gに匹敵するか凌駕するほどの音楽的偉業を成し遂げたポールの代表作（自身のプロデュース、ロイ・ハリーのエンジニアリング）。アパルトヘイトにより西欧諸国による文化的ボイコットの対象だった南アフリカでの録音が物議を醸し、西洋による文化的搾取の文脈でも批判を浴びたが、現在では揺るぎない評価を獲得している。きっかけは人気TV番組SNLを作ったローン・マイケルズが新たに企画した「ザ・ニュー・ショウ」のバンド・リーダーに抜擢された若き女性シンガー・ソングライター／ギタリストのハイディ・バーグ。彼女は「ガム・ブーツNo.2アコーディオン・ジャイブ・ヒッツ」（ゴー・ゴー／81年）との題が記されたカセット・コピーを手に入れた。オリジナルはジョンソン・ムカーラリなどのムバカンガ（黒人居住地のダンス音楽＝タウンシップ・ジャイヴ）を収録したもので、そのコピーにはジョンソンが在籍する人気バンド、ボヨヨ・ボーイズの「ガムブーツ」が収められていた。彼女は自身のアルバムでアコーディオンの音色を使おうと音源を聴き込むも、そのカセットを84年夏にポールに貸したところ返って来ないまま、翌年ポールはヨハネスブルグ行きを決定。そのアコーディオンの響きをレコードにしてしまう。ハイディは見返りを受け取ることはなく、ポールはタダで彼女を南アフリカに連れていくことでチャラにしようとしたようだ。

とはいえ南アフリカの内陸国レソトのアコーディオン音楽ファモの有名バンド、タウ・エア・マツェカとレコーディングし、フォエーレ・モトヘロアのアコーディオンがファンファーレのように響く「ボーイ・イン・ザ・バブル」、ボヨヨ・ボーイズとの共演「ガンブーツ」（楽曲の権利ごとポールが買った）は革新的。「母と子の絆」で確立したリズム・トラックの先録り、歌詞の後載せスタイルもお家芸となる。タイトル曲名はキャリーとの離婚を経て立ち返ったルーツの地で（実際は息子ハーパー同伴でなく一人で訪ねた）、55年にスーパーの駐車場でカーラジオから「ザッツ・オール・ライト」を聴き衝撃を受けたエルヴィス居住のメンフィス州テネシーの邸宅。輝きを失うはずないスターも77年に不幸な死を遂げた。自身の音楽ルーツを遡ることはアメリカを探すこと。エルヴィスがカントリーに負ったトラヴィス・ピッキングはポールが英国フォークで学び直した3フィンガーにも繋がる。ここでもう一つのルーツ、エヴァリー・ブラザーズの二人をゲストに招いたのは慧眼だ。さらにレディスミス・ブラック・マンバーゾを迎えた「ホームレス」（ポールとジョセフ・シャバララの共作）、「シューズにダイアモンド」の美しさと言ったら…ポールが初めて触れたアフリカ音楽であろう「ライオンは寝ている」（ドゥー・ワップのトーケンズが歌った）は、南アフリカのソロモン・リンダズ・オリジナル・イヴニング・バーズの「ムブーベ」（ズールー語でライオン）がオリジナル（米ではウィーヴァーズ「ウィモウェ」のカバーが初出）。そこから同名の無伴奏アカペラ音楽が生まれ、19世紀後半にはアフリカを巡業した米ミンストレル・ショーの旅芸人の影響でソフトなハーモニーによりイシタカミヤ（ズールー語で「そっと歩く」）に発展。このジャンルで成功したのがレディスミス・ブラック・マンバーゾだった。ドゥー・ワップを演じた黒人の多くは米に連行された奴隷の子孫…母国アフリカにもドゥ・ワップ的な音楽が根付いていたという発見はポールを興奮させた。

小沢健二がのちにサンプリングし、チェビー・チェイスとのMV共演も有名な「コール・ミー・アル」も最高。米ルイジアナに根付いたクレオールによるザディコのアコーディオン奏者ロッキン・ドプシー、ロス・ロボスとの共演は無断引用が後に指摘されてしまうが、ヒスパニック系のルーツを持つリンダ・ロンシュタット（「アンダー・アフリカン・スカイズ」）も招いた本盤は、米とアフリカを往還する一大音楽絵巻となった。

石浦

『ワン・トリック・ポニー』発売時の資料から。

#5
Art Garfunkel 1971-2007

★★★★★★★★★★★★★★★★★★★★★

アート・ガーファンクルのソロ活動

Masayuki Ishiura
Yasukuni Notomi
Kohichi Moriyama

不世出のシンガー、アートが選んだソングライター

石浦昌之

5歳にして階段の吹き抜けのエコーに響く自身の歌声を聴いた天性のヴォーカリスト、アーサー・アイラ・ガーファンクル。小4の全校集会で彼が歌うナット・キング・コールの「トゥー・ヤング」を観て、ポールは彼の歌の上手さと女の子をうっとりさせる力を知った。二人は小6の演劇「不思議の国のアリス」で共演すると意気投合、野球を通じても親交を深めていく。そして、アートの父が買ったワイヤー・レコーダーで確かなハーモニーに手応えを感じると、54年の全校集会ではポールのギターをバックに「シュ・ブーン」を歌い、歴史は始まった。

S&G時代の最高傑作は、70年に全米1位となりグラミー賞5部門を獲得した「明日に架ける橋」。アートのハイ・テナーを存分に生かすため、ファルセットで歌われたポールのデモを転調し、ライチャス・ブラザーズの「ふられた気持」「オール・マン・リヴァー」などフィル・スペクターのスタジオ・ワークをイメージしてラリー・ネクテルと共に作り上げた壮大なゴスペル調の楽曲は、ビートルズの「レット・イット・ビー」と共にベトナム戦争で疲弊する米国を癒した。アート一世一代の名唱がなければ、緊張感を孕みつつ均衡を保ったS&Gの関係性はとうの昔に瓦解していたはず（丸くなった21世紀の再結成時にはヴォーカルを各々歌い分けた）。S&G時代のアートは、シンガーとしての特性を最大限発揮できる最高のソングライターを伴侶としていたのだ。

そんなアートは、S&Gの楽曲が挿入された映画『卒業』の縁で『キャッチ22』への助演が決まり（端役のポールの出演場面は予算の関係でカット）、以来俳優としても存在感を示す。その後も『愛の狩人』に出演したが、人々が待ち望んだのはアートが誇る天使の美声。時は70年代、音楽シーンも様変わりし、内省的な私小説を飾らず歌うシンガー・ソングライターが人気を博していた。その代表格は、ジェリー・ゴフィンとのコンビでブリル・

ビルディングの人気ソングライターとして数々のヒット曲を生み出したキャロル・キング（彼女は高校時代にポール・サイモンとコサインズを結成し、デモ・テープ作りに励んだ）。キャロルをザ・シティ解散後にソロ・デビューさせた仕掛け人はS&Gも出演したモンタレー・ポップ・フェスティヴァルのプロデューサー、ルー・アドラーだった。メイン・ソングライターを失ったアートは時代の空気を鋭敏に感じ取り、アンディ・ウィリアムズのようなポピュラー・ヴォーカリストとは一味異なるシンガー・ソングライター風味のロック世代のヴォーカリスト像を、「明日に架ける橋」で取り組んだドラマティックなサウンド・メイキングを手掛かりに模索する（後にシンプルなアレンジを好むようになるが）。そんな彼のこだわりや美学が色濃く反映されたソングライターのチョイスは、アートの音楽性そのものを説明することになる。

ソロ時代のアートにとって、最も重要なソングライターはジミー・ウェッブ。彼はグレン・キャンベルの「恋はフェニックス」「ウイチタ・ラインマン」、フィフス・ディメンションの「ビートでジャンプ」、リチャード・ハリスの「マッカーサー・パーク」などで知られ、弱冠21歳にして68年のグラミー賞8部門を総なめにした天才ソングライター。アメリカの郷愁を感じさせる情景描写に優れた歌詞、転調を駆使したドラマティックな楽曲、そして編曲、指揮、プロデュースまでを手掛けるマルチな才人だ。バプテスト派の牧師の息子としてオクラホマの田舎町に生まれ、努力を重ねてLAの音楽業界に潜り込み、ハリウッドの大豪邸でパーティーに明け暮れるアメリカン・ドリームを実現。モンタレーでジョニー・リヴァースのバックでピアノを弾いた際、S&Gを目撃していた彼は72年、サンフランシスコのグレース大聖堂で録音されたガーファンクル名義による初のソロ作『天使の歌声』（原題はトーマス・ハーディ『ダーバヴィル家のテス』の登場人物）を準備すべくソングライターを探していたアートとプロデューサーのロイ・ハリーが行うオーディションに迎えられる。スタジオのスタインウェイのピアノの前で思いつくままに未発表曲を演奏するも、優しく次の曲へと促すアート。そこで、シンプルなピアノから徐々に盛り上がり絶頂を迎えるバラードを演奏するや、魔法にかかったように立ちすくんだアートが笑いかけ「それは素晴らしい、ジム、とても良いよ！」と声をかけた。それこそがS&G解散後のアートに全米AC1位・ポップ9位のヒットをもたらした「友に捧げる讃歌」。これはジミーがローズマリー・フランクランド（グラス・ルーツのギタリスト、ウォーレン・エントナーの妻）との実らぬ愛に溺れた時期に書いた楽曲。同曲と「もうひとつの子守歌」が『天使の歌声』に採用されると、『ウォーターマーク』（77年）はジミーの手によるソングブックになった（すぐに「フィンガーペイント」はシングル・ヒット「ワンダフル・ワールド」に差し替えられた）。

さらにアートの恋人ローリー・バードの非業の死を経た『シザーズ・カット～北風のラストレター』（81年）ではジミーの自演も知られるタイトル曲と「美しき若葉の頃」、アメリカも歌った「愛してる、ただそれだけ…」を提供。アート（ユダヤ教徒だが）とエイミー・グラントがヴォーカルを取るクリスマス・カンタータ『アニマルズ・クリスマス』も生まれた。そのほか「スカイライター」をはじめ、讃美歌を思わせるホーリーなジミーズ・メロディとアートのコラボは絶妙だった。

アートが才能を認めたことで（「彼の歌はキャンディのようだ…それがビッシュ」）キャリアが好転したメロウでロマンティックなソングライター、スティーヴン・ビショップも忘れ難い。フィル・コリンズやエリック・クラプトンが楽曲を取りあげるなど、ミュージシャンに愛される職人。サンディエゴからLAに出てソングライターとして成功の機を伺う自身の楽曲を取り上げてくれた友人、ジェイムズ・リー・スタンリーのライヴ終盤のこと。会場に辿り着いたスティーヴンは空いている席を探し、隣の女性に「すみません、スティーヴン・ビショップの曲を演奏しましたか」と尋ねたところ、「まだのようだわ」と答えた彼女はなんとリア・カンケル（ママ・キャス・エリオットの妹）。シンガーの彼女とすぐに友人になり、「ジャマイカの月の下で」などを共作。75年にリアの当時の夫でドラマーのラス・カンケルを通じてデモ・テープがアートのもとに渡り、興味を持ったアートとプロデューサーのリチャード・ペリーの前で16の自作曲をピアニストのジョン・ジャービスと演奏する。

結局アートは75年の『愛への旅立ち』で「めぐり会い」「ある愛の終わりに…」の2曲を採用。『フェイト・フォー・ブレックファースト』（79年）の「セイル・オン・ア・レインボウ」、『レフティー』（88年）の「スロー・ブレイクアップ」「キング・オブ・トンガ」「愛の誘ない」、『シザーズ・カット』期に録られた未発表曲「ワン・レス・ホリデイ」（93年の『アップ・ティル・ナウ』所収）でもアートの感傷的な歌声を際立たせた。ちなみにスティーヴンのソロ・デビュー盤『ケアレス』（76年）はアートの縁でプロデュースをロイ・ハリーが手掛ける予定だったが、ジョン・ジャービスではなくラリー・ネクテルをピアニストに起用したいロイと揉め、結局ヘンリー・ルーウィが担当した。

元アップル・レコードのソングライターとしてメリー・ホプキンに曲を書き、マクギネス・フリントやロニー・レインとの活動で知られるギャラガー&ライルもいる。スリー・フィンガーのS&Gマナーに則る「ハート・イン・ニューヨーク」（セルフ・カヴァーもある）はNYの息遣いが伝わる素晴らしい楽曲で、82年のS&G再結成コンサートでポールの名曲に唯一交じって存在感を残し、聴衆を感激させた。『愛への旅立ち』からシングル・カットされたタイトル曲（全米1位）も提供。英国を代表するソングライターとなった、片割れのグレアム・ライルは、アートがとうとうソングライター・デビューを果たしたトリオ作『心の散歩道』（02年）のリード・トラック「輝きを抱きしめて」（ビリー・マンとの共作）も手掛けてキャリアの肝心な節目を支えた。アニメ映画『ウォーターシップ・ダウンのうさぎたち』の挿入歌としてアートに全英1位をもたらした「ブライト・アイズ」のマイク・バット、そしてクリフォード・T・ウォード（「街はたそがれ」）同様、英国のソングライターとの相性の良さはアートの気品ある歌声から来るものだろうか（ジミー・ウェッブも英国人気が高い）。

ほかにもロジャー・ニコルズ&ポール・ウィリアムズ、アルバート・ハモンド、ヴァン・モリスン、ブルース・ジョンストン、ランディ・ニューマン（ライヴでお馴染み「リアル・エモーショナル・ガール」は未音源化）、エリック・カズ、スティーヴ・イートン、ニック・ホームズ、ビル・ラブレディ（メリー・ホプキン、ピーター・スケラーンらとオアシスを組んだ）、マーク・コーン、ジョン・ブッチーノまで…アートは独自の美学を持つ通好みのライターを明確にチョイス。S&G双方の友人として仲を取りもつジェイムズ・テイラーも好みで、「ワンダフル・ワールド」以来、「クライング・イン・ザ・レイン」などでアートと共演。アートはライヴのウォームアップに「スウィート・ベイビー・ジェイムズ」「コパーライン」などを歌うのだという。

ちなみにチェット・ベイカー、J・J・ケイル、ケニー・ランキン、ジョニ・ミッチェル、マイケル・マクドナルドなど、ひんやりとした手触りをもつシンガーもアートのフェイバリット。当然、折に触れてカヴァーした「瞳は君ゆえに」「シンス・アイ・ドント・ハヴ・ユー」「ソー・マッチ・イン・ラヴ」「ライフ・イズ・バット・ア・ドリーム」といったドゥー・ワップものは、ポールが辿った道と同様、自身のイノセントな音楽体験やS&Gの前史へのオマージュでありリヴェンジでもあった。

Angel Clare
天使の歌声

Columbia：KC 31474
発売：1973年9月11日

[A]
1. Traveling Boy
2. Down In The Willow Garden
3. I Shall Sing
4. Old Man
5. Feuilles-Oh / Do Space Men Pass Dead Souls On Their Way To The Moon?

[B]
1. All I Know
2. Mary Was An Only Child
3. Woyaya
4. Barbara Allen
5. Another Lullaby

プロデューサー：Art Garfunkel, Roy Halee
参加ミュージシャン：J. J. Cale (g), Jerry Garcia (g), Paul Simon (g, vo), Larry Carlton (g),Larry Knechtel (kbd), Joe Osborn (b), Peter Matz (strings), Jim Gordon (ds), Hal Blaine (ds), Ernie Freeman (strings), Milt Holland (per), Michael Omartian (kbd), Dean Parks (g), Carl Radle (b), Tommy Tedesco (mandolin, bouzouki), Louie Shelton (g)

1973年9月にリリースされた、アート・ガーファンクルのファースト・ソロ。原題は英国人作家、トマス・ハーディーの小説『テス（ダーバヴィル家のテス）』に登場する、真面目だが独自の考え方を持つ美青年、〝エンジェル・クレア〟から取られた。19世紀の終わりに書かれた物語で、主人公の女性テスが抗えない運命に翻弄される姿を丹念に描いた不朽の名作だ。クエンティン・タランティーノが70年代カルチャーを扱った映画『ワンス・アポン・ア・タイム・イン・ハリウッド』（19年）でも象徴的なアイテムとして使われており、当時のスノッブ層にも広く読まれていたことが示唆されていた。建築家としても生計を立てていたというハーディーの緻密なテクストに、元々コロンビア・カレッジで建築を学び、数学の修士号を持つアーティーが惹かれたのも頷ける。

サイモン&ガーファンクル活動休止後、ポール・サイモンは既に2枚のソロ作をリリースしており、出遅れたかたちのアートだったが、当人は別段焦ってはおらず、CBSのクライヴ・デイヴィスに「まだヒット感覚は鈍っていないので勝算はあります」と豪語していたという。当初はアルバム3作品（クラシック+ポップス／教会音楽／ギリシャ音楽）を順にリリースしていく計画だったそうだが、それでは流石に予算がかかりすぎるとクライヴに説得され、著名なソングライターの楽曲を集めた本作に落ち着いた。

冒頭のポール・ウィリアムズ&ロジャー・ニコルズ作「青春の旅路」から荘厳なムードに満ちており、一気にその世界観に引き込まれる。印象的なピアノは「明日に架ける橋」を芸術作品にまで押し上げたラリー・ネクテル。アートがサイモン&ガーファンクルの〝続き〟を目指した事が伺えるパーフェクトな幕開けである。ドラムスの処理、エレキ・ギターのライン感は、同時期のカーペンターズに近いので、A&Mスタジオでレッキング・クルーが録音したのだろうか。

続くモンロー・ブラザーズのマーダー・バラッド「悲しみのウィロー・ガーデン」や、フランス古謡に加えバッハのカンカータに詩を乗せた（作詞は当時のアートの妻、リンダ・グロスマン）「木の葉は落ちて／魂は何処へ」、スコットランド民謡の「バーバラ・アレンの伝説」といったスタンダード・ソングでは、原曲の魅力を損なう事なく見事に70年代版へのアップ・デイトに成功している。

ヴァン・モリスン作の「君に歌おう僕の歌」で見せるラテン・テイストや、知る人ぞ知るアフロ・ロック・バンド、オシビサの「天国への道」等、ワールド・ミュージックへの目配せも見られるものの、アートの真骨頂は何と言ってもバラード・ナンバーにある。

ポール・サイモンへのメッセージとも噂されたファースト・シングル、「友に捧げる讃歌」（ジミー・ウェッブ作）で聞かせる優しくも力強い歌声は、オーバー・プロデュース気味のアレンジに全く負けていないし、同じくウェッブによるクロージング・ナンバー「もうひとつの子守唄」での細かなニュアンス、ダイナミクスの妙は、アートが並のシンガーではない事をサラッと証明している。ランディ・ニューマンが前年に発表していた「老人」のカヴァーも素晴らしい出来栄えだ。良いのか悪いのか、オリジナルにあった素朴さやユーモアは皆無で、ただただ切ない。アートの声には、騒ぎを一瞬で鎮める神々しさが宿る場面が時折あるが、この曲は分かりやすい例だろう。

サイモン&ガーファンクル時代からのパートナー、ロイ・ハリーによる緻密で濃厚なミックスも特筆に値する。的確な定位とリヴァーブ処理により奥行きのあるサウンドを実現、ストリングス・セクションの扱いにも細心の注意が払われ、クレッシェンドのタイミングなど、壮大なスケール感の演出はハリーによるものだろう。

制作費に巨額の20万ドルを費やし、採算ラインは25万枚だったという本作は瞬く間にミリオン・セラーを記録、アートの自信を裏付ける結果に。ソロ・キャリアの一歩目として、幸先の良い滑り出しとなった。

森山

Breakaway
愛への旅立ち

Columbia：PC 33700
発売：1975年10月14日

[A]
1. I Believe (When I Fall In Love It Will Be Forever)
2. Rag Doll
3. Break Away
4. Disney Girls
5. Waters Of March

[B]
1. My Little Town
2. I Only Have Eyes For You
3. Looking For The Right One
4. 99 Miles From L.A.
5. The Same Old Tears On A New Background

プロデューサー：Richard Perry (B1のみPaul Simon, Art Garfunkel, Phil Ramone)

参加ミュージシャン：Toni Tennille (cho), David Crosby (cho), Graham Nash (cho), Paul Simon (g, cho), Nicky Hopkins (p), Stephen Bishop (g, cho), Jim Keltner (ds), Russ Kunkel(ds), Barry Beckett (p), Joe Osborn (b), David Hood (b), Roger Hawkins (ds), Bruce Johnston (p, cho), Jon Joyce (cho), Andrew Gold (g, p, cho), Jim Gordon (ds), John Guerin (ds), Louis Shelton (g), Larry Knechtel (p), Bill Payne (kbd)

『天使の歌声』から約2年の歳月を経て発表されたアート・ガーファンクルのセカンド・ソロ・アルバム。サイモン&ガーファンクルの幻影を追いかける要素も見受けられた前作から一転、デビュー以来〝じゃない方シンガー〟の位置に甘んじてきたアーティーが、本来の意味で独り立ちしたと言える、逞しい作品だ。世間のイメージを裏切るワイルドな風貌のジャケットも、大胆なイメージ・チェンジを狙ったものに間違いない。

プロデューサーには当時、バーバラ・ストライサンドやハリー・ニルソン、カーリー・サイモンのアルバムでヒットを連発していたリチャード・ペリーが招かれている。これまで制作を担当していたロイ・ハリーが、(アートの意向もあったにせよ)歌や楽器のレイヤーを丹念に重ねていくタイプだったのに比べ、各プレイヤーの出音とアンサンブルで勝負するのがリチャード流、中低域を重視した生々しい音作りが特徴だ。ヴォーカルの質感も過去の作品には無かった骨太な印象を受ける。ザラついた倍音成分を残したままの仕上がりに、好き嫌いは分かれるだろうが、声本来の魅力を伝えるという意味では、最上級の仕事と言える。

選曲もほとんどがリチャードの提案だったそうで、完璧主義者として知られるアートにしては珍しい。なんでも、当時は俳優として何本か映画に出演しており、監督の意向に沿った演技をするうちに、自分の音楽も誰かの意見を全面的に取り入れながら作ってみたいと思ったらしい。

そのおかげか、スティーヴィー・ワンダーの「永遠の想い」に始まり、作者のブルース・ジョンストンがコーラスで参加したビーチ・ボーイズの名曲「ディズニー・ガール」、アントニオ・カルロス・ジョビンによるボサ・ノヴァ「春の予感」、30年代からのスタンダードでフラミンゴズで知られる「瞳は君ゆえに」など、豊富なバリエーションに彩られた傑作が誕生した。

若手作家の登用も効いている。リチャードがイギリスに行った際に見つけてきたというギャラガー&ライルによるタイトル曲では、都会的なエッセンスを散りばめて、のちのAOR的展開を先取りしているし、アートが最良の出来だと語っていたスティーヴ・イートン作「ラグ・ドール」の歌唱には、巧みなテクニックが惜しげも無く詰め込まれている。本当に優れたヴォーカリストかどうかは語尾の収め方に顕れるというが、長年ハーモニー・パートを担ってきたからこそ出来る、音価のコントロールに圧倒される。

アルバム後半に珠玉のバラード2曲が取り上げられた新進気鋭のシンガー・ソングライター、スティーヴン・ビショップを世の中に紹介したのも本作の功績だ。叶わないと知りながら理想の恋人を探し続ける「めぐり会い」、失恋した自分を理由もなく大丈夫だと励ます「ある愛の終わりに」。さりげない語り口と流れるようなメロディ・メイクは、繊細なアートの歌声にぴったりで、お互い響き合ったのだろう、この後もライターやバックアップ・シンガーとして度々絡んでいる。

参加メンバーも超豪華で、ジョー・オズボーン(b)、ラリー・ネクテル(kbd)といった常連組から、意外なところでは、リトル・フィートからビル・ペインが参加、エレピやシンセサイザーで特徴あるプレイを聞かせてくれる。のちに自身もシンガー・ソングライターとして名を上げることになるマルチ・プレイヤー、アンドリュー・ゴールドも、ギターにキーボードにと八面六臂の活躍だ。前述した「ディズニー・ガール」ではウクレレ、「瞳は君ゆえに」ではドラムスまで披露して、作品に貢献している。

なお、アナログのB面1曲目にサイモン&ガーファンクル名義でレコーディングした「マイ・リトル・タウン」(この曲のみS&Gとフィル・ラモーンのプロデュース)が収録されているが、ダビング過多のヴォーカル・ディレクションによる軽さからか、やはり浮いて感じるのは僕だけだろうか。商売的に外せなかったのは分かるが、折角の流れを止めてしまっている気がして残念でならない。

森山

アート・ガーファンクルが演じた虚ろな目の男たち

納富廉邦

アート・ガーファンクルが俳優としてデビューしたのは、1970年公開の映画『キャッチ22』だ。監督は『卒業』のマイク・ニコルズ。彼はサントラ制作時からアートの特異なキャラクターに目をつけていたのではないか。そのくらいに彼は映画の中でみごとに役を生きている。それは、当て書き的な脚本のおかげだけではなく、アート自身が普段から何らかの役割を〝演じる〟ことが身についていたからだ、と考えても不思議ではないと思えるほどだ。

原作は、44年に地中海の小さな島に駐留したアメリカの飛行部隊で起こった出来事を不条理劇として描いた、ジョセフ・フラーの同名小説だ。映画では短いショットの笑劇と、不意に挿入されるヌーヴェル・ヴァーグ的な色彩のコラージュを使って、風刺とギャグを強調するスタイルに再構成。その演出は高く評価され、今も「反戦映画」の名作の一つとして映画史に刻み込まれている。戦争ネタのミニコント集のような構成は、現在でも通じるリズムを持っていて見飽きないし、テーマはむしろ近年の世界情勢にこそふさわしい。戦争と経済の結びつきのタチの悪さを描く後半など、下山事件を彷彿させる日本の戦後の闇との共通点もありゾクリとさせられる。

出撃回数を増やし続けるキャスカート大佐（マーティン・バルサム）、基地の会計を掌握して権力を拡大するマイロ中尉（ジョン・ヴォイト）、狂気を装って出撃を回避しようと試みる主人公のヨサリアン（アラン・パーキン）など、あらゆる登場人物が狂気に蝕まれている中、アートが演じるのは、軍人らしさからほど遠い、土地の娼婦との結婚を夢見る内向的な青年兵、ネイトリーだ。主人公の親友であり、戦争よりも自らの恋を優先する、劇中で唯一の正気のまま戦場に放り出された人物であり、物語を動かす重要な役回りだ。

兵士たちがカフェで談笑するシーンで、ネイトリーは周囲から娼婦との関係をからかわれる。それに対し、彼女と結婚してアメリカに連れて帰るとムキになって主張するアートの表情は、現実では世界中に知られている30歳過ぎのシンガーだというのに、20歳になったばかりのウブな兵士にしか見えない。気弱そうな目で、それでも真剣に愛を訴える彼は、仲間からは変わり者扱いされ、その「正気」は戦場では意味を持たない。何が正気で何が狂気かが混沌とする中で、上官の理不尽な命令に抗議を続ける主人公ヨサリアンと、その傍らに立つネイトリーの二人の友情は真に美しいものとして描かれているのも、この映画の皮肉な面白さだ。二人が語らうシーンは、そのどれもが弱い男同士が傷を舐め合うような心情が横溢して、BL的でさえある。だからこそ、味方の自作自演による爆撃のとばっちりで死んでしまうネイトリーは、この映画の不条理を一身に背負っているのだ。その喜劇的な悲劇に説得力を与えているのがアートの演技なのだから、彼を起用した監督自身も驚いたに違いない。

その事実を証明するかのように、翌71年、ニコルズはアートを準主役に据えて、『愛の狩人』（原題：“Carnal Knowledge”）を撮る。ジャック・ニコルソン演じる、自らの男としての魅力を疑わないが故に恋愛関係が続かないジョナサンと、アートが演じる、誠実で真面目な自分の本質に気づかない鈍感さで、なんとなく人生も恋愛も上手くいってしまうサンディ。映画は、この二人のお互いの欠点なども十分に承知しながら、決定的に相手を裏切ることはしない、ホモソーシャル的な固い友情と彼らの女性遍歴を、30年以上の長いタイム・スパンで描いた、ブラックな恋愛コメディだ。

マイク・ニコルズ監督
『キャッチ22』
1970年公開
現行DVD

マイク・ニコルズ監督
『愛の狩人』
1971年公開
現行Blu-ray

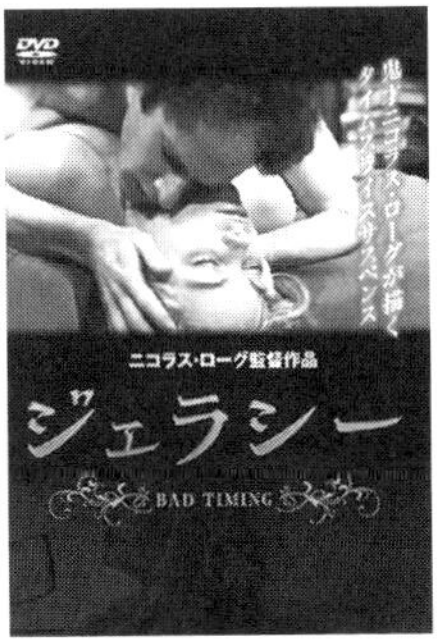

ニコラス・ローグ監督
『ジェラシー』
1979年公開
現行DVD

本作は同時に、「男の愛欲」のみっともなさを抉りだす悪意に満ちた物語でもある。10代、20代、30代、40代と歳を重ねても、会えば「今の自分の女」の自慢と愚痴を語り合う二人が気持ち悪くなるくらいにリアルだ。大人になり、外見も変わり、医者と弁護士という社会的に認められた職に就いても、中身はセックスと思い込みでしか女性を評価できないままのガキであるという設定に説得力を与えているのは、ニコルソンの情けない姿と、アートの優しいけれど空っぽな目。対称的なようで、女性に対する自分勝手な欲望の形が同じ二人を、ニコルソンとアートは、その美しさも醜さも同時に演じ切っている。

その一方で、二人がただ歩いているだけのシーンが、とても美しく撮られているのが何ともいえない感興を呼ぶ。人としては最低なふたりだが、並んで歩いていたいという気持ちは互いの本心で、それを映像だけで分からせてしまう演技と演出、脚本の意地の悪さがこの映画の肝だ。少し背が低いニコルソンとアートが並ぶバランスのよさが画面に情感を添えている。この映画のサンディ役でアートはゴールデングローブ賞助演男優賞にノミネートされたが、それも当然の評価だろう。

アートにとっては3度目の映画出演作『ジェラシー』(原題："Bad Timing")は、デイヴィッド・ボウイ主演で『地球に落ちてきた男』を撮ったニコラス・ローグ監督による79年の作品。前作から8年ぶりの映画出演にして初の主役なのだが、その佇まいは完全にプロの俳優にしか見えない。デビュー作からそうなのだが、演技以前に、まずスクリーン映えがするのだ。そして、前の二作以上に、映画はアートの演技ありきで成立しているように見える。俳優業が久しぶりなのは、オファーがあってから受けるかどうかを検討するというスタンスだからということもある。それ以上に、『愛の狩人』での演技を見てしまっては、映画業界も安易な企画でのオファーは出せなくなっていたのではないか。この映画でローグがアートを主役に据えたということは、企画段階から彼ありきで話が進んでいた可能性もある。

テレサ・ラッセルが演じるミレーナが瀕死の状態で病院に運び込まれ、付き添っていたアート演じる精神科医のアレックスが警察に事情聴取を受ける冒頭のシーン。ここでミレーナとの関係を尋ねられて「友人です」と答えるまでのわずかな逡巡と、虚ろともとれる表情で、アレックスという男の、真面目さや身勝手さや危うさが見る者に伝わる。その一瞬の「間」が、あとに続く不穏な出来事まで予感させるのだ。

映画は、二人の出会いと蜜月、そして破局へとつながるアレックスの回想シーンと、警官との対話や診察台でのミレーナの状態といった現在のシーンが、時系列を無視して入れ替わる構成で進む。ミレーナの自由に生きる奔放な魅力に惹き付けられ、翻弄され混乱するアートの回想シーンだけを見ると、まるで、ファム・ファタールに魅入られた男の悲劇だ。しかし物語が進むにつれて、自分の中で作り上げた妄想の美女に実際のミレーナを無理矢理押し込めようとするアレックスの暴虐ぶりが描かれる。ヒッチコックの『めまい』をフィルム・ノワール的な手法でリメイクしたような、リアルと幻想が交錯する撮り方自体が、物語上の仕掛けになっていることが、徐々に明らかになっていく。

自分の思いに誠実であることを疑わないまま、恋人に自分の妄想を押し付けるアレックスの、優しさと凶暴さが矛盾なく同居する様子を体現するアートと、自分のありのままを見て欲しいミレーナを演じるテレサ・ラッセルの生々しさが絶妙に絡み合い、登場人物も退廃的で美しい映像も、見た通りではないという二重構造が浮かび上がるのだ。

『愛の狩人』で見せた虚ろな目は、この映画ではさらに闇を深めていて、ローグが撮りたかったのはこれだったのではないかと思えるほどに印象的。ローグの天才性とアートの俳優としての資質が見事に噛み合った名作として、海外では多くの賞を取っている作品だが、日本ではほとんど省みられていないのがもったいない。

86年には、『Good To Go〜ソウルビート・スト

ブレイン・ノヴァク監督
『Good To Go 〜ソウルビート・ストリート〜』
1986年全米公開（日本未公開）
VHS＝絶版

ジェニファー・リンチ監督
『ボクシング・ヘレナ』
公開：1993年
ソフト未発売

マーク・クリストファー監督
『54 フィフティ★フォー』
1999年公開
現行Blu-ray

リート〜』に主演している。日本では88年にVHSでビデオが発売されただけの作品だが、これが侮れない。石井聰互監督の『爆裂都市 BURST CITY』を社会派にしたような奥行きのある音楽映画なのだ。

ワシントン・ゴーゴーをたっぷりと聴かせてくれる映像を見ているだけでも楽しいのだが、アートが演じる冴えない中堅新聞記者が、地元の刑事の不正行為を暴くメイン・ストーリーもひねりがあって面白い。くたびれた中年男のだらしなさを、とぼけた表情で見せるアートが中心にいることで、空気が柔らかく感じられるのもいい。

別に、そう決めているわけでもないと思うが、アートは、およそ7年に1回のペースで映画に出演している。93年の出演作は、デイヴィッド・リンチ監督の娘、ジェニファー・リンチ監督のデビュー作『ボクシング・ヘレナ』だ。日本でも鳴り物入りで公開された作品だが、パッケージ・ソフトの発売はなく、今となってはなかなか見る機会がない知る人ぞ知る映画になってしまった。

ひき逃げにあって歩けなくなった奔放な美女ヘレン（シエリリン・フェン）を誘拐した青年ニック（ジュリアン・サンズ）は、彼女の両足を切った上で自宅で監禁し、かいがいしく世話をする。江戸川乱歩の『芋虫』とストーカー犯罪を混ぜたような興味をそそられる筋立てだが、そのあまりにも肩透かしなオチで多くの観客をガッカリさせたことで一部では有名な作品だ。

この映画でのアートは、ニックの親友として彼がヘレナに入れ込むのを諌める役だ。『ジェラシー』では、ニックと同じようなことをやらかした彼が、14年後、それを止める側にまわるという趣向が面白い。ミレーナは自殺未遂するしかなかったが、この映画でのヘレンは対称的と言っていい結末を迎える。そんな物語の中にアートを配したジェニファーは、確信犯的にあのオチを用意したのかもしれない、というのは好意的過ぎる見方か。

99年には、マーク・クリストファー監督の『54 フィフティ★フォー』に本人役で出演。70年代後半から80年代にかけてニューヨークに実在したナイトクラブ「スタジオ54」を舞台にした青春映画だ。アンディ・ウォーホルが出入りし、ブロンディが歌にして、ドキュメンタリー・フィルムも作られている伝説のクラブだが、この映画が描くのは、その最盛期がそろそろ終わろうとする79年。面白いのは、アートが本人役だとどこかぎこちないこと。彼の役者としての才能は、架空の〝役〟を与えられた場合に発揮されるようだ。

２００１年の『ロングショット』では、アートだけでなく、妻のキム、息子のジェイムズも本人役で出演。映画は、バスケットボールを軸に展開するライトな恋愛コメディで、あまり見るべきシーンはなかった。

バート・フレインドリッチ監督の『理想の恋人』（原題："The Rebound"）は09年の作品。丁寧に書かれた脚本で、最後まで安心して楽しめる恋愛コメディの佳品だ。キャサリン・ゼタ＝ジョーンズ演じる主人公の役名が、『愛の狩人』でアートが演じたのと同じ「サンディ」で、そこに彼女と恋に落ちる青年の父親役としてアートが登場する。印象に残るのは、息子の恋愛を穏やかに応援しつつ、横長の目の中の瞳を頻繁に左右に動かすアートの悪戯っぽい表情。その目は、意志を持って行動する女性を等身大のまま受け止める息子を眩しげに見ているようだ。このアートの楽しげな目は、『愛の狩人』からは時代が変わったことを喜んでいるのかもしれない。

ビートルズ・ファンの青年が、カメラを片手にビートルズと親交があった人々に突撃取材を行うドキュメンタリー映画『ビートルズと私』（原題："Beatles Stories"）で、アートはジョン・レノンに「そっちのポールとはどうなの？」と聞かれた時の思い出を話している。その詳細は実際に見ていただくとして、注目したいのは、アートがそれまでの出演映画の中で何度も見せた、親しい友人の横に立つ男の顔になっていること。「うまくやってるよ」と「こっちのポール」について話す彼は、サイモン&ガーファンクルのアートの顔をしている。

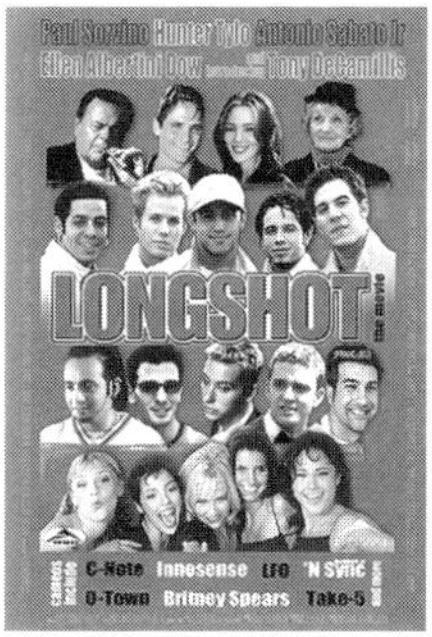

ライオネル・C・マーティン監督
『ロングショット』
2001年全米公開（日本未公開）
現行輸入盤DVD

バート・フレインドリッチ監督
『理想の彼氏』
2009年公開
現行Blu-ray

セス・スワースキー監督
『ビートルズと私』
2011年公開
現行Blu-ray

Watermark
ウォーターマーク

Columbia：JC 34975
発売：1978年1月10日(reissue)

[A]
1. Crying In My Sleep
2. Marionette
3. Shine It On Me
4. Watermark
5. Saturday Suit
6. All My Love's Laughter

[B]
1. (What A) Wonderful World
2. Mr. Shuck 'n' Jive
3. Paper Chase
4. She Moved Through The Fair
5. Someone Else (1958)
6. Wooden Planes

プロデューサー：Art Garfunkel (B1のみPhil Ramone)

参加ミュージシャン：Paul Desmond (sax), Paul Simon (g, vo), James Taylor (g, vo), Stephen Bishop (g, cho), David Crosby (cho), Richard Tee (p), Steve Gadd (ds), Tony Levin (b), Rick Shlosser (ds), Tommy Vig (vib, cho), Ralph MacDonald (per), Jimmy Webb (kbd), Barry Beckett (p), Joe Farrell (flute, oboe), Joe Osborn (b), Bill Payne (syn)

リイシュー前の欧州盤
欧・CBS：CBS 86032
発売：1977年10月25日

[B]
1. Wooden Planes
2. Mr. Shuck'n Jive
3. Someone Else
4. Paper Chase
5. Fingerpaint
6. She Moved Through The Fair

当時の恋人だった女優のローリー・バードが撮影したジャケット写真も美しいソロ第三弾。アート初の単独セルフ・プロデュース作だ。全幅の信頼を寄せるソングライター、ジミー・ウェッブの作品集として企画／制作され、77年10月にオランダなど一部ヨーロッパでリリースされたが、シングル「泣きながら目覚めて」の売れ行きが芳しくなかったため、一旦生産中止に。急遽、ポール・サイモン、ジェイムズ・テイラーとの共演曲「ワンダフル・ワールド」を強引に捻じ込まれての出し直しを余儀なくされる。その際に外された「フィンガーペイント」は、アートが珍しく低音の魅力を披露した、飾り気のないバラード。現在も未発表だが、今ならちょっと頭を捻れば簡単に探すことができるので、当初の曲順を参照しながら聞いてみて欲しい。通常盤とはかなり違った印象を受けるはずだ。

アート本人の思惑とは多少ズレはしたものの、10曲収められたウェッブ・ナンバーはどれも秀逸だ。ここぞというタイミングで挟むノン・ダイアトニック・コードやクリシェは、さすがは職人といった感じ。アーティーも「変化に富んだぶつ切りの曲より、（ジミーの）滑らかで濃縮されたような旋律が好きなんだ」とその作曲術を絶賛している。

個人的な推しは、無駄のないメロディ運びが抜群の「サムワン・エルス（1958）」。サブタイトルが示すとおり、ウェッブが12歳の時に書いたとされる作品だが、いくらなんでも早熟すぎるよ。

森山

フュージョン／AOR的なサウンドに接近した79年発表の4作目。タイトにまとまった音像は、好みの分かれる所だが、周回遅れのシティ・ポップに馴染んだ、令和の音楽ファンの耳には本盤がジャストかもしれない。俗に言うライト・メロウな傑作だ。

80年代に「マニアック」で脚光を浴びるマイケル・センベロが2曲提供している以外は、全て違うライターによる作品で、メロディ重視のアートが選曲に辣腕を振るった様子が垣間見える。「アンド・アイ・ノウ」のヴァース歌い出しのメロは震える程の美しさだし、旋律の魔術師スティーブン・ビショップ作「セイル・オン・ア・レインボウ」や、イングランド・ダン＆ジョン・フォード・コーリーも取り上げた「ビヨンド・ザ・ティアーズ」も文句なしの仕上がりだ。比較的同時代の作品が多くみられる中、「シンス・アイ・ドント・ハヴ・ユー」のみ59年のヒット・チューン。ドゥー・ワップ・マナーに則ったアーティの小粋な歌は時代を超越している。

ヨーロッパ流通盤にはアニメーション映画『ウォーターシップダウンのうさぎたち』の主題歌として全英ナンバー1に輝いた「ブライト・アイズ」が収録され、イギリスでのヒットに貢献した。余談だが、本作のジャケットは全部で6種類あり、12年のリマスターCDには全てのデザインが封入されていた。恐怖の裏ジャケと一緒に眺めながら朝食を食べてみてはいかがだろう？

森山

Fate For Breakfast
フェイト・フォー・ブレックファースト

Columbia：JC 35780
発売：1979年3月15日

[A]
1. In A Little While (I'll Be On My Way)
2. Since I Don't Have You
3. And I Know
4. Sail On A Rainbow
5. Miss You Nights

[B]
1. Finally Found A Reason
2. Beyond The Tears
3. Oh How Happy
4. When Someone Doesn't Want You
5. Take Me Away

プロデューサー：Louie Shelton

参加ミュージシャン：Lee Ritenour (g), Chris Spedding (g), Stephen Bishop (g, cho), Simon Phillips (ds), Steve Gadd (ds), Richard Tee (p), Michael Brecker (sax), Tom Scott (sax), Neil Jason (b), Rob Mounsey (kbd), Carolyn Dennis (cho),Mike Baird (ds), Ray Cooper (per), Larry Knechtel (p), Hugh McCracken (g)

Scissors Cut
シザーズ・カット〜北風のラストレター

Columbia：FC 37392
発売：1981年8月25日

[A]
1. A Heart In New York
2. Scissors Cut
3. Up In The World
4. Hang On In
5. So Easy To Begin

[B]
1. Bright Eyes
2. Can't Turn My Heart Away
3. The French Waltz
4. In Cars
5. That's All I've Got To Say (Theme From "The Last Unicorn")

英・CBS：CBS 85259

[A]
1. Scissors Cut
2. A Heart In New York
3. Up In The World
4. Hang On In
5. So Easy To Begin

[B]
1. Can't Turn My Heart Away
2. The French Waltz
3. The Romance
4. In Cars
5. That's All I've Got To Say (Theme From "The Last Unicorn")

プロデューサー：Roy Halee, Art Garfunkel (米盤B1のみMike Batt)

参加ミュージシャン：Paul Simon(g, cho), Chris Spedding (g), Tony Levin (b), Michael Brecker (sax), Ray Cooper (per), Leah Kunkel (cho), Lisa Garber (cho), Jimmy Webb (p), Tommy Vig (vib, cho), David Campbell (strings), Joe Osborn (b), Graham Lyle (g), Andrew Gold (g, cho), Rick Marotta (ds), Michael Boddicker (syn), Larry Knechtel (kbd)

79年6月、最愛の恋人だったローリー・バードを自殺で失うという不幸に見舞われたアート・ガーファンクル。事件から暫くは何も手につかず、茫然自失の日々を送っていたという。ポール・サイモンを含めた旧友の励ましもあり、悲しみを乗り越えるのではなく、思い出を抱えながら生きていく事で前に進めたと語るアートにとって、本作のレコーディングはセラピーの役割を果たしたと思われる。

感情移入などという安っぽい言い回しでは表現できない、本物の〝念〟が作品全体に充満しており、胸を締めつけられる。完成したアルバムは当然バードに捧げられた。

大きくフィーチャーされているリア・カンケルのコーラスが効果的だ。表題曲「シザーズ・カット」のコーダ部での掛け合いや、「イン・カーズ」でのスキャットなど、女性の声が入ることでより一層イメージが膨らんでいく。

エンジニア兼共同プロデューサーとして久々にクレジットされたロイ・ハリーのミックスもお見事。シングル・ヒットした「ハート・イン・ニューヨーク」を聞くと、ハリーがサイモン&ガーファンクルのかなり重要な部分を担っていた事が分かるはずだ。

ただ、ここまで完成度が高いのに1曲だけ毛色の違う「ハング・オン・イン」のダサさで、緊張の糸が切れてしまうのが惜しい。今となっては、この曲に〝北風のラストレター〟という謎の邦題をつけて、シングル発売までした日本の担当ディレクターの見識を疑う。

森山

ART GARFUNKEL / AMY GRANT
The Animals' Christmas By Jimmy Webb
アニマルズ・クリスマス

Columbia：FC 40212
発売：1986年10月

[A]
1. The Annunciation
2. The Creatures Of The Field
3. Just A Simple Little Tune
4. The Decree
5. Incredible Phat
6. The Friendly Beasts

[B]
1. The Song Of The Camels
2. Words From An Old Spanish Carol
3. Carol Of The Birds
4. The Frog
5. Herod
6. Wild Geese

プロデューサー：Art Garfunkel, Jimmy Webb, Geoff Emerick

参加ミュージシャン：London Symphony Orchestra, King's College School Choir, Carl Davis (conductor), Stephen Bayly (vo), Del Costello (vo), Nicholas Dykes (vo)

実力派女性クリスチャン・シンガー、エイミー・グラントとの連名で発表された、全編ジミー・ウェッブ書き下ろしによるクリスマス・アルバム。

キリスト降臨を動物達の視点で描いたオリジナル作品だ。アートが「僕の80年代半ばを占領した作品」と言うだけあって、制作過程はさまざまな紆余曲折を経ている。

ニューヨークの教会で行われたコンサート向けにウェッブが書いた協奏曲をアートが気に入り、参加を申し出たのが82年頃。その後、加筆を繰り返し、最終的に五部構成のカンタータが完成した。83年末にNYとロンドンでレコード化を視野に入れた演奏会が催されたのだが、ライヴ音源に納得のいかなかったアートはスタジオ録音への切り替えを提案する。かのジェフ・エメリックも制作陣に加わって、英米両国を行き来しながらダビングを敢行、86年10月にようやくリリースに漕ぎつけた。

苦労の甲斐あってか、完成度はすこぶる高い。全編を通して、ポピュラー音楽界の一流セッション・メンと、ロンドン交響楽団との夢の共演が楽しめる。従来のアート・ファンにもアピールするのは「いにしえのスパニッシュ・キャロル」「告示」辺りだろうか。繊細で柔らかな節回しに、キングス・カレッジ・スクール合唱団が彩りを添える。「ヘロデ王」でのエリオット・ランドールの激しいエレキ・ギターと子供達とのやり取りも面白い。ジミー・ウェッブの引き出しの多さに驚くばかりである。

森山

Lefty
レフティー

Columbia：CK 40942［CD］
発売：1988年3月29日

1. This Is The Moment
2. I Have A Love
3. So Much In Love
4. Slow Breakup
5. Love Is The Only Chain
6. When A Man Loves A Woman
7. I Wonder Why
8. King Of Tonga
9. If Love Takes You Away
10. The Promise

プロデューサー：Geoff Emerick, Art Garfunkel, Jay Graydon, Steve Gadd

参加ミュージシャン：Steve Gadd (ds), Nicky Hopkins (kbd), Steve Lukather (g), Stephen Bishop (omnichord, cho), David Foster (syn), Michael Brecker (sax), Leah Kunkel (cho), Joe Osborn (b), Hugh McCracken (g), Eddie Gómez (b), Clif Magness (cho), Jim Haas (cho)

純粋なオリジナル・アルバムとしては7年ぶりとなったソロ通算6作目。オープニングを飾る「ディス・イズ・ザ・モーメント」から、デジタル・シンセ全盛期のエイティーズ・サウンドが飛び出して面食らうが、思いのほか声との相性が良く、格調高い仕上がりだ。

あるインタヴューで「覚えている限りごく初期から、まるでエコーが自分の歌のパートナーみたいな思いでずっと一緒に行動してきた」と語っていたアートだけに、空間系エフェクトの変遷にもそつなく対処できたのだろう。この曲と「ソー・マッチ・イン・ラヴ」のプロデューサーはジェイ・グレイドンで、売れ線を狙ったメーカーの意向によるものらしい。40代後半になっても言いなりにならざるを得ないほど、当時のレコード会社の力は強大だったんです。

リズム重視の変わり種「キング・オブ・トンガ」はスティーヴ・ガッドが制作を担当。一流ドラマーはプログラミングへの理解も深い、という筆者の持論を裏付けるような独特のトラックである。

それ以外の楽曲は『アニマルズ・クリスマス』で意気投合したジェフ・エメリックとアートの共同プロデュースで、ロンドンとニューヨークでレコーディングされた。

トピックとしては、原曲のメロディを大幅に弄って賛否両論のあった「男が女を愛する時」や、ケニー・ランキンとの心温まるデュエットが聞ける「アイ・ワンダー・ホワイ」が挙げられる。

森山

Across America
ベリー・ベスト・オブ・アート・ガーファンクル　アクロス・アメリカ

Hybrid Recordings：HY 20001［CD］
発売：1996年5月27日

1. A Heart In New York
2. Crying In The Rain (with James Taylor)
3. Scarborough Fair
4. A Poem On The Underground Wall
5. Homeward Bound
6. All I Know
7. Bright Eyes
8. El Condor Pasa (If I Could)
9. Bridge Over Troubled Water
10. Mrs. Robinson
11. The 59th Street Bridge Song (Feelin' Groovy)
12. I Will
13. April Come She Will
14. The Sound Of Silence
15. Grateful
16. Goodnight, My Love

プロデューサー：Art Garfunkel, Stuart Breed

参加ミュージシャン：James Garfunkel (vo), Eric Weissberg (g, b, mandolin), Michael Brecker (sax), Warren Bernhardt (kbd), David Biglin (syn, vo), Tommy Igoe (ds, per), Kim Cermak Garfunkel (vo)

1997 Japanese Edition
日・TigerStar：KICP 610［CD］
5. I Only Have Eyes For You
Homeward Bound以下1曲ずつ繰り下がる

アート・ガーファンクルが自身のライフ・ワークとして1984年から断続的に行なっていた、徒歩によるアメリカ横断旅の完全制覇を記念して、数多くのヨーロッパ移民が最初に降り立った〝希望の島〟エリス・アイランドのレジストリー・ホール（旧入国管理場）で行なったコンサートの模様を収めたライヴ・アルバム。エリック・ワイズバーグ（g）、ウォーレン・バーンハート（kbd）ら、気心の知れたメンバーをバックに、円熟味を増した歌声を聞かせてくれる。マイケル・ブレッカーのゲスト参加も嬉しい。

「友に捧げる讃歌」「ブライト・アイズ」といったソロ・ヒットはもちろん、サイモン&ガーファンクル時代の名曲も数多く取り上げられており、比較的オリジナルに忠実な「明日に架ける橋」もあれば、「早く家へ帰りたい」では、シンコペーションを巧みに繰り出したりと、ハモり相手のいない自由を楽しむ様子がご機嫌だ。崩し過ぎの「コンドルは飛んで行く」と、ええカッコしいの「サウンド・オブ・サイレンス」はちょっと頂けないが……。

他には、客演したジェイムズ・テイラーとの「クライング・イン・ザ・レイン」での息の合ったハーモニー、息子と一緒に歌う「59番街橋の歌」といったスペシャルな演出も微笑ましい。「アートの声のおかげで僕の作品は名曲になった」とはポール・サイモンの弁だが、ここまでのキャリアを網羅した本作の贅沢なセット・リストを聞いていると、その発言の真意が分かる気がする。

森山

Songs From A Parent To A Child
心の詩

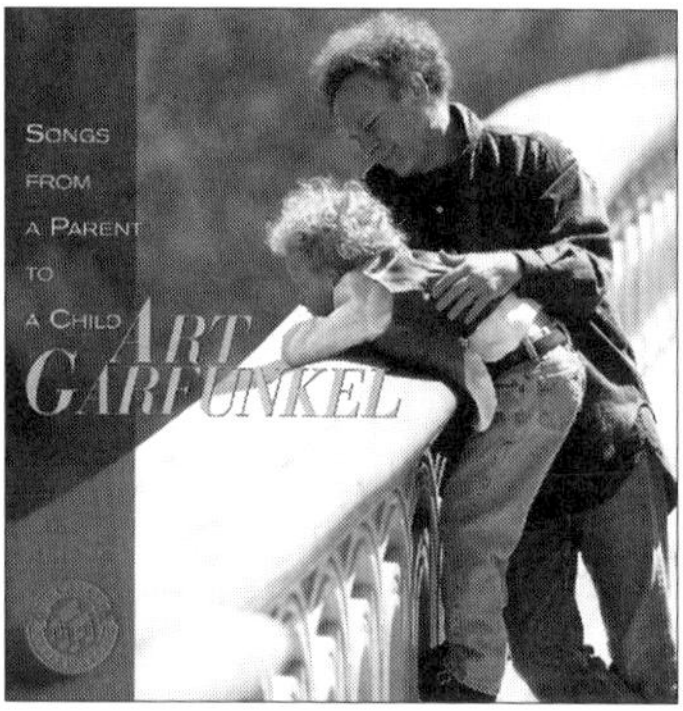

Sony Wonder：LK 67674 [CD]
発売：1997年6月3日

1. Who's Gonna Shoe Your Pretty Little Feet?
2. Morning Has Broken
3. Daydream
4. Baby Mine
5. Secret O' Life
6. The Things We've Handed Down
7. You're A Wonderful One
8. Good Luck Charm
9. I Will
10. Lasso The Moon
11. Dreamland
12. Who's Gonna Shoe Your Pretty Little Feet? (Reprise)
13. The Lord's Prayer / Now I Lay Me Down To Sleep

プロデューサー：Art Garfunkel

参加ミュージシャン：James Garfunkel (cho), Kim Garfunkel(cho), Billy Preston (kbd), John Sebastian (g, harmonica, whistling), Merry Clayton (cho), Steve Gadd (ds), Russ Kunkel (ds), Jimmy Webb (kbd), Paulinho da Costa (per), Eric Weissberg (g, dobro, mandolin), Chris Parker (ds), Freddie Washington (b), Warren Bernhardt (kbd), Dean Parks (g)

所属レーベル内に設けられたキッズ部門（＝ソニー・ワンダー）が、親子で楽しめる〝ファミリー・アーティスト・シリーズ〟の一環としてリリースした8枚目のソロ・アルバム。「朝の雰囲気に始まり、一日をさまざまな歌で綴っていく」というコンセプトのもと、収録曲やミュージシャンの選考、アレンジ／録音に至るまで、全てにこだわり抜いた素敵なアルバムが仕上がった。これまで渋々メーカーの意向に沿う場面の多かったアーティーが、潤沢なバジェットを使い、初めて自身の思う形でリリースできた作品なのではないだろうか。

家族向けの企画モノと侮るなかれ、清らかな歌唱とビリー・プレストンのピアノが織りなす「モーニング・ハズ・ブロークン」や、夢見心地な「ベイビー・マイン」（ディズニー映画『ダンボ』の主題歌）など、大人の鑑賞にも充分耐えうるテイクが目白押しで、息子ジェイムズが唄うエルヴィス・ナンバー「グッド・ラック・チャーム」ですら、お遊びに聞こえない小気味良さである。

オーディオ的にも非常に優れており、作者のジョン・セバスチャンが全面参加した「デイドリーム」における生ギターのリアルな録り音には毎度驚かされる。

白眉は莫逆の友、ジミー・ウェッブが伴奏を務める「ラッソ・ザ・ムーン」。同じバラードでも『シザーズ・カット』の頃の張り詰めた表現とは異なる、幸せに満ちた歌声が堪能できる。

森山

ART GARFUNKEL WITH MAIA SHARP & BUDDY MONDLOCK
Everything Waits To Be Noticed
心の散歩道

Manhattan：7243 5 40990 2 1［CD］
発売：2002年10月8日

1. Bounce
2. The Thread
3. The Kid
4. Crossing Lines
5. Everything Waits To Be Noticed
6. Young And Free
7. Perfect Moment
8. Turn, Don't Turn Away
9. Wishbone
10. How Did You Know
11. What I Love About Rain
12. Every Now And Then
13. Another Only One

プロデューサー：Billy Mann
参加ミュージシャン：Tony Harrell (accordion), Shannon Forrest (de, per), Eric Darken (per), Maia Sharp (sax), Larry Beaird (g, mandolin), George Marinelli (g), Mark Hill (b), Buddy Mondlock (g)

2010 Reissue CD
日・Manhattan：TOCP-67018
Bonus Track
14. Perfect Moment (acoustic)

アートが初めてソング・ライティングに携わった事で話題となった02年作。主に歌詞のアイディアを提供したというが、言葉を紡ぐ技術は、89年に出版された散文詩集『スティル・ウォーター』で既に証明済みだったので、還暦を迎えてようやく重い腰を上げてくれたといったところか。

　アーティスト表記にも明らかな様に、若手シンガー・ソングライターのマイア・シャープ、バディ・モンドロックとのコラボレイト作で、全編を通して三人の高精度ハーモニーを堪能する事が出来る。

　倍音の要素が多いアートとバディの声質は比較的似ているため、二人では少し物足りなく感じるが、そこに芯となるマイアの美声が重なって、心地良いケミストリーが生まれたようだ。カウンター・メロディの挿入や、複雑な追っかけコーラスも多用されており、ヴォーカル・ワークの見本市といった様相を呈している。本人達も歌っていて心底楽しそうである。

　プロデューサーはのちに米国音楽界のエグゼクティヴに成り上がったビリー・マン。ナチュラルで当たり障りのないサウンドは面白みに欠けるけれど、アダルト・コンテンポラリー好きには打ってつけの内容と言えるだろう。ヴァースのディミニッシュ使いが洒落ている「確信」や、掉尾を飾るマイア主体のバラード「君でなければ」などに、キャッチーな要素が散見できるものの、残念ながらチャート・インは果たせなかった。

森山

Some Enchanted Evening
魅惑の宵

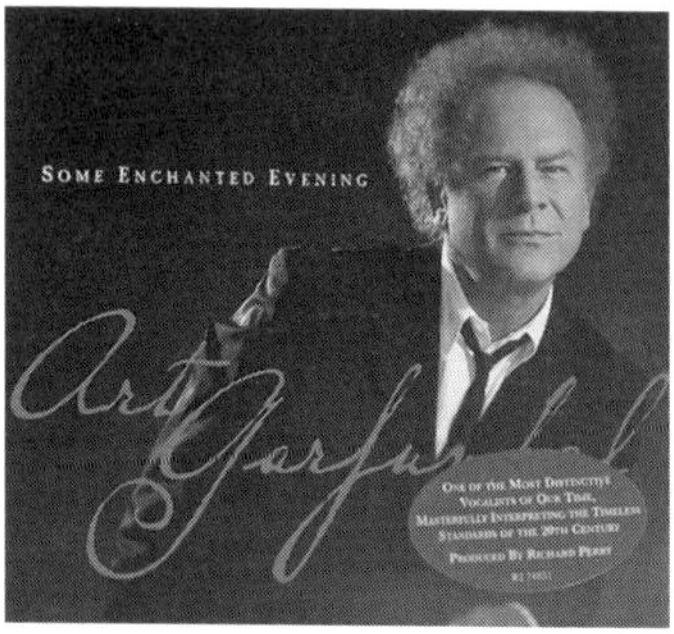

ATCO：R2 74851［CD］
発売：2007年1月30日

1. I Remember You
2. Someone To Watch Over Me
3. Let's Fall In Love
4. I'm Glad There Is You
5. Quiet Nights Of Quiet Stars (Corcovado)
6. Easy Living
7. I've Grown Accustomed To Her Face
8. You Stepped Out Of A Dream
9. Some Enchanted Evening
10. It Could Happen To You
11. Life Is But A Dream
12. What'll I Do
13. If I Loved You

プロデューサー：Richard Perry
参加ミュージシャン：Steve Gadd (ds), Dean Parks (g), Bob Glaub (b), Maia Sharp (sax), Michael Thompson (g, kbd), Doug Webb (sax, flute), Alex Navarro (kbd), Frank Simes (g), Randy Kerber (b, kbd)

Target Exclusive Edition
ATCO：R2 74887［CD］
Bonus Track
14. While We're Young

名作『愛への旅立ち』から約30年の時を経て、巨匠リチャード・ペリーとのタッグが復活。ポピュラー音楽の黄金期、主に20~50年代に作られた楽曲で構成された珠玉のスタンダード集が完成した。

最終ミックスではエンジニアとしても腕を振るったペリーの、ヴォーカルを活かした処理がとにかく素晴らしい。録音担当のボビー・ギンズバーグとの共同作業だが、レコーディングの段階でマイクやヘッドアンプの選定、コンプレッサーの調整など、仔細にわたって熟考した跡が窺える。このコンビはカーリー・サイモンによる同趣旨のアルバム『ムーンライト・セレナーデ』(05年)も手掛けているが、そこでのノウハウが本作でも上手く活用されたようだ。

収録されたガーシュイン作の「サムワン・トゥ・ウォッチ・オーヴァー・ミー」、ビリー・ホリデイで有名な「イージー・リヴィング」は、どちらもチェット・ベイカーのヴァージョンでも知られている。アートにとって憧れの存在だったそうで、CDのブックレットには、影響を受けたシンガーとして、チェットとジョニー・マティスの名前をわざわざ記している。

ハイライトはドゥー・ワップ・ナンバー「ライフ・イズ・バット・ア・ドリーム」だろう。意志のある実音と柔和な倍音成分、アウフタクト時の絶妙なリズム、ラストの天まで届くファルセットetc。ガーファンクル・メソッドの全てが詰まった名唱と言えるだろう。

森山

アート・ガーファンクル アルバム未収録作品、参加作品など

石浦昌之

アルバム未収録作品

古くは、トム&ジェリーで初ヒットを記録した後の59年にアーティー・ガー名義でリリースした自作シングル「ドリーム・アローン／ビート・ラヴ」、61年にジャック・ゴールドのプロデュースでリリースした「プライヴェート・ワールド／フォーギヴ・ミー」（B面はジェフ・ラファエル作）がある。シンプルなアコギによる自作でハイトーンが冴えるセンチメンタルなバラード「プライヴェート・ワールド」がファンに人気だ。

S&G解散後のアートのソロ活動におけるシングル・オンリー楽曲では「ガーファンクル」名義でリリースされた「セカンド・アヴェニュー」（74年）がある。88年にリリースされたベスト・アルバム『ガーファンクル』に晴れて収録されたドラマティックで感傷的なバラード、同年にシングルが全米AC6位のヒットとなった。ダリル・ホールとガリヴァーを結成したティム・ムーアの作で作者版（『ティム・ムーア』所収）も全米AC41位にチャート・インした。アート初のソロ・ヒット「友に捧げる讃歌」（73年）のプロモ・モノ・ミックスはエレキ・ギターのサウンドが大きく、後半の大音量のオーケストラとラストのラリー・ネクテルのピアノに強弱が付いた、別ミックス。ちなみに同曲のストリングスの指揮・編曲はアーニー・フリーマンによるものだったが、アートがオーケストラを呼んだにも関わらず約束の期日までに作者のジミー・ウェッブが譜面を作り忘れたのが原因だ。「ガーファンクル」名義のシングル「青春の旅路」（74年）は、アルバムにあったイントロが省略されている。81年の『シザーズ・カット～北風のラストレター』からシングルが切られた「ハート・イン・ニューヨーク」のB面（日本ではノーマン・サリート作の「北風のラストレター」のB面）に収録された「イズ・ディス・ラヴ」はAOR色強い楽曲で未CD化が惜しまれる。これはエピックから72年にアルバムを出したステイトン・ブラザーズのジ

ェフリー・ステイトンの作で、彼は『フェイト・フォー・ブレックファースト』所収の「ホエン・サムワン・ダズント・ウォント・ユー」も提供、『シザーズ・カット』にはギターで参加した。スティーヴン・ビショップの『ケアレス』（76年）所収のヒット曲「雨の日の恋」、『BISH（水色の手帖）』（78年）、『レッド・キャブ・トゥ・マンハッタン（哀愁マンハッタン）』（82年）などにもプレイヤーとして加わっている。リンダ・グロスマンとの75年の離婚を挟み、『愛への旅立ち』のジャケットに映る女優・写真家のローリー・バード（ウディ・アレンの77年の映画『アニー・ホール』ではポール・サイモンのガールフレンドというチョイ役で出演）と懇意になるも、結婚に踏み切れなかったアート。彼女の自殺という信じられない悲劇を迎えてしまう。そんな失意のアートの元に天使のように舞い降りたのが女優のキム・サーマック。88年に二人は結婚し、生き写しのような息子ジェイムズを授かる。ジェイムズを抱くアートを映した93年のベスト盤『アップ・ティル・ナウ』には新録となるジェイムズ・テイラー、ジェリー・ダグラス、マーク・オコナーというアメリカーナ的布陣による「クライング・イン・ザ・レイン」「イッツ・オール・イン・ザ・ゲーム」、エヴァァリー兄弟もカヴァーしたダイアー・ストレイツの名曲「ホワイ・ウォリー」を収録。89年のJ－WAVE出演時の作者ジミー・ウェッブをバックにした「友に捧げる讃歌」「オール・マイ・ラヴズ・ラフター」、88年のニッキー・ホプキンスをバックにしたジミーの名曲「スカイライター」などレアなテイクの収録が目玉だった。

84年5月以来生まれ育ったNYからお遍路のように40回に分けて続けてきたアメリカ横断の旅（彼も「アメリカを探していた」）を96年に終えてガーファンクル家のルーツであるNYエリス島に舞い戻り、4月に『アクロス・アメリカ』と称するキャリアの集大成となるライヴを敢行。ドキュメンタリーを混ぜた同名の映像も制作され、ジェイムズ・テイラーと太陽の下で「クライング・イン・ザ・レイン」を演奏する場面も挿入された。その全貌を収録した日本盤『ヴェリー・ベスト・オブ・アート・ガーファンクル アクロス・アメリカ』には米盤未収の「瞳は君ゆえに」が加わっている。

そんなアートの前向きで幸せなエネルギーに溢れたライヴで歌われた「グレイトフル」は、80年代からキャバレー／ミュージカルのソングライターとして活躍したジョン・ブッチーノによるスタンダードの風格ある作品で、03年にジョンの当該曲を元に描かれた絵本『グレイトフル：ア・ソング・オブ・ギヴィング・サンクス』（ジュリー・アンドリュースがプロデュースした絵本シリーズの一冊）にアートのスタジオ版がお披露目。10年の『プレイリスト：ザ・ヴェリー・ベスト・オブ・アート・ガーファンクル』にも収められた。『アクロス…』にはオリジナル・アルバム未収のジェシー・ベルヴィンのカヴァー「グッドナイト・マイ・ラヴ」も収録。マニアックなところでは、ミキプルーンで有名な日本のミキ・グループが99年8月下旬にサンフランシスコのフェアモント・ホテルで行ったディナー・パーティで配布された非売品シングル「MIKI'S (Sole) LIFE-LONG WISH ~ MIKI NO YUME～」もある。作者は不明だが、日本のJ－POPのようなチープなカラオケで歌われる英語詞のオリジナル曲。サビで連呼される「プルーン、プルーン、ミキプルーン」がシュールだ（カップリングはカラオケ）。

次に、『卒業』以来の映画のサントラ参加作を見てみよう。アートにとってキャリア最大のヒット（79年に英・蘭・ベルギーで1位）で、英で年間最大の売り上げを記録したマイク・バット作「ブライト・アイズ」は、マイクが父の死を契機に死後の世界を描いた楽曲で、英のアニメ映画『ウォーターシップ・ダウンのうさぎたち』の挿入歌に。『フェイト…』（米盤には収録されず、後に『シザーズ・カット』の米盤に「ザ・ロマンス」と差し替えて収録）やシングル所収のヴァージョンは、78年にCBSからリリースされたサントラ『ウォーターシップ・ダウン』所収版と異なる（マイクが07年にリリースした『ア・ソングライターズ・テイル』ではアートのアルバム、シングル版に忠実なセルフ・カヴァーを披露）。日本では井上陽水版の「ブライト・アイズ」がリリースされているのもファンには有名だ（陽水は79年の村上龍原作・脚本・監督の映画『限りなく透明に近いブルー』のサントラでS&Gの「早く家へ帰りたい」「クラウディ」をカヴァー）。00年には、当時映画に使用されなかった美しいバラード「（ホエン・ユア・）ルージング・ユア・ウェイ・イン・ザ・レイン」が『ウォーターシップ・ダウン・オリジナル・サウンドトラック・ミュージック・アンド・ソングス』（ポリドール／00年）に収録。同曲はマイク・バット・アンド・フレンズが79年にリリースしたアルバム『タロット・スート』でアートと声質が似たゾンビーズのコリン・ブランストーンが歌ったヴァージョンが初出。コリンは「愛への旅立ち」をカヴァーするなど、スウィンギング・ブルージーンズからホリーズに加入したテリー・シルヴェスターと共に、アートのレパートリーを得意とした。マイク・バットは、S&Gの二人が幼き日に出会うきっかけになった演劇「不思議の国のアリス」で知られるルイス・キャロル原作のロック・ミュージカル『ザ・ハンティング・オブ・ザ・スナーク』にもブッチャー役でアートの参加を打診。サントラ（86年）ではデニース・ウィリアムズ、クリフ・リチャード、ジュリアン・レノンと共に「エスカペード」、デニースとは「ザ・ビーバーズ・レッスン」「ア・デリケイト・コンビネイション」、そしてソロで美麗なバラード「アズ・ロング・アズ・ザ・ムーン・シャイン」を歌った。米CBSからは発売が見送られ、余り話題にならなかったが、ロジャー・ダルトリーに加え、ギターでジョージ・ハリスンも参加している。

50年代のユダヤ系アメリカ人の家族を描いた米TVシリーズ『ブルックリン・ブリッジ』（91〜93年）の放送で使用されたテーマ曲は、『アップ…』収録版と異なるピアノによるシンプルな別ヴァージョン。マーヴィン・ハムリッシュが作り、マリリン&アラン・バーグマンが詩を書いた美しい楽曲だ。92年には『フットルース』でお馴染みのディーン・ピッチフォード脚本の映画『ロック・イン・ブルックリン』（原題『シング』）のサントラ（89年）に「ネヴァー・セイ・グッドバイ」で参加。ディーンとトム・スノウの共作による、アートらしい誠実さが伝わる美しいバラードだった。ペニー・マーシャル監督、トム・ハンクス主演の映画『プリティ・リーグ』のサントラ（92年）で歌われた「トゥ・スリーピー・ピープル」はホーギー・カーマイケルで知られるスタンダードで、これは『アップ…』にも収録された。98年にはジャック・ニコルソン主演で話題になった映画『恋愛小説家』のサントラに参加し、「オールウェイズ・ルック・オン・ザ・

アート・ガーファンクル
北風のラストレター／イズ・ディス・ラヴ
日・CBS/Sony：07SP 562
発売：1981年

THE ORIGINAL SOUNDTRACK FROM THE FILM
Watership Down
英・CBS：S CBS 70161
発売：1978年

MIKE BATT
The Hunting Of The Snark
英・Adventure：SNARK1
発売：1986年

ブライト・サイド・オブ・ライフ」をカヴァー。英ではサッカーの試合や葬式でも歌われるモンティ・パイソンのエリック・アイドル作のスタンダード（初出は79年の映画『ライフ・オブ・ブライアン』）。アートは英国ジョーク的な際どいセンテンスを入念に書き換えている。

同98年にはマーク・ブラウン作の人気教育アニメ「アーサー」シリーズに参加。アートも「アーサー」だったが、彼は見た目がちょっと似ているシカ役で、ウサギのキャラクターに向けて歌う「ザ・バラッド・オブ・バスター・バクスター」（ジョー・トゥールボックス・ファロン作）でゴキゲンなヴォーカルを聴かせた（アーサー・アンド・フレンズ名義の『ザ・ファースト・オールモスト・リアル・ノット・ライヴCD（オア・テープ）』所収）。これはアートの息子ジェイムズが同アニメの大ファンだったことから実現した企画だった。

その他のベスト盤に収録された未発表曲には、英人気を裏付ける84年の英・欧限定盤『天使の夢（ジ・アート・ガーファンクル・アルバム）』所収のマイク・バット作「天使の夢（サムタイムス・ウェン・アイム・ドリーミング）」、そして98年の『シンプリー・ザ・ベスト』に次ぎ、12年に2枚組でリリースされたベスト盤『ザ・シンガー』に収録された（トリオを組んでいた）マイア・シャープ作の「ロング・ウェイ・ホーム」、そしてマイアの父ランディ・シャープの作「レナ」がある。『ザ・シンガー』は11年にポールがリリースした2枚組ベスト『ソングライター』と対をなす作品で、その2曲はファン垂涎の代物だった。

参加作品など

まずはキャット・スティーヴンスが「ピタゴラス理論の物語」（万物の根源は数）という副題を付けた、惑星ポリゴールを舞台にしたミュージカル調のコンセプト・アルバム『ナンバーズ』（75年）。アートはヴォーカルで参加したが、大きくフィーチャーされた箇所はない。アートはキャットの音楽を敬愛し、彼がイスラーム教徒となりユスフ・イスラムと改名した後にロックの殿堂入りを果たした際、プレゼンターを務めた。アートの息子ジェイムズに捧げた『心の詩』（97年）では「モーニング・ハズ・ブロークン（雨にぬれた朝）」をビリー・プレストンのピアノでカヴァー。ザ・チーフタンズの40周年記念盤『ワイド・ワールド・オーヴァー～ザ・チーフタンズ・グレイテスト・ヒッツ』（02年）ではアートとダイアナ・クラールのデュエットで再演している。

ジェイムズ・テイラーの『イン・ザ・ポケット』（76年）では「ジャンキーの嘆き」「キャプテン・ジムの酔

いどれ夢」でハーモニーを付けて仲の良い所を見せ、同年ジョン・デイヴィッド・サウザーの『ブラック・ローズ』ではA面冒頭の弾むような「月への想い」にデイヴィッド・クロスビーと一緒にコーラスで参加。J・Dもアートと同様、ウェットでロマンティックかつ色気のあるヴォーカリストだった。

アートとの出会いで成功の機会を摑んだスティーヴン・ビショップとは、デビュー作の『ケアレス』でタイトル曲と「エヴリ・ミニット」「ロックン・ロール・スレイヴ」でハーモニーを付け（アートが歌っても映えたであろう）、その門出を支えた。アートに提供した「ルッキング・フォーザ・ライト・ワン」の自演を含む次作『BISH』の「オンリー・ザ・ハート・ウィズイン・ユー」、『レッド・キャブ・トゥ・マンハッタン』のタイトル曲にもコーラスで参加している。

S&G再結成が話題となった82年、60年代に西海岸で活躍したロッカー同士の絆であろうか、クロスビー、スティルス&ナッシュの再結成作『デイライト・アゲイン』ではドロップDチューニングのスティルス作によるタイトル曲と、CSN&Yの再演「自由の値」のメドレーに参加。これはCS&NとS&GのGという、アメリカン・ハーモニー・ポップの文脈からも興味深い貴重な共演だった。

さらに83年には、デビュー盤で5つのグラミー賞、映画『ミスター・アーサー』のテーマ曲「ニューヨーク・シティ・セレナーデ」が全米1位・アカデミー賞最優秀歌曲賞を獲得し、飛ぶ鳥を落とす勢いだったクリストファー・クロスのセカンド『アナザー・ページ』に収録された「夢のささやき」に参加している。

87年には『フェイト…』に鍵盤で参加したロブ・マウンジーがプロデュースするマイケル・フランクスのアルバム『カメラ・ネヴァー・ライズ』のタイトル曲にリヴァーヴの効いた印象的なヴォーカルを提供。大学教員も務めた知的でウィットに富んだマイケル独特の世界観はアートにとって共感できるものだったはずだ。

94年にはフリオ・イグレシアスがリリースした、アルバート・ハモンド・プロデュース（彼はフリオとウィリー・ネルソンのデュエットによる75年の全米C&W1位「かつて愛した女性へ」を書いた）による『クレイジー〜心の炎』にスティング、ドリー・パートンらと共に参加。S&Gに多大な影響を与えたエヴァリー・ブラザーズの「レット・イット・ビー・ミー」を荘厳にデュエットしている。前述のジョン・ブッチーノは、ロック・ミュージカル『ゴッドスペル』で著名なスティーヴン・シュワルツに見出され、ドリームワークスのアニメーション映画『ヨセフ物語〜夢の力〜』（00年）や数多のミュージカルに曲を書き、ジョニー・マーサー・ソングライター賞などの受賞歴をもつソングライター。彼の評価が高まった00年に出たトリビュート盤『グレイトフル：ザ・ソング・オブ・ジョン・ブッチーノ』では、ジミー・ウェッブのソングブックを03年にリリースしたジャズ／ポピュラー歌手のマイケル・ファインスタインが「グレイトフル」を、ジミー・ウェッブは「ア・パワフル・マン」、アートは彼好みの静謐なバラード「イフ・アイ・エヴァー・セイ・アイム・オーヴァー・ユー」（91年にジョンがリリースしたカセット『ソリチュード・レッスンズ』所収）を歌っている。ジュディ・コリンズのほか、ベット・ミドラーに「ローズ」を書いたアマンダ・マクブルームも参加し、ジョン・ブッチーノがソングライターにリスペクトされる存在であることが伝わってくる。

アートの終生のコラボレイター、ジミー・ウェッブはドラッグを絶った90年代以降、積極的にソロ・パフォーマンスを続け、歌声に艶やかな魅力を湛えるようになる。彼の弾き語りアルバム『テン・イージー・ピーシズ』（96年）では「友に捧げる讃歌」の自演を披露したが、13年にリリースしたブライアン・ウィルソン、クロスビー&ナッシュ、カーリー・サイモン、アメリカ、ルーマー、ジョー・コッカー、クリス・クリストファーソン、マーク・コーンら豪華ゲストが参加した『スティル・ウィズイン・ザ・サウンド・オブ・マイ・ヴォイス』のラストには、ロブスターを食べて声帯を痛め、ハイトーンを失ったとニュースが流れたアートが「シャタード」で参加。現時点で最新のオリジナル・アルバムとなる『魅惑の宵』（07年）以来、久々の美声が聴けた。ところで75年にアートは、ジミーが当時アルバムをプロデュースしていたシェールのTVバラエティ・ショーにゲスト参加し、ジミーがピアノを弾く中、どちらの方がジミーを好きか、シェールと言い争うという笑えるシーンがあった。二人で歌った「友に捧げる讃歌」「ガルベストン」「ビートでジャンプ」は貴重なテイクだ。アートによるスティーヴン・ビショップの紹介も兼ねた78年のSNL出演回（DVD『サタデー・ナイト・ライヴ　コンプリート・サード・シーズン』所収）では、ピアノとチェロの伴奏で「友に捧げる讃歌」、アコースティック・ギターで聴かせる「クライング・イン・マイ・スリープ」という2曲のジミーズ・メロディを披露してもいる。

ペギーとの間に生まれた息子ハーパーのアルバムに参加したポール同様、近年では可愛い息子の門出を祝うべく、幼い頃からライヴで親子共演したジェイムズのアルバムに参加。可愛かった彼も、父より背が高くなりスキンヘッドで体格も堂々として、記憶とのギャップに驚く。90年生まれのジェイムズが21年にアート・ガーファンクル・ジュニア名義でドイツのレーベルからリリースした『あなたのように——父へのオマージュ』と題されたアルバムでは、『心の詩』所収の「モーニング・ハズ・ブロークン」、『アップ…』所収の「クライング・イン・ザ・レイン」をカヴァー。これだけで胸が熱くなった。さらに「コンドルは飛んで行く」「サウンド・オブ・サイレンス」、(クレジットはないが)「明日に架ける橋」の3曲にアートが参加。ゾクっとする程の存在感は流石だ。22年のアート・ガーファンクル・ジュニアの次作『エヴァーグリーン』では「ワンダフル・ワールド」「500マイル」「花はどこへ行った」「好きにならずにいられない」の4曲に齢80を超えたアートが参加した。

最後にアートの著書を。89年の独特のポエム集『スティル・ウォーターズ：アート・ガーファンクル詩集』は91年に邦訳が出版。これは87年にポールが行ったゴスペル・ライヴにおいてジェニファー・ホリデイ、ルーサー・ヴァンドロスと共に「明日に架ける橋」とメドレーで歌われた「スティル・ウォーターズ・ラン・ディープ」を思わせるタイトルだ。17年には、未邦訳だが彼のお気に入りのiPodプレイリストも掲載された自伝『ホワット・イズ・イット・オール・バット・ルミナス：ノーツ・フロム・アン・アンダーグラウンド・マン』が上梓され、ポールとのなれそめや、彼が好きなジョニー・マティスと同様のセクシュアリティに関する独白も綴られ、話題になった。

ART GARFUNKEL
The Art Garfunkel Album
英・CBS：10046
発売：1984年

ART GARFUNKEL
The Singer
米・Columbia：88725458162
発売：2012年

ART GARFUNKEL JR.
Wie Du - Hommage An Meinen Vater
独・Telamo：4053804313971
発売：2021年

#6
Reunion Years

★★★★★★★★★★★★★★★★★★★★

リユニオン・イヤーズ

Jiro Mori
Mitsumasa Saito
Yasukuni Notomi
Isao Inubushi
Shoji Umemura

再結成ツアーの成功と、ついに実現しなかったニュー・アルバム

森 次郎

1970年1月にリリースされたサイモン&ガーファンクルの『明日に架ける橋』は、長きにわたり売れ続け、とくに英国の年間アルバム・チャートには72年までベスト10入りするという、ベストセラー作品になった。しかし、その最中にふたりは袂を分かつことになる。リリース後の短い英国ツアーのあと、7月18日にニューヨークのフォレスト・ヒルズ・スタジアムで開かれたコンサートが最後の公演になった。

1970年代のいくつかの接点

しかし、その2年後にふたりは同じステージに立つことになる。72年の大統領選挙で民主党の候補になったジョージ・マクガヴァンを支援するために、俳優のウォーレン・ビーティがプロデュースした〈トゥゲザー・フォー・マクガヴァン〉というコンサートにサイモン&ガーファンクルとして出演したのだ。まず4月にクリーヴランドで行われた同様のチャリティ・コンサートにサイモンが出演、そこでビーティが次回はガーファンクルも一緒に、と持ちかけた。マクガヴァンはベトナム戦争に反対する姿勢を全面的に押し出して出馬していたが、ポール自身は積極的に彼を支持していたわけではなく、共和党のニクソン大統領に反対する立場からコンサートへの出演を受諾したようだ。

サイモンはS&G解散後初のソロ・アルバム『ポール・サイモン』を1月に発売したばかり、ガーファンクルは俳優業がメインで音楽活動の再開時期を探っていた時期だったというタイミングも影響したのだろう、6月の〈トゥゲザー・フォー・マクガヴァン〉での一時的な再結成が実現する。コロンビアはコンサートに合わせて『グレイテスト・ヒッツ』を発売、当時は未発表だったライヴ音源を収録したことも功を奏し、ヒットを記録する。さ

らにS&Gの出演を契機に「ブリング・アス・トゥゲザー・アゲイン」というコンセプトが生まれ、ピーター、ポール&マリーの再結成も実現したのだ。ディオンヌ・ワーウィックも出演したステージで、サイモン&ガーファンクルは「ミセス・ロビンソン」から「明日に架ける橋」まで、8曲を披露した。

次に動きがあったのは、75年のこと。サイモンが新しいアルバムの準備にとりかかったところ、ガーファンクルが歌うことをイメージした曲を思いつく。「マイ・リトル・タウン」と題され、自分の育った町を嫌い、外の世界へ出たことを喜んでいる人をテーマにした詞は、ガーファンクルのソロ活動の中では異質なものだったが、彼はこのコラボレイションを了承する。サイモンのレコーディングの一貫としてマッスル・ショールズ・リズム・セクションを起用したセッションが組まれ、そこにガーファンクルも参加した。およそ5年ぶりにふたりが揃ったスタジオ・ワークが行われたのだ。

「マイ・リトル・タウン」はサイモン&ガーファンクル名義でシングルがリリースされ、全米チャートのトップ10入りを果たす。発売と同時期にサイモンはテレビ番組『サタデー・ナイト・ライヴ』のホストを務め、ガーファンクルをゲストに迎えた。ふたりは「ボクサー」「スカボロー・フェア」、そして「マイ・リトル・タウン」を披露する。このシングルは当初の予定通りサイモンのアルバム『スティル・クレイジー・アフター・オール・ジーズ・イヤーズ』の中の1曲となっただけでなく、ガーファンクルの『ブレイクアウェイ』にも収録され、チャート・アクションにも寄与した。

その後も77年のテレビ番組『ザ・ポール・サイモン・スペシャル』や、78年のベネフィット・コンサートで単発の共演はあったが、70年代にふたりがクリエイティヴな作業を行ったのは、この1曲だけだったのだ。

セントラル・パーク・コンサートの成功と余波

ニューヨークの象徴とも言えるセントラル・パークは、70年代には機能不全に陥った管理体制と資金不足から、荒廃の一途をたどっていた。市の試算によると、公園の修復と維持には当時の金額で300万ドルが必要だとされる。そこで運営面を担うセントラル・パーク管理者事務所と、非営利団体であるセントラル・パーク管理委員会が設置され、回収資金を集めるキャンペーンが開始されたのである。

80年代の初頭に、公園局長のゴードン・デイヴィスと、地元のプロモーターであるロン・デルスナーが手を組み、野外コンサートを開催して財政的な支援を行う、というアイディアを考案した。かつてエルトン・ジョンやジェイムズ・テイラーといったアーティスト達がセントラル・パーク内で行ったコンサートが成功裡に終わったという先例があったことも、その背景になっている。

このプロジェクトではチケット収入を得るのではなく、無料コンサートを開催した上で、テレビ放映やビデオ販売、マーチャンダイジングで利益を得ることを目的とした。デルスナーは有料ケーブルテレビ局のＨＢＯ（ホーム・ボックス・オフィス）と契約を纏め、具体的な人選に入る。そこで白羽の矢が立てられたのが、ニューヨーク育ちのサイモン&ガーファンクルだった。まずサイモンに計画がプレゼンテイションされたが、彼は自伝的映画『ワン・トリック・ポニー』の興行が失敗に終わったことを引きずっていたため、すぐには了承しなかった。ところがスイスで休暇中だったガーファンクルに連絡したところ、彼はすぐに帰国するほど非常に乗り気になり、コンサートの開催が決定されたのである。

イヴェントを告知するポスターには、「ポール・サイモン」と「アート・ガーファンクル」の名前が併記され、ジョイント・コンサートを思わせるデザインだったが、開催の1週間前にようやく新聞紙上で〝サイモン&ガーファンクル〟としての出演であることが発表された。81年9月19日の土曜日、セントラル・パークには雨が降っていたが、公園側が予測した30万人を大きく上回るおよそ50万人の観客がグレート・ローンと呼ばれる中央広場に押し寄せたのだ。

ニューヨーク市長のエド・コッチによって呼び込まれたサイモン&ガーファンクルのステージは好評を博し、ワーナー・ブラザーズから2枚組のライヴ・アルバムとして発売、米国ではダブルプラチナを獲得した。ＨＢＯも当日の映像作品を放映、のちにＶＨＳやＤＶＤ化されている。当人たちはパフォーマンスに失望したが、周囲の評価とは大きな隔たりがあったようだ。

82年5月からはライヴ盤を引っ提げ、セントラル・パークと同じバンドを引き連れて、日本、ヨーロッパ、オセアニア、北米を周るワールド・ツアーが組まれた。並行してワーナーはS&Gとしてのニュー・アルバムを発売することをふたりに勧め、仮題『シンク・トゥー・マッチ』の制作が開始される。サイモンが予め録音していたトラックにガーファンクルが歌入れをする前提で作業が進められた。しかし、ツアーを通じてまたもやふたりの関係が悪化、さらにガーファンクルが曲を覚えようとしなかったり、サイモンがタバコと大麻を止めるよう進言したにも関わらず拒否したりしたため、アルバム制作はキャンセルせざるを得なくなる。このときの素材は、サイモンのソロ作『ハーツ・アンド・ボーンズ』に引き継がれることになった。

最後の再結成ツアー、そして引退へ

サイモン&ガーファンクルは90年にロックの殿堂入りを果たす。授賞式で3曲を演奏するが、再始動には繋がらなかった。翌91年にサイモンはセントラル・パークでソロ・コンサートを行う。S&Gのレパートリーも披露されたが、ガーファンクルが共演をもちかけたにも関わらず断ったと言われている。92年4月と93年3月に開かれたベネフィット・ショウでステージでの共演を果たしたふたりは、およそ10年ぶりに本格的なリユニオンを行うことになった。

まず、93年10月にニューヨークのパラマウント劇場で行われたサイモンのキャリアを総括する21公演『キャリア・レトロスペクティヴ』に連日ガーファンクルが登場し、S&Gのナンバーで共演。その後、ブリッジ・スクール・コンサートに出演したあと、カナダ、日本、シンガポールを回る短いツアーを行っている。

しかし、また10年の空白期間を経て、2003年のグラミーで特別功労賞を受賞。セレモニーでリクエストされた「サウンド・オブ・サイレンス」が満足のいくパフォーマンスだったおかげか、同年10月から大規模な〈オールド・フレンズ〉ツアーが組まれることになった。なんと、彼らが憧れたエヴァリー・ブラザーズをゲストに迎え、04年7月まで断続的に北米とヨーロッパを回ったのである。ライヴ・アルバム発売に際し、80年代初期にサイモンがデモをつくっていた「シチズン・オブ・ザ・プラネット」が新たにレコーディングされた。

09年にはオセアニアと日本でツアーが継続され、10年にもスケジュールが組まれていたが、ガーファンクルがロブスターを喉に詰まらせたことが原因で声帯を損傷、発声障害を起こす。ツアー初日の〈ニューオーリンズ・ジャズ・アンド・ヘリテッジ・フェスティバル〉のステージはなんとかこなしたものの、残りの日程は無期限に延期された。ガーファンクルは禁煙によって回復に向かい、14年には本格的なソロ・ツアーを再開、一方のサイモンは18年にツアーからの引退を宣言、ガーファンクル側も23年に当面ツアーには戻らないと発表したことから、もはやS&Gの本格的な再結成は望めそうもない。

The Concert In Central Park
セントラルパーク・コンサート

Warner Bros.：2BSK 3654
発売：1982年2月16日

[A]
1. Mrs. Robinson
2. Homeward Bound
3. America
4. Me And Julio Down By The Schoolyard
5. Scarborough Fair

[B]
1. April Come She Will
2. Wake Up Little Susie
3. Still Crazy After All These Years
4. American Tune
5. Late In The Evening

[C]
1. Slip Slidin' Away
2. A Heart In New York
3. Kodachrome / Mabellene
4. Bridge Over Troubled Water

[D]
1. Fifty Ways To Leave Your Lover
2. The Boxer
3. Old Friends
4. The 59th Street Bridge Song (Feelin' Groovy)
5. The Sounds Of Silence

プロデューサー：Paul Simon, Art Garfunkel, Roy Halee, Phil Ramone

参加ミュージシャン：Richard Tee (kbd), Steve Gadd (ds), Pete Carr (g), David Brown (g), Anthony Jackson (b), Grady Tate (ds), Rob Mounsey (b), Dave Tofani (sax), Gerry Niewood (sax), John Gatchell (trumpet), John Eckert (trumpet)

セントラルパーク・コンサート
日・Sony Music：SIBP-128 [DVD]
発売：2009年

1. Beginning Of Side One
2. Start Of Program
3. Mrs. Robinson
4. Homeward Bound
5. America
6. Me And Julio Down By The Schoolyard
7. Scarborough Fair
8. April Come She Will
9. Wake Up Little Susie
10. Still Crazy After All These Years
11. American Tune
12. Late In The Evening
13. Slip Slidin' Away
14. A Heart In New York
15. The Late Great Johnny Ace
16. Kodachrome: Maybelline
17. Bridge Over Troubled Water
18. Fifty Ways To Leave Your Lover
19. The Boxer
20. Old Friends
21. The 59th Street Bridge Song
22. The Sounds Of Silence
23. Late In The Evening (Encore)

再結成コンサートが決まったものの、本番当日まで主役ふたりの対立は繰り返されていた。計画にすぐに乗り気になったガーファンクルの頭の中には、60年代のようにサイモンのギターとふたりの歌声だけでステージを行うイメージがあったようだ。しかし、サイモンは腕の怪我のため自分のギターの演奏だけでは長時間のライヴは無理だと判断した。

セットリストについても、前半にそれぞれのソロ・コーナーを設けたあと、後半にふたりでS&Gの曲を歌う案が出されていたが、これにはガーファンクルが異を唱え、「ポールがサイモン&ガーファンクルの前座を務めるのは正しくない」と主張する。最終的にショウの間は基本的にふたりでステージに立ち、S&Gの代表曲を中心に、それぞれのソロ・ナンバーを織り込んでいく方向にシフトした。

さらに、サイモンの曲は大所帯のアンサンブルを念頭にアレンジされたものが多くなっていたため、ホーン・セクションやスタッフのスティーヴ・ガッド、リチャード・ティーまで揃えたハウス・バンドが編成されることになる。アレンジはサイモンとデイヴィッド・マシューズが担当し、マンハッタンの劇場を3週間借り切ってリハーサルが行われた。結果的にサイモンのソロ曲の比率が高くなり、ガーファンクルはハーモニーをつけることに苦労したそうだ。

コンサートは「ミセス・ロビンソン」から始められた。洗練されたリズムと抑制の効いたホーンが新鮮に響く。思えば60年代にはバンドを全面的に起用したツアーなど皆無だったわけだから、この時点でノスタルジーは排除されたようなものだ。4曲目には早くもリズムが強調されたサイモンの「僕とフリオと校庭で」が披露される。エヴァリー・ブラザーズのカヴァー「ウェイク・アップ・リトル・スージー」や、「コダクローム」に続けてチャック・ベリーの「メイベリン」が歌われるなど、彼らのルーツが垣間見える選曲もあった。ガーファンクルも、当時発売されたばかりのソロ・アルバム『シザース・カット』から「ア・ハート・イン・ニューヨーク」を、地元へ凱旋したことを噛みしめるように歌ったのだ。そして、本編は「ボクサー」で締めくくられる。

アンコールではガーファンクルの意見を尊重したのか、「オールド・フレンズ」「59番街橋の歌」「サウンド・オブ・サイレンス」がふたりだけで演奏され、60年代のステージの再現となった。

なおDVDは、レコード化された際にオミットされた「ザ・レイト・グレイト・ジョニー・エイス」と、ダブル・アンコールでこの日二度目の「レイト・イン・ジ・イヴニング」も収録された完全版となっている。

森

Old Friends: Live On Stage
オールド・フレンズ－ライヴ・オン・ステージ

オールド・フレンズ－ライヴ・オン・ステージ
日・Sony Music：SIBP-50［DVD］
発売：2005年

Act 1
1. Opening Montage (America Instrumental)
2. Old Friends / Bookends
3. A Hazy Shade Of Winter
4. I Am A Rock
5. America
6. At The Zoo
7. Baby Driver
8. Kathy's Song
9. Tom And Jerry Story
10. Hey, Schoolgirl
11. The Everly Brothers Intro
12. Wake Up Little Suzie (THE EVERLY BROTHERS)
13. All I Have To Do Is Dream (THE EVERLY BROTHERS)
14. Bye Bye Love (THE EVERLY BROTHERS with SIMON & GARFUNKEL)
15. Scarborough Fair
16. Homeward Bound
17. The Sound Of Silence

Act 2
18. Opening Montage
19. Mrs. Robinson
20. Slip Slidin' Away
21. El Condor Pasa
22. Keep The Customer Satisfied
23. The Only Living Boy In New York
24. American Tune
25. My Little Town
26. Bridge Over Troubled Water
27. Cecilia
28. The Boxer
29. Leaves That Are Green
30. The 59th Street Bridge Song (Feelin' Groovy)

特典映像：Clips From "Songs Of America"
31. Bridge Over Troubled Water / 32. Mrs. Robinson / 33. Feelin' Groovy / Mystery Train / 34. For Emily / 35. The Boxer / 36. Homeward Bound / 37. The Sound Of Silence

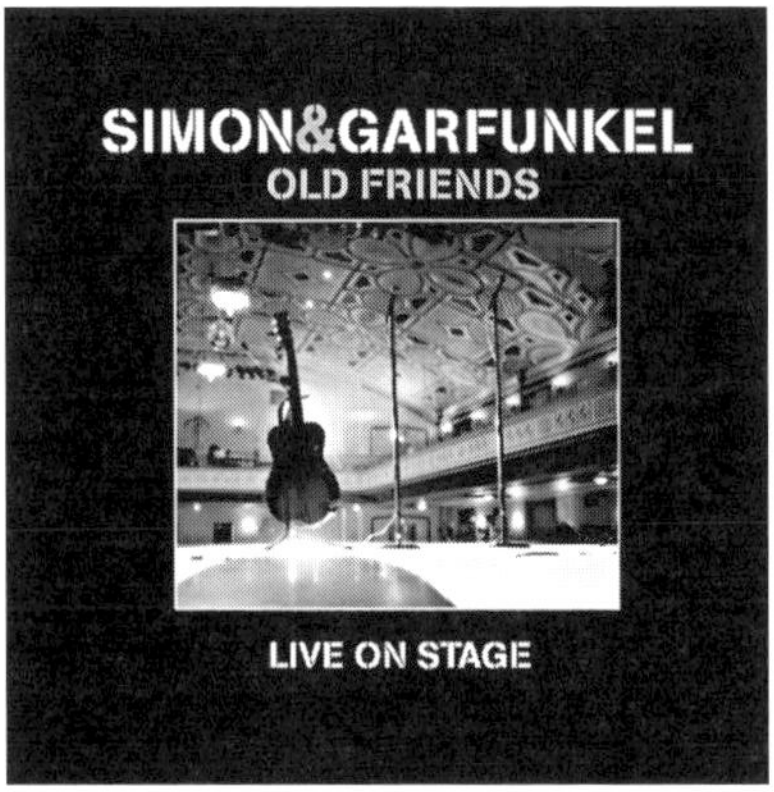

Warner Bros.：2-48954-2［CD］
発売：2004年12月7日

[CD-1]
1. Old Friends / Bookends
2. A Hazy Shade Of Winter
3. I Am A Rock
4. America
5. At The Zoo
6. Baby Driver
7. Kathy's Song
8. Tom And Jerry Story
9. Hey, Schoolgirl
10. The Everly Brothers Intro
11. Bye Bye Love (THE EVERLY BROTHERS with SIMON & GARFUNKEL)
12. Scarborough Fair
13. Homeward Bound
14. The Sound Of Silence

[CD-2]
1. Mrs. Robinson
2. Slip Slidin' Away
3. El Condor Pasa
4. The Only Living Boy In New York
5. American Tune
6. My Little Town
7. Bridge Over Troubled Water
8. Cecilia
9. The Boxer
10. Leaves That Are Green
11. Citizen Of The Planet (Bonus Track)

プロデューサー：Al Santos

参加ミュージシャン：Jim Keltner (ds), Don Everly (g, vo), Phil Everly (g, vo), Warren Bernhardt (p), Jamey Haddad (per), Pino Palladino (b), Larry Saltzman (g), Rob Schwimmer (kbd), Mark Stewart (g, cello)

2003年のツアー終盤、ニューヨークのマディソン・スクエア・ガーデンとニュージャージーのコンチネンタル・エアラインズ・アリーナ（現メドウランズ・アリーナ）で収録されたライヴ・アルバム。S&Gの曲が大半を占め、ジム・ケルトナーやピノ・パラディーノらが顔を揃えたバンドもきっちりと仕事を果たしているので、客席の盛り上がりが凄まじい。

最初にツアー・タイトルにもなった「オールド・フレンズ」がサイモンのギター1本で歌われるが、ハードになった「冬の散歩道」やヘヴィなアレンジの「アイ・アム・ア・ロック」が続くと、当時すでに60代を迎えていた彼らが、原点回帰を念頭に置きながらもチャレンジングな姿勢で音楽に臨んでいたことが伝わってくる。

それがよくわかるのが、かつての思い出を語るMCのトラック「トム&ジェリー・ストーリー」に続けて当時のシングル「ヘイ、スクールガール」を一節披露したこと、そしてゲストとしてエヴァリー・ブラザーズを招き入れたことだ。

懐メロショウになりかねないシチュエーションで、溌剌と「起きろよスージー」「夢を見るだけ」と畳みかけたエヴァリーズは、最後にS&Gを加えた4人で「バイ・バイ・ラヴ」で観衆を魅了したのである。ちなみに「起きろよスージー」はS&Gがセントラル・パークで取り上げているので、返礼の意味もあったのかも知れない。なお、エヴァリーズ単独の2曲はCDには収録されていないのでご注意を。

「スカボロー・フェア」で会場をクールダウンさせたあとは、ふたりの独壇場。「サウンド・オブ・サイレンス」はフォーク・ロックという代名詞を蹴散らすようなスケールの大きさを見せているし、「ミセス・ロビンソン」はバンドが奏でる丁々発止のやり取りの上を堂々と闊歩するような歌を聴かせてくれる。とくに後者はゼムの「グローリア」のようなギターのリフが挟み込まれていることが象徴するように、彼らのパブリック・イメージを覆すほどホワイト・ソウル風味が強いのだ。

さらには75年にイレギュラーなかたちでシングル化された「マイ・リトル・タウン」をステージで蘇らせ、「明日に架ける橋」はもはや〝天使の歌声〟とは呼べなくなったガーファンクルのヴォーカルをあえて前面に押し出すという腹の据わり方を見せた。そして「ボクサー」ではコーラスを客席に委ね、最後はまたデュオに戻って「リーヴス・ザット・アー・グリーン」。まるで長い歴史絵巻のようなコンサートは終わりを告げた。

なお、DVDには1970年に放送されたテレビ番組『ソングス・オブ・アメリカ』がボーナス映像として収録された。

森

S&Gグレイテスト・ヒッツのすべて

斎藤充正

ポール（アートも？）の選曲により72年6月14日（日本では9月1日）にリリースされた『サイモン&ガーファンクル・グレイテスト・ヒッツ』（筆者が初めて自分で買ったLPレコード）は、31頁でも触れたようにコロンビアとの契約遂行のために制作された。折しも発売日とまったく同日、マディソン・スクエア・ガーデンで行われたジョージ・マクガヴァン上院議員（共和党のリチャード・ニクソンに対抗する民主党の大統領候補）支援コンサートでS&Gがデュオとして約2年ぶりにステージに立ったこともあり、復活が期待される中で大ヒットを記録したが、これはただの編集盤ではなかった。

実際にどのように手が加えられたのか、原盤には記載がない。国内盤のライナー（無記名だが、CBS・ソニーの元ディレクター、牧範之こと丸野正孝氏によるものと推測）には、「今までのレコードと違う演奏のものが4曲、ミキシングし直してサウンドを変えているもの5曲を収め、拍手をかぶせて効果を加えたもの1曲を加えて、全14曲のうち、オリジナルの姿をそのままとどめているのはわずか4曲」とあるが、どの曲とは書かれていない。このうち「今までのレコードと違う演奏」とは、ここで初登場した秀逸なライヴ録音4曲（うち2曲は『ライヴ1969』に再録）のことを指している。

そこでA面から確認してみると、まず「ミセス・ロビンソン」はフェイドアウトが少し早い。「エミリー・エミリー」「59番街橋の歌」はライヴ。「サウンド・オブ・サイレンス」はステレオの左右チャンネルが逆だ。

B面に移って、「早く家へ帰りたい」はライヴで、次の「明日に架ける橋」のイントロに拍手が被っている。「アメリカ」は、『ブックエンド』では1曲前の「我が子の命を救いたまえ」とクロスフェイドする形で収められていたが、ここでは被りなしでイントロからフルで聴ける。「キャシーの歌」はライヴ。「ブックエンドのテーマ」改め「ブックエンド」は『ブックエンド』での1曲前の「旧友」との被りなしでスタートし、ギターのちょっとした装飾音が付け加えられている。「いとしのセシリア」には、モノラルでスタートし途中から鮮やかにステレオに広がっていくユニークなミックスが施された。

　ということで、オリジナルのままなのは「ボクサー」「アイ・アム・ア・ロック」「スカボロー・フェア／詠唱」「コンドルは飛んで行く」の4曲ということになる。

　日本のCBS・ソニーは、彼らが選曲と曲順を決めた71年6月の段階で、既発の音源をそのまま使用した『サイモンとガーファンクル・グレーテスト・ヒットⅡ』としてフライングでリリース。同内容の〝ゴールド・ディスク・シリーズ〟の盤と併せて、後発の米国オリジナル編集盤より多く売り上げてしまったから皮肉なものだ。

　もう一つの重要な編集盤は、97年リリースの3枚組CD『オールド・フレンズ』。唯一のアルバム未収録曲「君の可愛い嘘」の初ステレオ・ミックスや、多数の未発表録音が収められた。01年のオリジナル・アルバムのリマスター時にボーナス・トラックとして収められたり、02年に『ライヴ・フロム・ニューヨーク・シティ　1967』にまとめられたりしたものもあるが、ライヴ録音では67年の「レッド・ラバー・ボール」、68年の「オーヴァーズ」「とても変わった人」「バイ・バイ・ラヴ」、69年の「ヘイ、スクールガール／ブラック・スラックス」「ザット・シルバー・ヘアード・ダディ・オブ・マイン」の合計6曲、そして67年にクリスマス企画用としてスタジオ録音された「コムフォート・アンド・ジョイ」「スター・キャロル」の2曲は現在もここでしか聴けない。

Simon And Garfunkel's Greatest Hits
Columbia：KC 31350
発売：1972年6月

サイモンとガーファンクル・グレーテスト・ヒットⅡ
日・CBS/Sony：SONX 60195
発売：1971年6月

Old Friends
Columbia/Legacy:C3K 64780 [CD]
発売：1997年11月

アメリカ現代史を背負った二人が感じられる映像作品

納富廉邦

正規盤として日本で発売されているサイモン&ガーファンクルの映像作品は少ない。最も古いものは『ザ・コンプリート　モンタレー・ポップ・フェスティバル1967　DVD-BOX』、単独作品としては、81年のライヴを収録した『セントラルパーク・コンサート』と、2003年の『オールド・フレンズ：ライヴ・オン・ステージ』、ほかには09年にマディソン・スクエア・ガーデンで行われたライヴを収録した『ロックの殿堂　25周年アニヴァーサリーコンサート：Legend　Side　黄金のロック伝説編』がある。

海外盤では、「サタデー・ナイト・ライヴ」「ディック・キャヴェット・ショウ」の出演シーンなどのテレビ放送素材を集めたものが、07年に『ブロードキャスティング・ライヴ』、10年に『アクロス・ジ・エアウェイヴス』というタイトルで発売されているが、権利者に許諾を取って公式にリリースされたものかどうかは怪しい。

単体の作品ではないが、見逃せないのは11年に発売されたCD『明日に架ける橋（40周年記念盤）』のボーナスDVDに収録されている〝ザ・ハーモニー・ゲーム：メイキング・オブ《明日に架ける橋》〟と、〝ソング・オブ・アメリカ〟だ。〝ソング・オブ・アメリカ〟は69年11月30日にアメリカで放映されたTVスペシャルで、輸入盤なら単体のDVDで入手可能。アメリカがベトナム戦争へと向かう過程を資料映像で見せながら、「明日に架ける橋」を流すシークエンスは圧巻だ。サイモン&ガーファンクルが〝プロデューサー〟としてクレジットされたプログラムだけあって、自分たちの音楽を通して〝現代史〟を語ろうとする真摯な姿勢が伝わってくる。

前半ではリハーサル風景を見せ、後半にライヴの模様をバック・ステージと合わせて収録した構成もよくできていて、二人が状況に応じて音楽の作り方を変えているように見えるのが面白い。リハーサルでは音符の長さや抑揚をきっちりコントロールしているのに、ライヴではそういう音楽的な制度を蹴散らすように言葉を吐き出す。

そこに、このデュオの真の姿が現れているように思えるのだ。

〝ザ・ハーモニー・ゲーム：メイキング・オブ《明日に架ける橋》〟は、2010年に制作されたドキュメンタリー。〝ソング・オブ・アメリカ〟でも使われているアルバム制作当時のフィルムに、レコーディング・メンバーや関係者のコメントを重ねる、いかにもテレビ的な構成ではあるのだが、それぞれのエピソードが興味深いので見応えは充分。ポール・サイモンが寝転がったまま「明日に架ける橋」の断片をつま弾く姿が印象に残る。

また、NHKが制作した〝明日に架ける橋～賛美歌になった愛の歌～〟や、英BBCがつくった二人の80歳の誕生日を祝うトリビュート作品など、未ソフト化のテレビ作品もYouTubeでチェックしておきたい。

ギター初心者にお勧めしておきたいのが、『ヴィジュアル・ギター・レッスン　サイモン&ガーファンクル』に付属されたDVDだ。これはギター講師によるレッスン映像。収録曲は少ないが丁寧な解説はわかりやすく、ポールのテクニックに迫っている。

本人たちの作品でも映像でもないが、押さえておきたいコンテンツとして、橋本治の短篇小説集『S&Gグレイテスト・ヒッツ＋1』も挙げておきたい。60年代のアメリカの青春像に、80年代の日本の若者たちをリアルに活写したストーリーを重ねることで、日本の近代をあぶり出した名作だ。サイモン&ガーファンクルを別のアングルで体感できるのが素晴らしいのだが、文芸評論家には音楽的な知識がないからか、文学的な評価が与えられていないのが残念でならない。

Bridge Over Troubled Water: 40th Anniversary Edition
明日に架ける橋（40周年記念盤）
ソニーミュージック：SICP 3043～4
［CD＋DVD］
発売：2011年

ヤング・ギター　企画編集部
『ヴィジュアル・ギター・レッスン』
シンコーミュージック　2018年初版

橋本治
『S＆Gグレイテスト・ヒッツ＋1』
大和書房　1984年初版
（現在はちくま文庫）

All Singles

作成：犬伏 功

特に記述のないものはすべて米国盤。他国盤については米国未発売曲およびヴァージョンが収められ、特に重要と判断したものに限り掲載した。

TOM AND JERRY

A：That's My Story
B：(Pretty Baby) Don't Say Goodbye
Hunt 319
1958.6／-

TOM AND JERRY

A：Hey, Schoolgirl
B：Dancin' Wild
King 45-5167
1958.12／-

JERRY LANDIS (Early Paul Simon)

A：Loneliness
B：Anna Belle
MGM K12822
1959.8／-

ARTIE GARR (Early Art Garfunkel)

A：Dream Alone
B：Beat Love
Warwick M 515
1959.10／-

JERRY LANDIS (Early Paul Simon)

A：Shy
B：Just A Boy
Warwick M 552
1960.6／-

TOM AND JERRY

A：Hey, Schoolgirl
B：Dancin' Wild
Big 613
1957.11／49位

TOM AND JERRY

A：Our Song
B：Two Teen-agers
Big 616
1958.3／-

TRUE TAYLOR (Early Paul Simon)

A：True Or False
B：Teen Age Fool
Big 614
1958.3／-

TOM AND JERRY

A：That's My Story
B：(Pretty Baby) Don't Say Goodbye
Big 618
1958.5／-

TICO AND THE TRIUMPHS (Early Paul Simon)

A : Motorcycle
B : I Don't Believe Them
Amy 835
1961.11／-

JERRY LANDIS (Early Paul Simon)

A : I'd Like To Be (The Lipstick On Your Lips)
B : Just A Boy
Warwick M 588
1960.10／-

TICO AND THE TRIUMPHS (Early Paul Simon)

A : Wild Flower
B : Express Train
Amy 845
1962.5／-

JERRY LANDIS (Early Paul Simon)

A : Play Me A Sad Song
B : It Means A Lot To Them
Warwick M 619
1961.2／-

TICO (Early Paul Simon)

A : Get Up And Do The Wobble
B : Cry, Little Boy, Cry
Amy 860
1962.9／-

ARTIE GARR (Early Art Garfunkel)

A : Private World
B : Forgive Me
Octavia 8002
1961.9／-

TICO (Early Paul Simon)

A : Noise
B : Cards Of Love
Amy 876
1962.11／-

JERRY LANDIS (Early Paul Simon)

A : I Wish I Weren't In Love
B : I'm Lonely
Canadian American CA-130
1961.10／-

JERRY LANDIS (Early Paul Simon)

A : The Lone Teen Ranger
B : Lisa
Amy 875
1962.12／-

TICO AND THE TRIUMPHS (Early Paul Simon)

A : Motorcycle
B : I Don't Believe Them
Madison M169
1961.10／-

SIMON AND GARFUNKEL

A : I Am A Rock
B : Flowers Never Bend
With The Rainfall
Columbia 4-43617
1966.4.15／3位

THE VOICES OF PAUL KANE (Early Paul Simon)

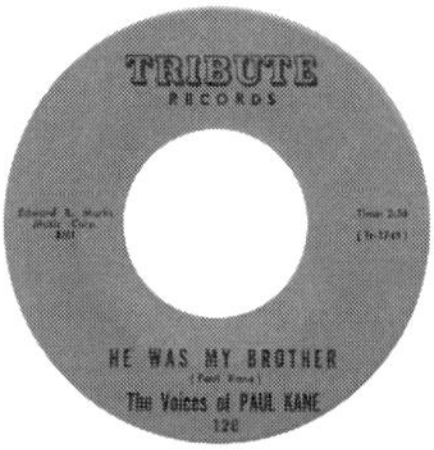

A : He Was My Brother
Paul Kane
B : Carlos Dominguez
Tribute 128
1963.8／-

SIMON AND GARFUNKEL

A : The Dangling
Conversation
B : The Big Bright Green
Pleasure Machine
Columbia 4-43728
1966.7.18／25位

PAUL SIMON

A : I Am A Rock
B : Leaves That Are Green
CBS 201797
1965.7.16 (UK)／-

SIMON AND GARFUNKEL

A : A Hazy Shade Of Winter
B : For Emily, Whenever I
May Find Her
Columbia 4-43873
1966.10.22／13位

SIMON AND GARFUNKEL

A : The Sounds Of Silence
B : We've Got A Groovey
Thing Goin'
Columbia 4-43396
1965.9.13／1位

SIMON AND GARFUNKEL

A : The Sounds Of Silence
B : Homeward Bound
Columbia Hall Of Fame
4-33096
1966.12／-

SIMON AND GARFUNKEL

A : Homeward Bound
B : Leaves That Are Green
Columbia 4-43511
1966.1.19／5位

SIMON AND GARFUNKEL

A : The Dangling
Conversation
B : A Hazy Shade Of Winter
Columbia Hall Of Fame
4-33115
1967

PAUL SIMON AND ARTHUR GARFUNKEL

A : That's My Story
Paul Simon And Lou Simon
And The Ace Trumpets
B : (Uncle Simon's) Tia-
Juana Blues
ABC-Paramount 45-10788
1966.3／-

SIMON AND GARFUNKEL

A : Mrs. Robinson
B : Old Friends / Bookends
Columbia 4-44511
1968.4.5／1位

SIMON AND GARFUNKEL

A : I Am A Rock
B : Scarborough Fair (/ Canticle)
Columbia Hall Of Fame
4-33135
1968.12／-

SIMON AND GARFUNKEL

A : Mrs. Robinson
B : Old Friends / Bookends
Columbia Hall Of Fame
4-33143
1969／-

SIMON AND GARFUNKEL

A : The Boxer
B : Baby Driver
Columbia 4-44785
1969.3.21／7位

SIMON AND GARFUNKEL

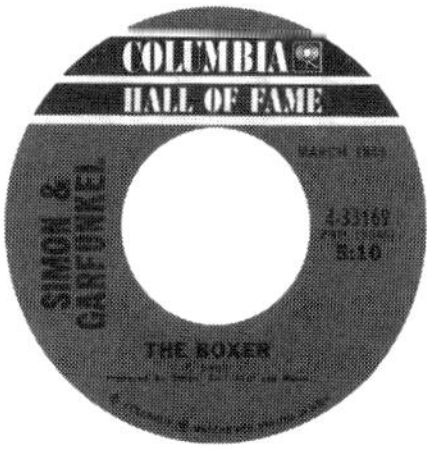

A : The Boxer
B : Baby Driver
Columbia Hall Of Fame
4-33169
1969.11／-

SIMON AND GARFUNKEL

A : At The Zoo
B : The 59th Street Bridge Song (Feelin' Groovy)
Columbia 4-44046
1967.2.27／16位

SIMON AND GARFUNKEL

A : Fakin' It
B : You Don't Know Where Your Interest Lies
Columbia 4-44232
1967.7.7／23位

SIMON AND GARFUNKEL

A : Fakin' It
B : At The Zoo
Columbia Hall Of Fame
4-33121
1967.12／-

SIMON AND GARFUNKEL

Bookends
A1 : A Hazy Shade Of Winter
A2 : Mrs. Robinson
A3 : Bookends Theme
B1 : At The Zoo
B2 : Old Friends
B3 : Fakin' It
Columbia Stereo Seven
7-9529
1968／-

SIMON AND GARFUNKEL

A : Scarborough Fair (/ Canticle)
B : April Come She Will
Columbia 4-44465
1968.2.13／11位

PAUL SIMON

A：Mother And Child
Reunion
B：Paranoia Blues
Columbia 4-45547
1972.1.17／4位

PAUL SIMON

A：Me And Julio Down By
The Schoolyard
B：Congratulations
Columbia 4-45585
1972.3.20／22位

PAUL SIMON

A：Duncan
B：Run That Body Down
Columbia 4-45638
1972.6.12／52位

SIMON AND GARFUNKEL

A：For Emily, Whenever I
May Find Her (Live)
B：America
Columbia 4-45663
1972.8.10／53位(Side A),
97位(Side B)

PAUL SIMON (Pseudonym：PAUL KANE)

A：Carlos Dominguez
B：He Was My Brother
Tribute 128
1973／-

SIMON AND GARFUNKEL

A：Bridge Over Troubled
Water
B：Keep The Customer
Satisfied
Columbia 4-45079
1970.1.20／1位

SIMON AND GARFUNKEL

A：Cecilia
B：The Only Living Boy In
New York
Columbia 4-45133
1970.3.24／4位

SIMON AND GARFUNKEL

Bridge Over Troubled Water
A1：Song For The Asking
A2：So Long, Frank Lloyd
Wright
A3：El Condor Pasa
B1：Keep The Customer
Satisfied
B2：Why Don't You Write
Me
B3：Bye Bye Love
Columbia 7-9914
1970.6／-

SIMON AND GARFUNKEL

A：El Condor Pasa
B：Why Don't You Write Me
Columbia 4-45237
1970.8.21／18位

SIMON AND GARFUNKEL

A：Bridge Over Troubled
Water
B：Cecilia
Columbia Hall Of Fame
4-33187
1970.12／-

GARFUNKEL

A : I Shall Sing
B : Feuilles-Oh / Do Space Men Pass Dead Souls On Their Way To The Moon?
Columbia 4-45983
1973.12.5／38位

GARFUNKEL

A : All I Know
B : I Shall Sing
Columbia JBQ 505
(Quadraphonic Version)
1974／-

GARFUNKEL

A : Traveling Boy
B : Old Man
Columbia 4-46030
1974.3.19／-

PAUL SIMON

A : The Sound Of Silence
B : Mother And Child Reunion
Columbia 4-46038
1974.4.15

PAUL SIMON

There Goes Rhymin' Simon
A1 : Loves Me Like A Rock
A2 : Take Me To The Mardi Gras
B1 : Kodachrome
B2 : Was A Sunny Day
Columbia 7Q 32280
1974.8／-

PAUL SIMON

A : Mother And Child Reunion
B : Me And Julio Down By The Schoolyard
Columbia Hall Of Fame 4-33240
1973／-

PAUL SIMON

A : Kodachrome
B : Tenderness
Columbia 4-45859
1973.5.2／2位

PAUL SIMON (WITH THE DIXIE HUMMINGBIRDS)

A : Loves Me Like A Rock
B : Learn How To Fall
Columbia 4-45907
1973.7.17／2位

ART GARFUNKEL

A : All I Know
B : Mary Was An Only Child
Columbia 4-45926
1973.8.22／9位

PAUL SIMON

A : American Tune
B : One Man's Ceiling Is Another Man's Floor
Columbia 4-45900
1973.11.9／35位

SIMON AND GARFUNKEL

A1：My Little Town
Art Garfunkel
B1：Rag Doll
Paul Simon
B2：You're Kind
Columbia 3-10230
Oct 1975.10／9位

GARFUNKEL

A：Second Avenue
B：Woyaya
Columbia 3-10020
1974.9／34位

PAUL SIMON

A：50 Ways To Leave Your Lover
B：Some Folks Lives Roll Easy
Columbia 3-10270
1975.12／1位

PAUL SIMON (WITH THE DIXIE HUMMINGBIRDS)

A：Kodachrome
B：Loves Me Like A Rock
Columbia Hall Of Fame
4-33257
1975／-

ART GARFUNKEL

A：Break Away
B：Disney Girls
Columbia 3-10273
1975.12／39位

GARFUNKEL

A：All I Know
B：I Shall Sing
Columbia Hall Of Fame
13-33276
1975／-

PAUL SIMON

A：Still Crazy After All These Years
B：I Do It For Your Love
Columbia 3-10332
Apr 1976.4／40位

ART GARFUNKEL

A：I Only Have Eyes For You
B：Looking For The Right One
Columbia 3-10190
1975.8／18位

ART GARFUNKEL

A：Second Avenue
B：I Only Have Eyes For You
Columbia Hall Of Fame
13-33325
1976／-

PAUL SIMON/PHOEBE SNOW AND THE JESSY DIXON SINGERS

A：Gone At Last
Paul Simon
B：Take Me To The Mardi Gras
Columbia 3-10197
1975.8／23位

PAUL SIMON

A : Stranded In A Limousine
B : Have A Good Time
Columbia 3-10711
1978.3/-

ART GARFUNKEL

A : In A Little While (I'll Be On My Way)
B : And I Know
Columbia 3-10933
1979.3/-

ART GARFUNKEL

A : Since I Don't Have You
B : When Someone Doesn't Want You
Columbia 3-10999
1979.5/53位

ART GARFUNKEL

A : Bright Eyes
B : Sail On A Rainbow
Columbia 1-11050
1979.7/-

PAUL SIMON

A : Slip Slidin' Away
B : Stranded In A Limousine
Columbia Hall Of Fame
13-33364
1979/-

PAUL SIMON

A : 50 Ways To Leave Your Lover
B : Still Crazy After All These Years
Columbia Hall Of Fame
13-33322
1976.12/-

SIMON AND GARFUNKEL

A : My Little Town
Paul Simon / Phoebe Snow And The Jessy Dixon Singers
B : Gone At Last
Columbia Hall Of Fame
13-33334
1976.12/-

ART GARFUNKEL

A : Crying In My Sleep
B : Mr. Shuck 'N' Jive
Columbia 3-10608
1977.9/

PAUL SIMON

A : Slip Slidin' Away
B : Something So Right
Columbia 3-10630
1977.9/5位

ART GARFUNKEL WITH JAMES TAYLOR AND PAUL SIMON

A : (What A) Wonderful World
Art Garfunkel
B : Wooden Planes
Columbia 3-10676
1978.1/17位

ART GARFUNKEL

A：Bright Eyes
B：The Romance
Columbia 18-02627
1981.11／-

PAUL SIMON

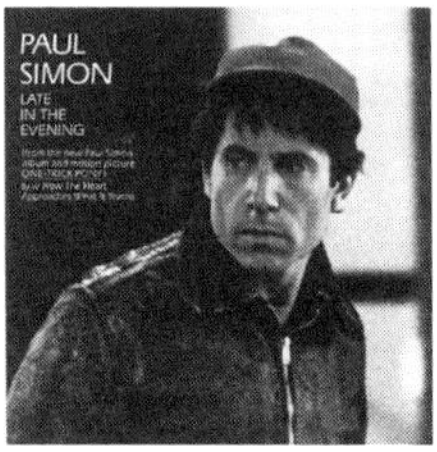

A：Late In The Evening
B：How The Heart
Approaches What It Yearns
Warner Bros. WBS49511
1980.7／6位

SIMON AND GARFUNKEL

A：Wake Up Little Susie
B：Me And Julio Down By
The Schoolyard
Warner Bros. WBS50053
1982.3／27位

PAUL SIMON

A：One-Trick Pony
B：Long, Long Day
Warner Bros. WBS49601
1980.10／40位

RANDY NEWMAN AND PAUL SIMON

A：The Blues
Randy Newman
B：Same Girl
Warner Bros. 7-29803
1983.1／51位

PAUL SIMON

A：Oh, Marion
B：God Bless The Absentee
Warner Bros. WBS49675
1981.2／-

PAUL SIMON

A：Allergies
B：Think Too Much (b)
Warner Bros. 7-29453
1983.10／44位

ART GARFUNKEL

A：A Heart In New York
B：Is This Love
Columbia 18-02307
1981.7／66位

PAUL SIMON

A：Think Too Much (a)
B：Song About The Moon
Warner Bros. 7-29333
1984.3／-

PAUL SIMON

A：Late In The Evening
B：One-Trick Pony
Warner Bros. Back To Back
Hits GWB 0395
1981.7／-

PAUL SIMON AND LINDA RONSTADT

A : Under African Skies
Paul Simon
B : I Know What I Know
Warner Bros. 7-28221
1987.8／-

ART GARFUNKEL

A : So Much In Love
B : King Of Tonga
Columbia 38-07711
1988／-

PAUL SIMON

A : You Can Call Me Al
B : Graceland
Warner Bros. Back To Back
Hits 7-21933
1988／-

PAUL SIMON

A : 50 Ways To Leave Your
Lover
B : Still Crazy After All These
Years
Warner Bros. Back To Back
Hits 7-21934
1988／-

PAUL SIMON

A : Kodachrome
B : Loves Me Like A Rock
Warner Bros. Back To Back
Hits 7-21935
1988／-

PAUL SIMON

A : You Can Call Me Al
B : Gumboots
Warner Bros. 7-28667
1986.7／23位

PAUL SIMON

A : Graceland
B : Hearts And Bones
Warner Bros. 7-28522
1986.10／81位

ART GARFUNKEL / AMY GRANT

A : Carol Of The Birds
B : The Decree
Columbia 38-06590
1986.12／-

PAUL SIMON

A : The Boy In The Bubble
(Remix)
B : Crazy Love, Vol. II
Warner Bros. 7-28460
1987.2／86位

PAUL SIMON

A : Diamonds On The Soles
Of Her Shoes
B : All Around The World Or
The Myth Of Fingerprints
Warner Bros. 7-28389
1987.4／-

SIMON AND GARFUNKEL

A：Mrs. Robinson
B：Old Friends / Bookends
Collectables 13-33143
1989／-

SIMON AND GARFUNKEL

A：Bridge Over Troubled Water
B：Cecilia
Collectables 13-33187
1989／-

ART GARFUNKEL

A：Second Avenue
B：I Only Have Eyes For You
Collectables 13-33325
1989／-

PAUL SIMON

A：The Obvious Child (Single Mix)
B：The Rhythm Of The Saints
Warner Bros. W9549
1990.9.24 (UK)／15位

PAUL SIMON

A：Proof
B：The Coast
Warner Bros. 7-19464
1991.2／-

PAUL SIMON

A：Mother And Child Reunion
B：Me And Julio Down By The Schoolyard
Warner Bros. Back To Back Hits 7-21936
1988／-

PAUL SIMON

A：Graceland
B：Hearts And Bones
Warner Bros. 7-27903
1988.4／81位

ART GARFUNKEL

A：This Is The Moment
B：Slow Breakup
Columbia 38-07949
1988.6／-

ART GARFUNKEL

A：When A Man Loves A Woman
B：I Have A Love
Columbia 38-08511
1988.12／-

SIMON AND GARFUNKEL

A：The Sounds Of Silence
B：Homeward Bound
Collectables 13-33096
1989／-

PAUL SIMON

A : Outrageous
B : Slip Slidin' Away
Warner Bros. W745
2006 (UK)／194位

PAUL SIMON

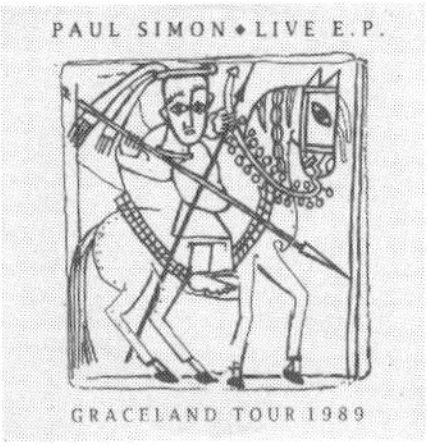

Live E.P. - Graceland Tour 1989
1 : Gumboots/Whispering Bells (Live)
2 : Crazy Love, Vol. I & II (Live)
3 : I Know What I Know (Live)
4 : Homeless (Live)
5 : Graceland (Live)
Sony Music 88725405492
2012 (EU)／-

PAUL SIMON

A : Me And Julio Down By The Schoolyard
B : Still Crazy After All These Years
Columbia 88765431607
2013.2.12／-

TICO AND THE TRIUMPHS (Early Paul Simon)

A : Here Comes The Garbage Man
B : The Biggest Lie I Ever Told
Norton 45-182
2014／-

SIMON AND GARFUNKEL

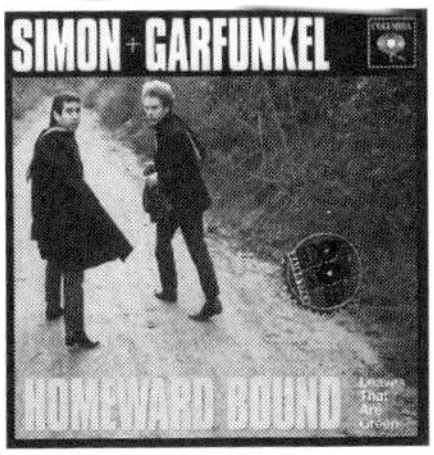

A : Homeward Bound
B : Leaves That Are Green
Columbia 88875070467
2015.4.18／-

PAUL SIMON

A : Born At The Right Time
B : Further To Fly
Warner Bros. W0026
1991.3 (UK)／107位

PAUL SIMON

A : Still Crazy After All These Years (Live)
B : The Sound Of Silence (Live)
Warner Bros. 5439-19068-7 (GER)
1991.10.31／-

JERRY LANDIS (Early Paul Simon)

A : Just To Be With You
B : Ask Me Why
Chance 102
1991／-

ART GARFUNKEL DUET WITH JAMES TAYLOR

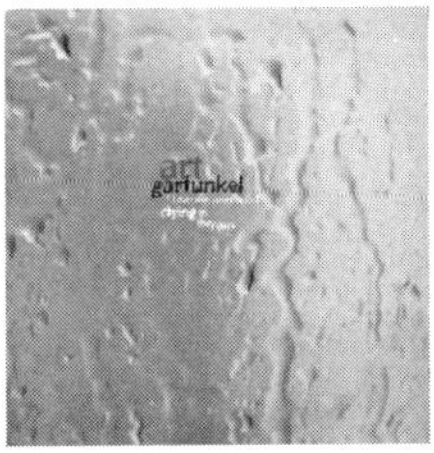

1 : Crying In The Rain
Art Garfunkel
02 : All I Know
03 : One Less Holiday
04 : O Come All Ye Faithful
Columbia Europe
659819 2 (CD)
1993.11 (EU)／-

PAUL SIMON

A : That's Me
B : You Can Call Me Al
Warner Bros. W732
2006 (UK)／156位

梅村昇史 *Shoji Umemura*

知ってる？この曲、昔僕が住んでいた家にいたネズミが作ったんだよ。
ネズミ!? ウソでしょ
BERRY
もう10年以上前のことさ……
そのネズミの名前はベリー。
ギターが弾けて曲が書けたんだ。
いつもドムってネコに追っかけられてた
ドムはすごく歌が上手かった。
So I got to whisper! way down low to say
キミたちデュオを組んでデビューしろよ。エヴァリー・ブラザーズもビックリだぜ。
なんだいポールプロデューサー気取りか？
そしてドム&ベリーのレコードが出たんだ全米チャート49位のヒット曲になったんだよ
HEY SCHOOL GIRL
DOMMY GRAPH &
BERRY LANDS
ドムとベリーは最初のうちは珍しくてウケてたけど、すぐに飽きられちゃったよ。
レコードも売れなくなっていつもケンカばかりしてたな。

ケンカはベリーも負けてなかったな。
むしろ一枚上手だったかも。
アハハ「ブックエンド」みたい
僕が昔話をしている間にキャシーは眠っていた。
10年以上も前の思い出にひたっていたら何故か気分が沈んでしまった。ラジオはまたベトナムのニュースを流している。
気がついたらバスは大渋滞の中にいた。身動きがとれずにバスの中でじっとしているだけで何だか歳をとっていく気がして、虚しくなってきた。みんなアメリカを探してどこかに行こうとしているんだろうか。
どこかに行きたいけどどこを目指してたんだっけ。
ベトナム戦争は泥沼化してるってさ
北爆で終わるって聞いてたけど
ニクソンってどうなん？
COUNTING THE CARS ON THE NEW JERSEY TURN PIKE
AMERICA
0826
別にデモをやってるわけじゃないんだが
ああ……水曜日の朝3時までに着くかな？
オイ、事故はカンベンだよ

あっ ネコと ネズミの 追いかけっこ
ベリー じゃないか、 ひさしぶり。
ポール! オールド・フレンズ、 元気だった?
ポール だって? フギャー!!
こわ〜
イテテテ テテ〜
ホント ひさしぶり、
渋滞で バッタリ 出会うなんて バッファロー・スプリングフィールド みたいだね。
クソー!! こんどこそ 解散だ!!
ニール・ヤング とスティーヴン・ スティルスも、 こんな感じなのかね。
オレたち ずーっとケンカ してるんだ ベトナム戦争 よりも長いよ。
もう 出口 なしだよ
僕も 出口なし なんだ
ねえ、 あなたの 歌を 聴かせてよ。
OK!

とりあえず10年前を思い出して楽しもう!!
ドゥーワップもやるよ!!
まずは「ヘイ・スクール・ガール」から。
Hey School Girl
The Teacher's Lookin on
SO I got whisper way
at School's over
DOM and BERRY ROOFTOP CONCERT AT GRAYHOUND BUS
DOM and BERRY
ポール、戦争は終わる、その後、別の戦争が始まる。でも時代は変わるさ、いつか黒人の大統領が現れるかもしれない。
アメリカを探す旅は終わらないよ。風景が変わるだけさ
ベリー、ドム、いっしょにニューヨークに行かない？
ウッドストックにでも行こうかな。
僕とキャシーは少しだけベリーたちと旅をした。渋滞はまだ続いていたけど。
ドム＆ベリーはサーモン＆ダーファンケル、ニール＆スティーヴンなどと名前を変えて再結成と解散をくりかえした。ドムとベリーのケンカは決して終わらない。そしてアメリカは戦争をやめない。
The End
2024. Shoji Umemura

2016年11月7日、ロイヤル・アルバート・ホール、ロンドン
Samir Hussein：Getty Images

#7 Paul Simon 1990-

★★★★★★★★★★★★★★★★★★★★★

ポール・サイモンのソロ活動(2)

Masayuki Ishiura
Koji Wakui
Mitsumasa Saito
Paul Brady
Jiro Mori

アメリカーナとして位置づけられたポールの音楽

石浦昌之

『グレイスランド』の世界的反響を経て、ソロ・キャリアの新たな局面を迎えたポール。田舎の南部ならリズム&ブルーズとカントリーを折衷させたエルヴィス、都会の東海岸ならドゥー・ワップを通じて、白人は黒人音楽と出会った。NY出身のポールは「ロックンロール」の語を生んだDJアラン・フリードや日曜のラジオで聴くゴスペルを通じて、黒人音楽のリズムに魅せられた。アートのロマンティックなバラード歌手としての側面を押し出したS&Gがブレイクの契機となった彼だが、ソロで表現したい音楽はあくまで3コードの黒っぽいノリ。ジェシー・ディクソン・シンガーズやレディスミス・ブラック・マンバーゾ、スタッフのメンバー、南アフリカのミュージシャンの助力を得て、自身の細い歌声を力強く響かせるリズムを探究した。『リズム・オブ・ザ・セインツ』以降もその研鑽に余念はなく、ブライアン・イーノを起用した06年の『サプライズ』や11年の『ソー・ビューティフル・オア・ソー・ホワット』、16年の『ストレンジャー・トゥ・ストレンジャー』まで、聴き手を驚かせる作品をリリースし続けている。

その一方、いつまでも若くいられない身体的老い、コントロールできない自身や世界を憂いてか、神への信仰を感じさせる楽曲も見受けられるようになってくる（これは最新作『七つの詩篇』にまで共通）。そして、コンプレックスの裏返しのような強烈な自意識を前面に出した彼だったが、自身を形成した音楽への素直な恩返しも目立つようになる。90年にロックの殿堂入りを果たしたS&Gとしては93年、03〜04年、09〜10年にリユニオン・ライヴを敢行。そしてポール憧れのイタリア系白人ドゥー・ワップの偉人ディオン・ディムーチの『ヨー・フランキー』に参加（87年の「ホームレス・ベネフィット・コンサート」ではディオン、ポール、B・スプリングスティーン、L・リード、J・テイラー、B・ジョエル、R・ブレイズと「ティーンエイジャー・イン・ラヴ」を披露）。18年にも二人が共作・共演するNY讃歌「ニューヨーク・イズ・マイ・ホーム」がリリースされた。89年にはS&Gの二人が大好きだったジョーン・バエズの「ランブラー・ギャンブラー／ウィスパリング・ベルズ」をプロデュースし、参加。99年にはポールに多大な影響を与えたB・ディランとの共演ツアーも組まれている。

歌詞とサウンドに飽き足りず、映像に活躍の場を広げたポールだったが、今度は舞台にも情熱を燃やし、商業的には失敗に終わったもののミュージカル『ザ・ケープマン』の上演に漕ぎつけた。私生活ではニュー・ボヘミアンズを率いたエディ・ブリケルと再婚し、3人の子どもを儲け、とうとう幸せな家庭を得る（エディの94年作は、ロイ・ハリーとプロデュースした）。家族でエヴァリーズの「夢を見るだけ」、エディとはボベッツのカヴァー「ミスター・リー」などの弾き語りをアップする仲の良い所を見せている（コロナ禍中には「ボクサー」「早く家へ帰りたい」の弾き語りで世界を励ました）。

93年にD・ウォズのプロデュース・アルバム『アクロス・ザ・ボーダーライン』でウィリー・ネルソンが「アメリカの歌」「グレイスランド」（後者はポールがコ・プロデュース）をカバーした時から予感はあったが、アメリカを包括するルーツ音楽、アメリカーナの代表としてポールを位置づける動きも生じた。01年の同時多発テロ以降（追悼ライブではD・ボウイが「アメリカ」を歌った）、グローバリゼイションの反動も相俟ってナショナリズムが高揚。アメリカ音楽は、世界を席巻するポピュラー音楽の中心から民族音楽へと姿を変えた。人種差別が生んだR&B、カントリーといったジャンルに大した意味はない。ポールはそのことに早くから気付いていたのかもしれない。07年の第一回ジョージ・ガーシュイン賞受賞記念コンサートでは、彼の名曲をカントリーのライル・ラヴェット、ブルーグラスのアリソン・クラウス、ジェリー・ダグラス（12年作の『トラヴェラー』では「ボクサー」をポール、マムフォード&サンズと共演）、フォークのショーン・コルヴィン、サルサのマーク・アンソニー、アフリカからはレディスミス・ブラック・マンバーゾ、ゴスペルのディキシー・ハミングバーズ、ジャズのダイアン・リーヴス、そしてポール同様ジャンルレスなスタイルをもつジェイムズ・テイラーに委ね（もちろんアート も登場！）、最後にはポールが称賛してやまないスティーヴィー・ワンダーとも共演。音楽への信頼が多様なジャンルを横断し、一つになったことへの感動があった。

18年には南アフリカのギタリスト、V・ングウィニを癌で亡くし、彼がいなければ望むサウンドは作れないとツアーからの引退を表明（フェアウェル・ツアーを決行）。それでも時折ステージに立ち、22年のニューポート・フォーク・フェスにサプライズ出演。リアノン・ギデンスにボーカルを委ねた「アメリカの歌」は鳥肌ものの名演だった。「自由」という目に見えぬ普遍の理想でのみ、世界は繋ぎ止められる…挫けても前に一歩踏み出していくほかないことを、改めて思い知らされた。

The Rhythm Of The Saints
リズム・オブ・ザ・セインツ

Warner Bros.：9 26098-2［CD］
発売：1990年10月16日

1. The Obvious Child
2. Can't Run But
3. The Coast
4. Proof
5. Further To Fly
6. She Moves On
7. Born At The Right Time
8. The Cool, Cool River
9. Spirit Voices
10. The Rhythm Of The Saints

プロデューサー：Paul Simon
参加ミュージシャン：Greg Phillinganes (kbd), Vincent Nguini (g,b),J. J. Cale (g), Adrian Belew (g), Steve Gadd (ds), Michael Brecker (sax, EWI), Naná Vasconcelos (per), Jerry Douglas (dobro), Armand Sabal-Lecco (b), Bakithi Kumalo (b), Sidinho Moreira (per), Milton Nascimento (vo), Kim Wilson (harmonica)

2004 Reissue CD
Warner Bros.：R2 78905
Bonus Tracks
11. Born At The Right Time (acoustic demo)
12. Thelma (outtake)
13. The Coast (work-in-progress)
14. Spirit Voices (work-in-progress)

　前作『グレイスランド』でソロ・キャリアにおける長いスランプを脱し、自尊心を取り戻したポール。87年に同アルバムでグラミー賞最優秀アルバムを受賞、「ホームレス」を共作したジョセフ・シャバララ（20年に亡くなった）率いるレディスミス・ブラック・マンバーゾの『シャカ・ズールー』のプロデュースも行い、さらには南アフリカ出身のトランペッター、金管楽器奏者ヒュー・マセケラ（67年にトム・ウィルソンのプロデュースで「サウンド・オブ・サイレンス」をカヴァーしていた）、その妻だった時期もある同じく南アフリカ出身の女性歌手ミリアム・マケバ（「パタ・パタ」のヒットで有名）という反アパルトヘイトの主張をもつ偉大なミュージシャンをゲストに、『グレイスランド』のリズム隊やレディスミス・ブラック・マンバーゾを従えてツアーを敢行し、各地で聴衆に諸手を挙げて受け入れられた。

　次なる新作は、87年に南米ブラジルのシンガー・ソングライター、ミルトン・ナシメントの『黒豹（ヤウアレテー）』の「夢売り人」（LA録音）にポールがハービー・ハンコックと共に参加した際、ブラジルにいる凄腕ドラマーの話を聞いたことが発端となる。ルーツはアフリカ、そこから太鼓のビートが奴隷貿易によりブラジル、カリブ海の島々、キューバへと広がっていったということ。ピンとひらめいたポールは『黒豹』のプロデューサー、マゾーラのコーディネイトで現地ミュージシャン、スタジオを押さえた。『グレイスランド』を上回る百万ドルもの予算で主にブラジルで（そしてパリでも）リズム・トラック録りを行い（音をスタジオ・ワークで整え、歌詞は後載せ）、『グレイスランド』以来の南アフリカのベーシスト、バキティ・クマロや、ブラジリアン・ビートのルーツである西アフリカのミュージシャンも起用。特にカメルーンのギタリスト、ヴィンセント・ングウィニは後のポールのサウンドに欠かせない重要ミュージシャンとなっていく。ポールのプロデュース、ロイ・ハリーのエンジニアリングで90年にリリースされるとワールド・ミュージック人気も功を奏し、全米4位・全英1位と好評をもって受け入れられた。

何といっても冒頭の「オヴィアス・チャイルド」のパーカッションのインパクトが本作のイメージを表わしている。総勢14名からなるパーカッションはオロドゥンのメンバーによるもの。カトリック国のポルトガルに占領されたブラジルは、インディオのみならずアフリカ・ギニア地方から黒人奴隷を砂糖プランテーションの労働力として導入。ドラムスもキリスト教聖人の音楽として演奏が許されたのだった（アルバムは「聖人のリズム」と題された）。ミルトンと共演歴があった、創作楽器による神秘的な演奏で知られるウアクチのメンバーが参加した「キャント・ラン、バット」にはスティーヴ・ガッドと、J・J・ケイルが参加。そういえばケイルはかつてアートの『天使の歌声』所収の「青春の旅路」に参加、同作でアートはアフロ・ロック・バンドのオシビサの楽曲を取り上げ、カリプソ風アレンジの「君に歌おう僕の歌」を歌うなど、ポールの試みに先行していた彼の感性は面白い。冷戦終結に伴う東欧の民主化を背景に「正しい時代に生まれた」と綴る「ボーン・アット・ザ・ライト・タイム」（アルバムのツアーのタイトルになる）、89年に詩集を出したアートを揶揄する一節（宴会で顔を見つけた「ミスター・スティルウォーター」は「冷たい川」）や、「僕の平凡な人生もいつか消え去るだろう」という自らの死に初めて言及した歌詞も見られる大作「クール・クール・リヴァー」、後に『ザ・ケープマン』を一緒に書くノーベル賞作家デレク・ウォルコット（彼はカリブ海にルーツをもつ）に捧げた「コースト」（曲はングウィニとの共作）、素敵なPVが作られた「プルーフ」もある。

本作のきっかけとなったミルトン・ナシメントは「スピリット・ヴォイセズ」のポルトガル語詞・ボーカルで参加。本作のアウトテイク「テルマ」は、93年リリースのポールのボックス・セットに新曲として収録された。**石浦**

Paul Simon's Concert In The Park
ライヴ・イン・セントラル・パーク

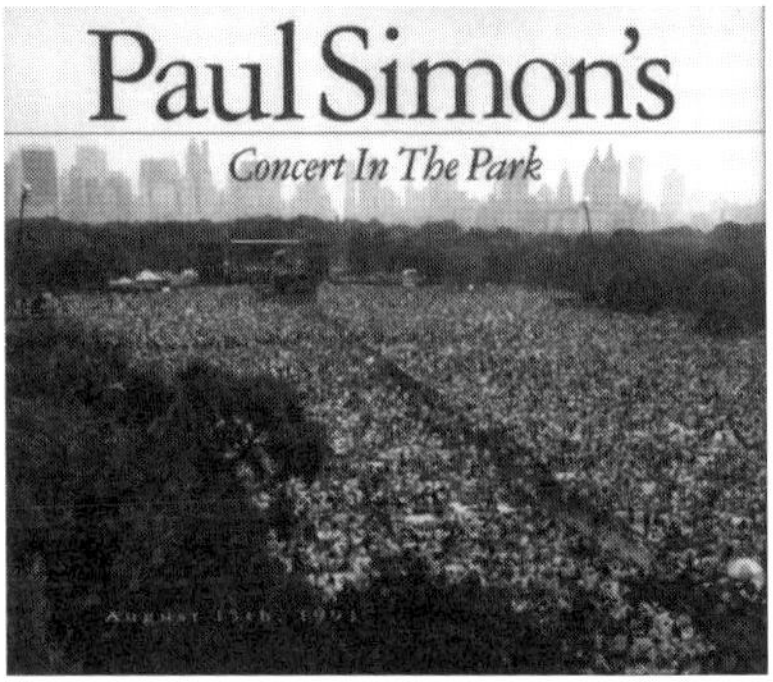

Warner Bros.：9 26737-2 [CD]
発売：1991年11月5日

[CD-1]
1. The Obvious Child
2. The Boy In The Bubble
3. She Moves On
4. Kodachrome
5. Born At The Right Time
6. Train In The Distance
7. Me And Julio Down By The School Yard
8. I Know What I Know
9. The Cool, Cool River
10. Bridge Over Troubled Water
11. Proof

[CD-2]
1. The Coast
2. Graceland
3. You Can Call Me Al
4. Still Crazy After All These Years
5. Loves Me Like A Rock
6. Diamonds On The Soles Of Her Shoes
7. Hearts And Bones
8. Late In The Evening
9. America
10. The Boxer
11. Cecilia
12. The Sound Of Silence

プロデューサー：Paul Simon

参加ミュージシャン：Richard Tee (p), Steve Gadd (ds), Cyro Baptista (per), Chris Botti (trumpet), Michael Brecker (sax, ewi), Tony Cedras (kbd,accordion), Vincent Nguini (g), Ray Phiri (g), Armand Sabal-Lecco (b), The Waters (vo)

Paul Simon's Concert In The Park
Legacy：19075899799 [DVD]
発売：2018年

セントラル・パーク・コンサート再び。91年8月15日に行われたNYセントラル・パークでのフリー・コンサート。数曲で共演できることを期待していたアートは誘われず、『グレイスランド』『リズム・オブ・ザ・セインツ』においてアフリカ／ブラジル・レコーディングによりブラック・ミュージック・ルーツを探訪することで新たな聴衆を獲得していたポールは、その新路線の再現に加え、ソロの名曲群からS&Gの往年のレパートリーまで20曲余りを待望の聴衆の前で演奏した。前回の50万人を上回る75万人の観客を集めることができた…と当時は宣伝されたが、実際のセントラル・パークのキャパシティから換算すると5万人ほどであったらしい（大分「盛り」過ぎている）。本ライブ盤はその約3か月後に、ポールのセルフ・プロデュース、ロイ・ハリーの音楽監修によって世に出た。ヴィデオやレーザーディスクとして映像版もリリースされ、18年になってやっとDVD化が実現している。

　バックの演奏は、『リズム・オブ・ザ・セインツ』完成後に行われた「ボーン・アット・ザ・ライト・タイム」ツアーのバンドが担当。お馴染みドラムスのスティーヴ・ガッド、キーボードのリチャード・ティー、サックスのマイケル・ブレッカーに加え、『リズム・オブ・ザ・セインツ』に参加したカメルーン勢、ギターのヴィンセント・ングウィニ、ベースのアーマンド・サバル＝レッコ（当時パリ在住でマヌ・ディバンゴのバンドで演奏していた）、ブラジルのパーカッショニスト、ミンゴ・アラウージョ、シジーニョ・モレイラ、ドム・チャカル（彼はセルジオ・メンデス＆ニュー・ブラジル'77のメンバー）が良い仕事をしている（パーカッショ ンにはデイヴィッド・バーン、ビル・フリゼールと共演したシロ・バプティスタも助演）。さらには、『グレイスランド』ツアーに参加した南アフリカの鍵盤奏者トニー・シドラス、ギターのレイ・ピリとジョン・セロワネ、サックスのバーニー・ラッチャボーニも参加。クリス・ボッティのトランペットやウォーターズのソウルフルなコーラスもフィーチャーされた大所帯バンドによる演奏は、迫力満点だ。

のっけから天地に轟くパーカッションを響かせる「オヴィアス・チャイルド」は、ステージで再現できることに驚いた人も多かったはず。「ボーイ・イン・ザ・バブル」「シー・ムーヴズ・オン」と『グレイスランド』『リズム・オブ・ザ・セインツ』の楽曲を続けた後に演奏される、アフリカ的な味付けのイントロ、スカ・ビートで料理された「僕のコダクローム」を聴けば、ポールがこのバンドで聴かせようとした音が理解できる。ツアーのタイトルにもなった「ボーン・アット・ザ・ライト・タイム」や、「プルーフ」「コースト」「クール、クール・リヴァー」といったスケールの大きい作品が白眉だろう。

ただ、2枚組CDが全米74位といまいち振るわなかったのは、ノスタルジックなファンが82年発売のS＆G再結成ライヴの再現を期待してしまうジャケットであったにも関わらず、アートの参加は無く、ポールのソロ作品が多く収録されていたからだろう。ゴスペル調にアレンジされた「明日に架ける橋」やアコーディオンが入りアフリカン・ビートにアレンジされた「いとしのセシリア」も悪くはなかったが、リアルタイムで聴いたファンの中にはそこで演奏された「ボクサー」に「何かが足りない」と感じた人も多かったのではなかろうか。

ただ、ノスタルジー商品として売ろうと考えたレコード会社の思惑とは別に『グレイスランド』『リズム・オブ・ザ・セインツ』期の楽曲の脂の乗り切った再現ライヴとして聴いてみれば、どうにも素晴らしい。とはいえポールにも思う所があったのか、MTVアンプラグドのヒットなど（ポールも出演した）アコースティックな音楽に原点回帰する時代の趨勢の中で、自身のキャリアを総括するボックス・セット『グレイト・ソングブック　1964／1993』をリリースする93年に、束の間のS＆Gの再編を決めることになる（ツアーでは喧嘩が勃発し、再びヨリを戻すまでに10年かかったが）。**石浦**

Songs From The Capeman
ザ・ケープマン

Warner Bros.：9 46814-2［CD］
発売：1997年11月18日

1. Adios Hermanos
2. Born In Puerto Rico
3. Satin Summer Nights
4. Bernadette
5. The Vampires
6. Quality
7. Can I Forgive Him
8. Sunday Afternoon
9. Killer Wants To Go To College
10. Time Is An Ocean
11. Virgil
12. Killer Wants To Go To College II
13. Trailways Bus

プロデューサー：Paul Simon

参加ミュージシャン：Oscar Hernández (kbd), Vincent Nguini (g), Nelson González (tres), Arlen Roth (g), Harper Simon (g, harmonica), Sara Ramirez (vo), Marcia Butler (oboe), Milton Cardona (per, cho), Tony Garnier (b), Robby Ameen (ds), Bill Holloman (sax), Shannon Ford (ds), Ray Vega (trumpet), Marc Anthony (vo), Ruben Blades (vo)

2004 Reissue CD
Warner Bros.：R2 78906
Bonus Tracks
14. Shoplifting Clothes
15. Born In Puerto Rico (demo)
16. Can I Forgive Him (demo)

『リズム・オブ・ザ・セインツ』のリリース以来、93年のS&Gの再結成ツアーや、トム&ジェリー時代からS&G、ソロまでを未発表曲を含めて振り返るボックス・セット『グレイト・ソングブック　1964／1993』を挟み、長年の構想を元にして発表されたのがポールの手によるブロードウェイ・ミュージカル『ザ・ケープマン』だ（アルバムは全米42位）。プエルトリコ系の旧友カルロス・オルティス（米ラテンアメリカ文化のドキュメンタリーを作った）を通じて丁寧な取材を行った作品だったが、残念ながら映画『ワン・トリック・ポニー』に続き、興行的には失敗に終わる。もちろん『マンマ・ミーア！』や『ジャージー・ボーイズ』が成功を収めた今なら、S&Gの楽曲を核に据えたジュークボックス・ミュージカルの方が商業的セオリーだと考えられるが、彼がそうした安直な作品を出すとは思えない。しかし、ノーベル文学賞受賞作家として知られるデレク・ウォルコット（カリブ海にルーツをもつ）の助力を得て脚本を書いた『ザ・ケープマン』（楽曲の作詞も二人の手による）は内容としては大変評価の高い仕上がりとなり、トニー賞にもノミネートされた。

43年にプエルトリコの貧しい家庭に生まれたサルバドール・アグロンは、両親の離婚・再婚に翻弄される。NYに移住して、傘を持つ「アンブレラマン」、トニー・エルナンデスと出会い、ザ・ヴァンパイアーズなるストリート・ギャングに加入。サルバドールは赤の裏地の黒いケープをまとっていたため、ケープマンと綽名された。そんな彼はアイルランド系白人ギャング団ノースマンとの抗争で、誤って関係のない2人を刺殺。結局、16歳という若さでNY州より死刑宣告を受けて刑務所に収監されてしまう。しかし、不幸な身の上を慮り恩赦を求める声があり、模範囚だった彼は62年に終身刑の減刑を受ける。さらに晴れて釈放され、NY州立大学で学位を取るのだが、矯正施設を脱走（これは精神疾患を理由に無罪に）。最後は青少年カウンセラーとして身を立て、42歳という短い生涯を終えている。人を殺めてしまったケープマンの人生であるだけに、ミュージカルの評価に賛否があったことが理解できるだろう。

大人時代のサルバドールを演じたのは、NYのラテン系米国人の音楽を売り出したファニアでスターとなったパナマ出身のサルサ界の大物ルーベン・ブレイズ（ヒスパニックとしてリアリティのない幾つかのセリフに対し、デレクと戦った）。少年時代のサルは、プエルトルコ人の両親をもつダンサブルなサルサ歌手マーク・アンソニー（ポールと同じ民主党支持者）が演じ、とびきりの美声を響かせている。サントラでもある本盤はポール自身のプロデュース、プエルトリコ出身のオスカル・エルナンデスとロイ・ハリーのアソシエイト・プロデュースによるもの。「タイム・イズ・ジ・オーシャン」にマーク＆ルーベンが（ギターにスティーヴ・クロッパーの名も）、「サテン・サマー・ナイト」にはマーク、そしてサルの母エスメラルダ（ポールは直接彼女に会いに行った）役のエドゥニータ・ナサリオが「サンデイ・アフタヌーン」に参加するほかは、ポール自身が歌っている。後年キャストの歌声で配信リリースされたものの、この辺りはポールの自我が過剰に出てしまった感もある（のちにデビューする息子ハーパーを3曲のギターで参加させる親心もあった）。その他ギターではヴィンセント・ングウィニのほか、腕利きアーレン・ロスが参加しているのが珍しい。それにしても冒頭のドゥー・ワップ調の「アディオス・エルマノス」には惚れ惚れしてしまう。「ボーン・イン・プエルト・リコ」のエキゾチックなサウンドに、S&G時代の「コンドルは飛んで行く」や、ポール・ケイン名義でリリースした「カルロス・ドミンゲス」のラテン・アプローチを思い出す人もいるだろう。

子を想う母エスメラルダの訴えに対し、息子を惨殺された母親が「彼を許せるだろうか？　いいえ、できません」と訴える切実な「キャン・アイ・フォーギヴ・ヒム」は、ノイズを乗せたポールの弾き語りが生々しい。**石浦**

You're The One
ユー・アー・ザ・ワン

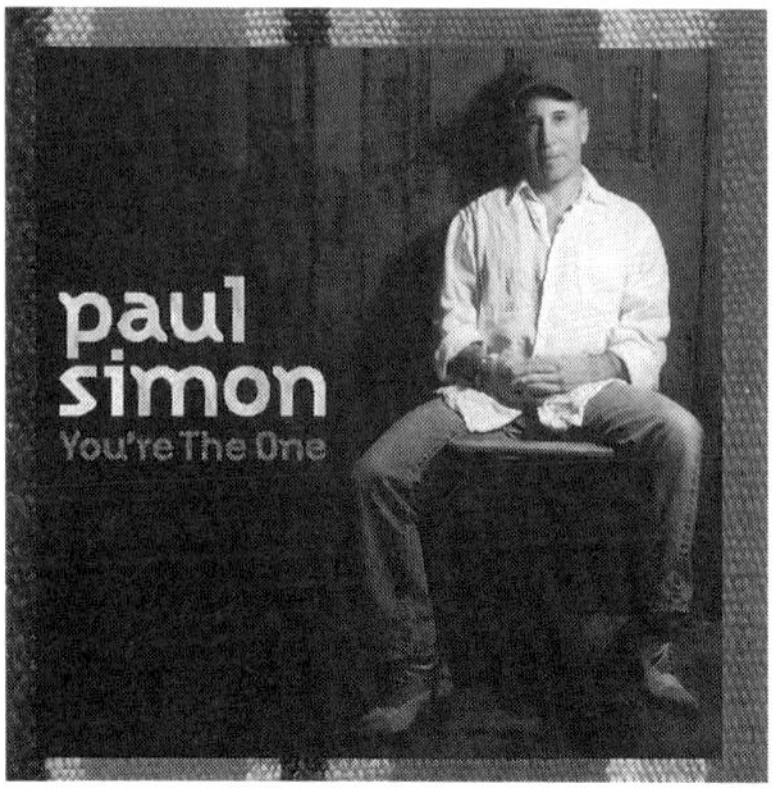

Warner Bros.：9 47844-2［CD］
発売：2000年10月3日

1. That's Where I Belong
2. Darling Lorraine
3. Old
4. You're The One
5. The Teacher
6. Look At That
7. Señorita With A Necklace Of Tears
8. Love
9. Pigs, Sheep And Wolves
10. Hurricane Eye
11. Quiet

プロデューサー：Paul Simon

参加ミュージシャン：Vincent Nguini (g), Steve Gadd (ds), Mark Stewart (g, trumpet), Andy Snitzer (sax), Larry Campbell (g), Steve Shehan (per), Bakithi Kumalo (b), Abraham Laboriel (b), Stanley Silverman (french horn), Alain Mallet (kbd)

2004 Reissue CD
Warner Bros.：R2 78907
Bonus Tracks
12. That's Where I Belong (live)
13. Old (live)
14. Hurricane Eye (live)

オリジナル・アルバムとしては3年ぶりのリリース。01年のグラミー賞最優秀アルバムにノミネートされた（全米19位）。日本盤初回特典として「ポール・サイモンを知る50の方法」という気の利いたタイトルの別冊ブックレットが付属していたが、これはレコード会社の体力があった時代の労作だ。アルバムに先立つ99年にはポールにアコースティック・ギターを手に取らせた憧れのボブ・ディランとのジョイント・ツアーもあった。ポールもディランもロックンローラーからフォークの道に入っただけに、ディオンやジョニー・キャッシュ、バディ・ホリーを共通言語として披露されたカヴァーの共演も素敵だったし、レゲエ調の「天国への扉」におけるポールのパートも生き生きしていた。何より「サウンド・オブ・サイレンス」ではディランがダミ声でアートのパートをハモるという奇跡の共演もあった（ディランの歌の巧さがよくわかった）。『ユー・アー・ザ・ワン』はその共演の際のツアー・バンドが演奏の柱。ポールのエレクトリック・ギターに加えて、スティーヴ・ガッド（ドラムス）、ヴィンセント・ングウィニとマーク・ステュアート（ギター）、『グレイスランド』以来のバキティ・クマロ（ベース）、曲によってはラリー・キャンベルのペダル・スティール、そのほかパーカッションやフルート、ピアノ、チェレスタなどが彩りを与えている（「ティーチャー」のみベースはエイブラハム・ラボリエルが担当）。ポールのセルフ・プロデュースによる作品だ。

冒頭の「魂の帰る場所（ザッツ・ウェア・アイ・ビロング）」から「音が歌になり／僕はストーリーを伝えようとしている／そこが僕の居場所なんだ」とソングライターの矜持が綴られる。「君が笑い、君が歌うのを聴くとき…すべての終わりが始まりとなる」。エディ・ブリケルという伴侶とエイドリアン、ルル、ゲイブリエルという3人の子どもに囲まれ、60間近にしてまさに「僕の居場所」を穏やかに見つけられたポールの美しいファルセットも印象に残る。さらに「愛しのロレイン（ダーリング・ロレイン）」はニュージャージーの白人ドゥー・ワップ・グループ、ノックアウツが59年にリリースした楽曲のタイトルからインスピレイションを膨らませていった、ポールのストーリー・テラーとしての面目躍如のような1曲で、ロレインとの幸せな結婚生活とそのすれ違い、そして彼女の今際の時までが歌われる。死をテーマに選んだのは、それだけ老いを意識する年齢になったということ。アルバム全体のトーンに派手さはなく、年輪を重ねたことからくる「悟り」のムードも感じられる。そんな禅的な短いタイトル（「ティーチャー」「クワイエット」）の楽曲のうち、「オールド」はまさに年をとった感慨そのもの。「初めてペギー・スーを聴いたのは12歳のときだった　ロシアがロケット船を打ち上げた冷戦の頃…バディ・ホリーの（人気）はまだ続いているけど　彼のカタログは売られてしまった」…とバディの音楽著作権が売られてしまったことを交えて歌っている。よく考えてみれば、トム＆ジェリーの「ヘイ、スクールガール」がヒットした57年にバディの「ペギー・スー」がリリースされているから、ポールはロックンロール・レジェンドと同時代人だったことになる。ただ、ポールは12歳ではなく15歳だったはずだから、サバを読んだというより私小説にしないための巧妙な仕掛けなのだろう。アメリカのリベラリストならではのブッダ、聖書、クルアーンを同列に並べつつ、神が最も古いと結論づけるスケールに圧倒される。スピリチュアルな感触も近作にまで見られるトーンだ。

そのほか、「僕の心を傷つけたあなたの歌も、立場を変えれば、あなたを泣かせた僕の歌になる」とするタイトル曲、甘美なリフレインをもつ「ラヴ」も印象深い。18年にリリースされたセルフ・カヴァー盤『イン・ザ・ブルー・ライト』ではその「ラヴ」、「愛しのロレイン」「豚と羊と狼と（ピッグス・シープス・アンド・ウルヴス）」「ティーチャー」の4曲が、充実の本盤から選ばれている。

石浦

Surprise
サプライズ

Warner Bros.：49982-2［CD］
発売：2006年5月10日

1. How Can You Live In The Northeast?
2. Everything About It Is A Love Song
3. Outrageous
4. Sure Don't Feel Like Love
5. Wartime Prayers
6. Beautiful
7. I Don't Believe
8. Another Galaxy
9. Once Upon A Time There Was An Ocean
10. That's Me
11. Father And Daughter

プロデューサー：Paul Simon

参加ミュージシャン：Brian Eno (computer), Herbie Hancock (p), Steve Gadd (ds), Bill Frisell (g), Adrian Simon (vo), Gil Goldstein (kbd), Pino Palladino (b), Vincent Nguini (g), Leo Abrahams (b), Jamey Haddad (per), Jessy Dixon Singers (cho)

　前作から気付けば6年のインターヴァルを置いてリリースされた作品。03～04年のS&G再結成「オールド・フレンズ・リユニオン・ツアー」は丸くなった二人の関係性も含めて、聴き手にとって徹頭徹尾思い残すことはないと思えるほどの見事な構成とパフォーマンスだった。ポールのキャリアも大団円を迎えるかに思われたが、ここへ来ての新作、しかも否が応でもフレッシュな印象を与える赤ちゃんの驚きの表情を捉えたジャケット、そして飛び込んできた音にまさにサプライズ！を覚えたのが懐かしい。しかし今改めて聴いても新鮮さは全く失われていない。ワーナーから最後のリリースとなった本盤は全米14位にチャートインしている。

　そのサプライズの理由は元ロキシー・ミュージック、アンビエントの草分けとして知られる鬼才ブライアン・イーノの起用にあると言ってよいだろう（彼は「ソニック・ランドスケープ」の役割を果たす者としてクレジットされ、「アウトレイジャス」「アナザー・ギャラクシー」「ワンス・アポン・ア・タイム・ゼア・ワズ・アン・オーシャン」はポールとの共作だった）。元々、フェラ・クティのアフロ・ファンクを引用したトーキング・ヘッズの『リメイン・イン・ライト』（イーノのプロデュースによる80年作）や、ブライアン・イーノとトーキング・ヘッズのリーダー、ディヴィッド・バーンによる

『マイ・ライフ・イン・ザ・ブッシュ・オブ・ゴースツ』（サンプリング、コラージュの手法を取り入れた81年作）はポールの愛聴盤だった。本盤の演奏自体は割とシンプルで、ドラムスは旧知のスティーヴ・ガッドに加え、スティーヴ・ヴァイとの活動で知られるロビン・ディマジオ、ベースはジョン・エントウィッスルの死後ザ・フーに参加していたピノ・パラディーノとエイブラハム・ラボリエルがメイン。ニューヨーク・ヴォイセズのポール・サイモン曲集（RCA／98年）に参加していたギル・ゴールドスタインの助演や、音響系のムードが新鮮な「全てはラヴ・ソング」へのビル・フリゼールの参加もあった。

冒頭「ハウ・キャン・ユー・リヴ・イン・ザ・ノースイースト？」はハリケーン・カトリーナ（05年）の甚大な被害が残るなか、宗教多元国家アメリカは7月4日の独立記念日を迎え、まずはポールの住む「北東部でどう生きていけばいい？」「南部では…キリスト教徒は…ユダヤ教徒は…」と畳みかけるように歌われる。自分の立ち位置から手探りでアメリカを探し求め、歌う姿は健在だ。大量破壊兵器があると確信して始まったイラク戦争を静かに批判し、平和に祈りを捧げる歌だと思えた「戦時下の祈り」には、ピアノにハービー・ハンコック、そして感動的なコーラスにジェシー・ディクソン・シンガーズを招いている。この楽曲は戦争前に書かれたと言うから、創作者が予言者である証左になろうか。ボ・ディドリー・ビートを快活に響かせる「シュア・ドント・フィール・ライク・ラヴ」や、ファンキーなヒップ・ホップのような「アウトレイジャス」も最高。バングラデシュや中国、コソヴォから子どもを迎え入れる家族を歌う「ビューティフル」は血の繋がりを超えた子どもの美しさを賛美したものと受け取った。息子エイドリアンのハーモニーを加えたラストの『ファーザー・アンド・ドーター』（息子ではなく娘への愛を歌っているが）には、唯一ギターのヴィンセント・ングウィニが参加。動物と話せる少女イライザと家族を描いた02年のアニメ映画『ワイルド・ソーンベリーズ』の主題歌として、ボーナス・トラック的に収録されている（アカデミー歌曲賞にノミネート）。同映画にはケニアでチーターの子どもが連れ去られるシーンがあるなど、アフリカとの縁でポールへの楽曲依頼があったものと思われる。同年、ハリケーン・カトリーナで自宅が浸水し、流されたとのニュースがあったものの無事だったファッツ・ドミノの出演が予定されたニューオーリンズ・ジャズ&ヘリテッジ・フェスティバル（当のファッツは体調不良で出演叶わず）。最終日のヘッドライナーとしてファッツの代わりにトリを務めたのはポールだった。**石浦**

So Beautiful Or So What
ソー・ビューティフル・オア・ソー・ホワット

Hear Music：HRM-32814-02 [CD]
発売：2011年4月12日

1. Getting Ready For Christmas Day
2. The Afterlife
3. Dazzling Blue
4. Rewrite
5. Love And Hard Times
6. Love Is Eternal Sacred Light
7. Amulet
8. Questions For The Angels
9. Love & Blessings
10. So Beautiful Or So What

プロデューサー：Phil Ramone, Paul Simon
参加ミュージシャン：Jim Oblon (g, b, ds, per), David Finck (b), Karaikudi R. Mani (per), Mick Rossi (p), Nancy Zeltsman (marimba), Michael White (clarinet), Edie Brickell (cho), Doyle Lawson (cho)

2011 Japanese Edition CD
日・Hear Music：UCCO-3023
Bonus Track
11. So Beautiful Or So What (live rehearsal)

70歳という節目を迎え、自身で20年来の最高傑作と自負したのが本作（全米4位）。ヒットを期待される重圧に耐えかねて古巣のワーナーを離れ、ポール・マッカートニー、ジョニ・ミッチエル、カーリー・サイモン、キャロル・キング、ジェイムズ・テイラーといった往年のアーティストが所属するヒア・ミュージックに移籍したことも、心機一転フレッシュな感覚の作品が生まれた理由の一つだろう（同所属のエルヴィス・コステロがアルバムを評したライナーを書いた）。プロデュースは久々のフィル・ラモーンとポール、録音はコネチカット州ニューカナンにあるポールの小屋（追加の録音はニューヨーク州モントークにあるポールが夏を過ごす家）で行われた。フィルとたまたま会ったポール、彼が同州ウィルトンに住んでいるとわかり、自然な流れでプロデュースが決まったのだという。フィルは13年に亡くなるので、最後の貴重なコラボレイションとなった。

本作でポールは自身のギターでビートを創り上げる旧来の手法に回帰。葉巻の箱から作るシガーボックス・ギターも用いられ、ブルージーでプリミティヴな響きが感じ取れる。とりわけアルバムのリード・トラック、冒頭の「ゲッティング・レディ・フォー・クリスマス・デイ」はポールが繰り返し刻むエレクトリック・ギターのリフ、パーカッションに、盟友ヴィンセント・ングウィニの弾むようなリズム・ギター、そしてヴォーカルからギターまでマルチな才能を誇るジム・オブロン（フィル・ラモーンが10年にプロデュースした女性ジャズ歌手、ニッキ・ヤノフスキーの『ニッキ』に参加）がドラマーで加わった。これでサウンドの核が定まり、ポールの妻エディのS&Gを思わせるハーモニー、そして41年（ポールが生まれた年）に録音されたJ・M・ゲイツ牧師の説教とコール&レスポンスが織り込まれる斬新な構成。彼は20年代からレコードに説教やゴスペルを吹き込み、「デスズ・ブラック・トレイン・イズ・カミング」で広く知られる説教師。「クリスマスの準備をしているのです」というタイトルは彼の説教からの引用だ（ブライアン・イーノからのクリスマス・プレゼントとなるゴスペル音楽のボックス・セットからポールが発掘）。「イラクに3回派兵されている甥」（オバマ大統領により11年12月に米兵は完全撤収）も登場し、戦時下の緊張感も織り込んでいるが、クリスマスを準備するのは葬儀屋や看守、警察官も同様。罪を犯すことなく「精神的な家」を整える必要がある。実にポールらしいクリスマス・ソングだ。

　マーティンの12弦ギターのリフで綴る「ジ・アフターライフ」では死後の世界を少々ユーモラスに歌う（死後の世界に入るとき、フォームに記入し列を待つ、父である神を一目見るために）。「神よ／それはビー・バップ・ア・ルーラなのか／ウー・パパ・ドゥなのか」…ジーン・ヴィンセントやジェシー・ヒルが言葉にできない感情を表現したロックンロール・イディオムで同曲は幕を閉じる。「君と僕はまばゆいほどの青の星の下に生まれてきた」と爽やかに歌う「ダズリング・ブルー」ではインドのタブラを使いつつ、ブルーグラス・グループのドイル・ローソン（44年生まれ）・アンド・ザ・クイックシルヴァーをコーラスで招いた。

　インストルメンタルの「アミュレット」はブラジルの女性ジャズ歌手ルシアナ・ソウザ（夫はラリー・クライン）への09年の提供曲。「ラヴ・イズ・エターナル・セイクレッド・ライト」ではブラウニー・マギーとのコンビで知られるソニー・テリーの「トレイン・ホイッスル・ブルーズ」のハーモニカ・ソロをサンプリング、「ラヴ&ブレッシングス」では38年の「ゴールデン・ゲイト・ゴスペル・カルテット」を引用した「バ・バップ・ウォーア」なる歌詞が登場。タイトル曲ではスワン・シルヴァートーンズの「セイヴィアー・パス・ミー・ノット」と共にキング牧師の暗殺に触れた。「美しい人生、だから何」…人生の価値は与えられるものでなく、どう考えるかにある。終曲のラスト〝ビューティフル〟では「あなたはどう考える？」と聴き手に問いかける。

石浦

Live In New York City
ライヴ・イン・ニューヨーク・シティ

Hear Music：HRM-34122-00 [CD+DVD]
発売：2012年9月18日

[CD-1]
1. The Obvious Child
2. Dazzling Blue
3. 50 Ways To Leave Your Lover
4. So Beautiful Or So What
5. Mother And Child Reunion
6. That Was Your Mother
7. Hearts And Bones
8. Crazy Love, Vol. II
9. Slip Slidin' Away
10. Rewrite

[CD-2]
1. The Boy In The Bubble
2. The Only Living Boy In New York
3. The Afterlife
4. Diamonds On The Soles Of Her Shoes
5. Gumboots

〈Encore〉

6. The Sound Of Silence
7. Kodachrome
8. Gone At Last
9. Late In The Evening
10. Still Crazy After All These Years

[DVD]
曲目、曲順共にCDと同じ

プロデューサー：James Pluta

参加ミュージシャン：Vincent Nguini (g), Andy Snitzer (sax, flute, syn), Bakithi Kumalo (b, per), im Oblon (g), Mark Stewart (sax), Jamey Haddad (per), Mick Rossi (kbd. per), Tony Cedras (kbd, g, trumpet)

好評を博した充実作『ソー・ビューティフル・オア・ソー・ホワット』のツアー最終公演として11年6月1日に、故郷ＮＹのキャパ１２００人のハコ、ウェブスター・ホールで行われたライブの模様を収めた2ＣＤ＋ＤＶＤ。映像はエリック・クラプトンの「クロスロード・ギター・フェスティヴァル」で知られるマーティン・アトキンス監督、プロデューサー、ジェイムズ・プルータのコンビが手掛けた。元々、11年11月に本ライヴの5曲を先出ししたＤＶＤ映像が『ソー・ビューティフル…』のコレクターズ・エディションに付属しており、これが待望の完全版だ。ポールも70歳になり、12年10月には『グレイスランド』の25周年記念盤（未発表のボーナス・トラックやＤＶＤ『アンダー・アフリカン・スカイズ』、ボーナス・インタヴューも付属）も世に出るなど活動の総括期に入っていた。そう、ポールが11年10月に発売したベスト盤『ソングライター』の冒頭には、ウェブスター・ホールでの「サウンド・オブ・サイレンス」の音源が未発表扱いで既に収録されていた（ポールのベスト盤であるにも関わらず、「明日に架ける橋」のアリサ・フランクリン版が収録、アート版は姉妹ベスト盤『ザ・シンガー』に収められた）。

『ソー・ビューティフル・オア・ソー・ホワット』のバンドのグルーヴにポールは手応えを感じていたのだろう。アルバム収録曲のみならず、自身の過去の代表曲の数々を彼らの演奏に委ねて残すことで、新鮮な輝きを帯びるという直感があったはず。いつになくライブを楽しむロックンローラー然としたポールの「いま・ここ」の一瞬のきらめきを、こうして残してくれたことに感謝したい。

アコースティック・ギター（6弦、12弦）やセミアコをかき鳴らして歌うポールを支えるバンド・メンバーは、ドラムスのジム・オブロン、ベースのバキティ・クマロ、ギターのヴィンセント・ングウィニというアルバムの核になっていたリズム隊。加えて、南アフリカ出身のトランペット、アコーディオン、キーボードなどマルチな才能を発揮するお馴染みトニー・シドラス、アルバムでは「ラヴ・アンド・ハード・タイムス」（ギル・ゴールドスタインのアレンジ）に参加していたピアニスト、ミック・ロッシ（フィリップ・グラス・アンサンブルにも客演している）、ハービー・ハンコックの05年の『ポッシビリティーズ』でポールと共に「きみの愛のために」を演奏していたパーカッショニスト、ジェイミー・ハダッド、ボーイ・ミーツ・ガールのヒット「スタート・トゥ・フォール」（88年全米1位）のサックス・ソロで世に知られたアンディ・スニッツァー（ストーンズやアリサとも共演）、そしてコーラスでもポールを支える腕利きギタリスト兼サックス奏者、マーク・ステュアート（『ユー・アー・ザ・ワン』に参加していた）という圧倒的な布陣が音を紡いでいる。

映像の冒頭に映し出されたセットリストを見ると、曲順が異なっていたり、次作に棚上げされる大ネタがあったり。友人だったジョージ・ハリスンへのトリビュートとなる「ヒア・カムズ・ザ・サン」（09年のロックの殿堂25周年記念コンサートでポールはクロスビー&ナッシュと歌った）も曲目に含まれていた。「ダズリング・ブルー」「リライト」などのアルバム収録曲も当然ながらライヴの方が生き生きとした魅力を湛え（オーディエンスの興奮が伝わる距離感も素晴らしい）、「ソー・ビューティフル・オア・ソー・ホワット」もディランが近年のステージでトランスするようなブルーズ感覚と共振する音に。「ボーイ・イン・ザ・バブル」もハード・ロッキンなギターを交えた新鮮な仕上がりだ。S&G再編をやり切って、「明日に架ける橋」を必要としないステージを求めたのだろうが、弾き語りが沁みる「サウンド・オブ・サイレンス」と共にNY公演らしい「ニューヨークの少年」を入れたのが心憎い。身体が自然に動き出す「ザット・ウォズ・ユア・マザー」の洒脱な演奏も鳥肌モノ。人間の感情の赴くままに高みを迎える人間国宝級の演奏の数々に涙腺が緩みっぱなしだ。

石浦

Stranger To Stranger (Deluxe Edition)
ストレンジャー・トゥ・ストレンジャー

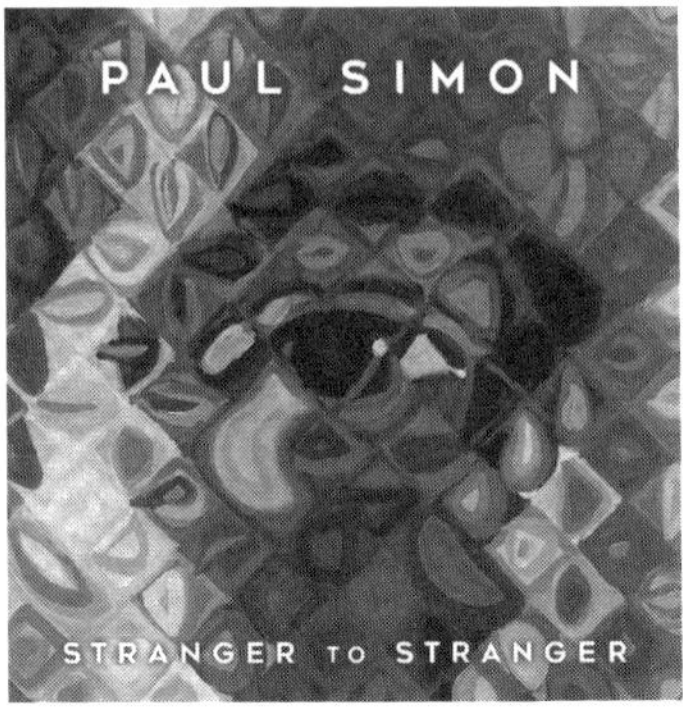

Concord : CRE-39803-02 [CD]
発売：2016年6月3日

1. The Werewolf
2. Wristband
3. The Clock
4. Street Angel
5. Stranger To Stranger
6. In A Parade
7. Proof Of Love
8. In The Garden Of Edie
9. The Riverbank
10. Cool Papa Bell
11. Insomniac's Lullaby

[Bonus Tracks For Deluxe Edition]

12. Horace And Pete
13. Duncan (Live From A Prairie Home Companion, Fitzgerald Theater)
14. Wristband (Live From A Prairie Home Companion, Fitzgerald Theater)
15. Guitar Piece
16. New York Is My Home

プロデューサー：Paul Simon, Roy Halee
参加ミュージシャン：Clap! Clap! (ds, syn), Jack DeJohnette (ds), Bakithi Kumalo (b), Dean Drummond (bamboo, marimba), Steve Marion (g), Mick Rossi (kbd), Dave Eggar (cello), Wycliffe Gordon (trombone), Golden Gate Quartet (cho), Paul Halley (org), Marcus Rojas (tuba)

14〜15年のスティングとのジョイント・ツアーを経て、ポールが75歳を迎える16年にリリースされた13枚目のオリジナル・アルバム。プロデュースはポールと「彼のオールド・パートナー」と記されたロイ・ハリー。抽象画のようで、遠くから見るとポールの肖像を描いた印象的なジャケットはチャック・クローズの作品。アルバムは彼とS&Gのマネージャー、モート・ルイス（同年死去）に捧げられている。息子エイドリアンから紹介されたイタリアのトラック・メイカー、クラップ！クラップ！（クリスティアーノ・クリスチ／ディジ・ガレッシオ）の参加は（「ザ・ウアーウルフ」「リストバンド」「ストリート・エンジェル」）、ポールの新奇な芸術創造への飽くなき探究心を示している。

近代音楽の平均律12音階を否定した米の現代音楽家ハリー・パーチによる、43微分音階を奏でるオリジナル楽器を用いた「インソムニアックス・ララバイ」がアルバム作りの原動力になったようだ。お馴染みのバンドからマーク・ステュアート、バキティ・クマロ、ヴィンセント・ングウィニ、ジェイミー・ハダッド、ジム・オブロンが参加。インスト「イン・ザ・ガーデン・オブ・エディ」は、コメディアンのルイス・C・Kが手掛けたドラマの主題歌「ホレス・アンド・ピート」同様、最新作へと繋がるテイスト。ドラマに登場したポール憧れのディオンとの共演曲「ニューヨーク・イズ・マイ・ホーム」と共にデラックス版にボーナス収録された。

石浦

The Concert In Hyde Park
ザ・コンサート・イン・ハイド・パーク

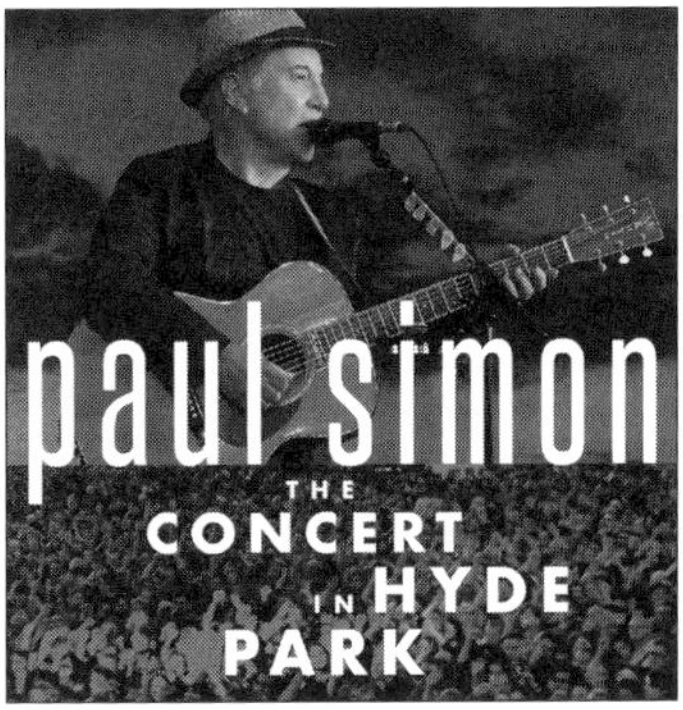

Legacy：88985404822［CD＋DVD］
発売：2017年6月9日

[CD-1]
1. Kodachrome
2. Gone At Last
3. Dazzling Blue
4. 50 Ways To Leave Your Lover
5. Vietnam (with Jimmy Cliff)
6. Mother And Child Reunion (with Jimmy Cliff)
7. That Was Your Mother
8. Hearts And Bones / Mystery Train / Wheels
9. Me And Julio Down By The Schoolyard
10. Slip Slidin' Away
11. The Obvious Child

[CD-2]
1. Homeless (with Ladysmith Black Mambazo)
2. Diamonds On The Soles Of Her Shoes (with Ladysmith Black Mambazo)
3. I Know What I Know
4. The Boy In The Bubble
5. Crazy Love, Vol. II
6. Gumboots
7. Under African Skies (with Thandiswa Mazwai)
8. Graceland
9. You Can Call Me Al
10. The Sound Of Silence
11. The Boxer (with Jerry Douglas)
12. Late In The Evening
13. Still Crazy After All These Years

("The Harder They Come""Many Rivers To Cross"appears on DVD only)

プロデューサー：Paul King, Steve Berkowitz, Jennifer Lebeau

参加ミュージシャン：Jimmy Cliff (vo), Ray Phiri (g), Ladysmith Black Mambazo (vo), Thandiswa Mazwai (vo), Hugh Masekela (trumpet), Jerry Douglas (dobro) etc.

ミュージシャンの戦線離脱（V・ングウィニは17年、H・マセケラは18年に死去）を受け、5年前のコンサートが世に放たれた。12年7月15日に英ロンドンのハイドパークで開催された「ハード・ロック・コーリング・フェスティヴァル」のヘッドライナーとして出演した音源／映像。ザ・ポール・サイモン・バンドは12年NYライブ盤と同様の布陣、前半ハイライトはジミー・クリフのゲスト参加だ。「ハーツ・アンド・ボーンズ」と「グレイスランド」が地続きだったことは、エルヴィスの「ミステリー・トレイン」（ポールはスコッティ・ムーアからフィンガー・ピッキングを学んだ）とザ・ストリング・ア・ロングス（バディ・ホリーを手掛けたノーマン・ペティのプロデュース）のインスト「ホイールズ」を含めたメドレーで種明かし。「ダズリング・ブルー」にはパンチ・ブラザーズのゲイブ・ウィッチャーがフィドルで参加した。中盤のグレイスランド・バンドによる、レディスミス・ブラック・マンバーゾの歌とダンスを交えた『グレイスランド』再現ライヴでは、「アンダー・アフリカン・スカイズ」に南アのクワイトの人気バンド、ボンゴ・マフィンのタンディスワ・マズワイが。客席大合唱の「コール・ミー・アル」、「サウンド・オブ・サイレンス」弾き語り、ジェリー・ダグラスのドブロを引き入れた「ボクサー」、「追憶の夜」で畳みかけ、「時の流れに」で締める…老若男女がポール・サイモン・クロニクルに酔いしれる熱狂のライヴだ。

石浦

In The Blue Light
イン・ザ・ブルー・ライト

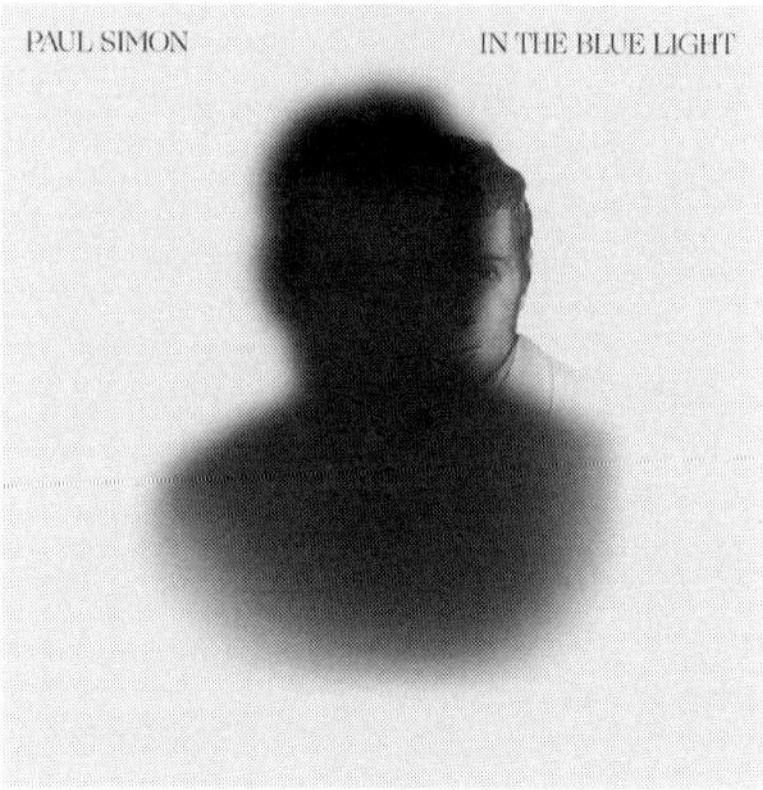

Legacy：19075841442 [CD]
発売：2018年9月7日

1. One Man's Ceiling Is Another Man's Floor
2. Love
3. Can't Run But
4. How The Heart Approaches What It Yearns
5. Pigs, Sheep And Wolves
6. René And Georgette Magritte With Their Dog After The War
7. The Teacher
8. Darling Lorraine
9. Some Folks' Lives Roll Easy
10. Questions For The Angels

プロデューサー：Paul Simon, Roy Halee
参加ミュージシャン：Bill Frisell (g), Steve Gadd (ds), Renaud Garcia-Fons (b), Sullivan Fortner (kbd), Wynton Marsalis (trumpet), Wycliffe Gordon (tuba), Joe Lovano (sax), Edie Brickell (finger snaps), John Patitucci (b), Joel Wenhardt (p)

ツアー引退をとうとう明言したポールの「ホームワード・バウンド フェアウェル・ツアー２０１８」は18年5月に北米公演が始まり、英ロンドンのハイド・パークで行われたブリティッシュ・サマー・タイム・フェスティヴァルにヘッドライナーとして出演したヨーロッパ公演を挟み、最後は9月に故郷ＮＹに戻って無事終了。当然ファンは寂しい気持ちにさせられたが、驚かされるような新作リリースに胸が躍った。14枚目のアルバムとなる本作『イン・ザ・ブルー・ライト』では、過去の10の代表曲のセルフ・カヴァーに取り組んでいる。長い音楽キャリアの終盤にあたり、未だに納得がいかないレコーディングもあっただろうし、新たなミュージシャンの組み合わせ次第でより良いものができるはずだという確信もあったのだろう。見違えるような仕上がりとなった本作に、後ろ向きのミュージシャンシップは感じ取れない。

アルバム・タイトルは本作で再演した「想いこがれて」(『ワン・トリック・ポニー』所収)の冒頭の歌詞「イン・ザ・ブルー・ライト」より。まさに「青」の時代のような若き日のポールの肖像を重ねて見せたジャケット(輸入盤ＣＤはクリア・ブルーのプラスティック・スリーヴが付いていた)も、ポールの老いやツアー引退を感じさせず、清廉な印象だ。実はポール、ＣＤ時代に入ってもオリジナル・アルバムが細々とアナログLPでリリースされ続けている稀有なミュージシャン。LPがドイツ盤のみのリリースだった『ユー・アー・ザ・ワン』（米盤アナログはカセットのみ）の頃が危なかったが、『サプライズ』以降はアナログ人気も相俟って（ダウンロードやサブスクリプションの時代に入り、データとしてリッピングされるだけのCDは売り上げを落とした）、フィジカルな感触を楽しみたいファンのために米盤LPが毎度リリースされている。よって本作をあえてアナログ盤LPで手にとったファンもいるのではなかろうか。

ポールが再演したいと考えたフェイヴァリットばかりを集めた本作、00年の『ユー・アー・ザ・ワン』から4曲選ばれているのが興味深い。スティーヴ・ガッドのドラムス、ビル・フリゼールのギター、フランスのベーシスト、ルノー・ガルシア＝フォンを迎えた名曲「ラヴ」は音像がより明るくなっている。ウィントン・マルサリスをアレンジに迎えた「豚と羊と狼と（ピッグス・シープス・アンド・ウルヴス）」では「セッティング・アップ・ゼア・キャメラ」とあった詞を「アイフォンズ（iPhones）・アンド・キャメラ」と現代風に書き換えた。ベースにルノー・ガルシア＝フォン、そしてギターにブラジル出身のセルジオ＆オダイル・アサド兄弟を迎えた「ティーチャー」、NYブルックリンで活動する6人組のチェンバー・アンサンブル、yMusic（ベン・フォールズやスフィアン・スティーヴンス、ダーティー・プロジェクターズらと共演）を迎え、メンバーのロブ・ムースにアレンジを任せた「愛しのロレイン」も新鮮な響きを湛えている。

オールド・ファンには、オリジナルのイントロを生かしつつブルージーに迫る「君の天井は僕の床」や、ポールのエレキとyMusicの共演で聴かせる「犬を連れたルネとジョルジェット」（yMusicのヴィオラ奏者、ナディア・シロタの父ロバート・シロタによるアレンジ）が堪らない。『時の流れに』に収録された「ある人の人生」はニューオーリンズ出身の気鋭のジャズ・ピアニスト、サリヴァン・フォートナー、ポールの交友関係の中でいえばスティングやミルトン・ナシメントとの共演歴がある名ベーシスト、ジョン・パティトゥッチを迎えて、見違える仕上がりに。ラストは11年の近作『ソー・ビューティフル・オア・ソー・ホワット』で弾き語りテイストだった「クエスチョンズ・フォー・ジ・エンジェルズ」。サリヴァン・フォートナー、ジョン・パティトゥッチにビル・フリゼールのギターを加えた音響系の彩りが美しい。新譜とはいえセルフ・カヴァー集であった本作、これにてポールのミュージシャン人生に終止符が打たれるかと思いきや、まさかの新作がリリースされようとは思いもよらなかった。　**石浦**

Seven Psalms
七つの詩篇

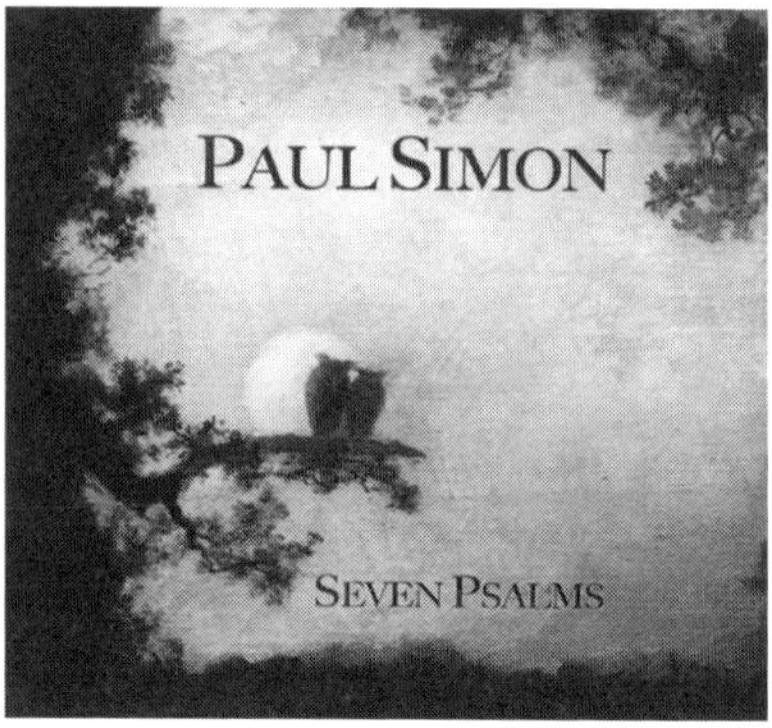

Owl：19658779112［CD］
発売：2023年5月19日

1. The Lord
2. Love Is Like A Braid
3. My Professional Opinion
4. Your Forgiveness
5. Trail Of Volcanoes
6. The Sacred Harp
7. Wait

プロデューサー：Paul Simon, Kyle Crusham
参加ミュージシャン：Voces8 (cho), Edie Brickell (vo), Gabriel Cabezas (cello), Jamey Haddad (per, ds, b), Nadia Sirota (viola), Paul Morton (theorbo), Alex Sopp (flute)

コンテンポラリー・フォークと呼んでいい音楽を、近年進化させていたのはデイヴィッド・クロスビーだけだと思っていた私がそれを超えたと感じ、ニール・ダイアモンドの『ホーム・ビフォア・ダーク』（08年）と並ぶ〝今世紀のアメリカ音楽の頂点〟だと思った大傑作がこれだ。

〝ツアーからの〟と限定されていたものの、引退声明のあとのアンコール興行みたいな『イン・ザ・ブルー・ライト』が届けば、純然たる新作がリリースされるなんて誰も思わない。しかもこれまでにはないタイプの弾き語りを軸に、7つの詩を映画のようにつないだアルバムになるなんて、神様だって想像しなかっただろう。

ある朝ポールの夢に新しいアルバムが現れ、それ以来、週に2、3日、午前3時半から5時のあいだに目が覚めると（爺さんは早起きだ）、決まって歌詞が思い浮かぶようになったのだという。パンデミックのころだったからか、新約聖書にある〝7つの詩篇〟にインスパイアされた詞になり、それを組曲としてまとめる構想ができていったようなのだが、自身の傑作「アメリカの歌」に呼応しているのは間違いなく、その拡大ニュー・ヴァージョンとも受け取れるのである。

それは、ノーベル文学賞受賞後のディランが20年3月27日に突然発表した新曲「最も卑劣な殺人」が、16分54秒に及ぶポエトリー・リーディングでありながらビルボード配信チャートの1位となり、続くシングル「アイ・コンテイン・マルチチュード」も、アルバム『ラフ&ロウディ・ウェイズ』もヒットしたのに刺激されてのことだったはずだが、例によって黙示録的なディランの詞よりも、ポールの詞はメロディに乗った〝歌〟として格段に有機的であることに私は痺れたのだった。

共同プロデューサーに抜擢されたカイル・クラシャムは、活動を再開した妻のバンド、エディ・ブリケル&ニュー・ボヘミアンズをプロデュースしたことからポールと縁ができたらしいテキサス州オースティンが拠点の若手で、エンジニア、ギタリストとしても優秀なことから夫妻の信頼を得たようだ。パーカッションのジェイミー・ハダッド、室内六重奏団yMusicのアレックス・ソップ（フルート）、ナディア・シロタ（ヴィオラ）、ゲイブリエル・カベサス（チェロ）、ここではバロック後期から古典初期に使われたシングル・リードの木管楽器シャリュモーを担当したニーナ・スターン、リュートの仲間の撥弦楽器テオルボを弾くポール・モートン、そして英国のアカペラ・グループ、ヴォーチェス8が参加したことによって、古典と現代音楽を混ぜたようなサウンドができあがっている。「ユア・フォーギヴネス」の編曲は、ナディア・シロタの父上で、マンハッタン音楽院の校長を務めていた時期もある作曲家ロバート・シロタが担当。実はとても豪華な布陣を揃えたアルバムなのだ。

けれども33分の組曲は、舞台の中央にいて動かないポールのヴォーカルとアコースティック・ギターによって進行し、その他の音はステージ奥のホリゾントに色をつける柔らかな照明のように〝主張せずにそこにある〟という印象。だから具体的なプレイにはほとんど耳が行かず、ふと「いま鳴っていた楽器はなんだ？」なんて思ってしまう。チャイムやゴング、トーキング・ドラムなどの打楽器が効果的に使われているが、そのほとんどはポールが叩いたというのだから、バック陣はまさしく〝背景〟なのである。

「アンジー」を思わせるギターから始まるのが原点回帰を思わせるけれど、詞の重さと曲の複雑さはかつてのフォークやロックとは異質で、表現者としての円熟もここに極まれりと感じられる。そしてラスト・ナンバー「ウェイト」は〝子供たち、ほら準備して／おうちに帰る時間よ〟と歌うエディによって締め括られるのだから泣かされる。一家総出の〝ポール・サイモン完結篇〟なのかと思ったよ。

ジャケットはハドソン・リヴァー派の画家トーマス・モランの1917年作The Owlsの部分。レーベル名もOwl Recordsである。

和久井

ポール・サイモンのボーナス・トラック、エトセトラ

斎藤充正

ポール・サイモンのベスト盤は、CBS・ソニーお得意の国内シリーズものを除けば、77年11月にコロンビアからリリースされた『グレイテスト・ヒッツ、エトセトラ』が最初である。『ポール・サイモン』から『時の流れに』までの各アルバムからの曲目を中心に、9月に先行シングルとして出ていた「スリップ・スライディン・アウェイ」、翌年3月にカットされる「ストランデッド・イン・ア・リムジン」という新曲2曲が冒頭に収められていた。2曲とも『時の流れに』からの流れにあるニューヨーク風味の曲で、前者は以後の各種ベスト盤にも収録、後者は『ワン・トリック・ポニー』リマスター盤にボーナス・トラックとして収められた。また、75年頃の録音らしい「アメリカの歌」の未発表ライヴ・ヴァージョンも収録されていたが、これはポールの弾き語り+弦楽四重奏という編成の貴重な演奏で、ほかの盤では聴けない。ちなみに同曲の73年のシングルはオルガン入りの別ヴァージョンだったが、これは未復刻のはず。

81年には米コロンビアおよびオランダCBSから既発アルバム5作をセットにした5枚組ボックス"Collected Works"が出たが、そこには『ポール・サイモン・ソングブック』も含まれ、これが同作の米国初登場となった。

ポールは80年の『ワン・トリック・ポニー』からワーナー・ブラザーズに移籍、87年にはコロンビア時代の旧作もワーナーからのリリースに切り替わったが（原盤権は最初からポールが自身で管理。最終的に10年にコロンビア／レガシーに戻ることになる）、88年にはワーナー初のCDベスト（アナログは2枚組）『ネゴシエイションとラヴ・ソング　1971〜1986』も登場する。

91年の『ボーン・アット・ザ・ライト・タイム〜ベスト・オブ・ポール・サイモン』は単独盤のほか、日本でのみ『グレイスランド：アフリカン・コンサート』『インタビュー・ウィズ・ポール・サイモン』との3枚組CD

『ザ・コレクション』の形でも出た。ディスク2は、後述するジンバブエでのコンサートを収めた同名の映像作品からポールの歌う曲目だけを抜き出したもの。

93年の3枚組CD『グレイト・ソングブック 1964／1993』は画期的な集大成だった。『ソングブック』からの「木の葉は緑」そしてS&G「サウンド・オブ・サイレンス」のエレクトリック・ヴァージョンからスタートし（S&Gの録音からは全部で9曲収録）、『リズム・オブ・ザ・セインツ』および91年のセントラル・パーク・コンサートまでの軌跡が描かれる。

ディスク1で驚かされるのが「明日に架ける橋」のデモ録音で、ポールがギターを弾きながら高域をファルセットで歌っている。「ブレイクアップ」と題されたトラックは、73年に米国のラジオ番組のために録音されたアートとのやりとりで、アートが真面目にアナウンスしようとしているところにポールがうるさく注文を付ける様子が描かれている。そしてトム&ジェリーの「ヘイ、スクールガール」（盤起こし）、75年の「マイ・リトル・タウン」を経てソロ・キャリアの紹介に続いていく。

ディスク2に収録された「時の流れに」は、マイケル・ブレッカーのサックス・ソロをフィーチャーした91年のドイツのドルトムントでのライヴ・ヴァージョン。

ディスク3は『グレイスランド』～『リズム・オブ・ザ・セインツ』時代のまとめで、セントラル・パークでのライヴも最後の「サウンド・オブ・サイレンス」以外の2曲は『リズム…』から選ばれ、『リズム…』期の未発表曲「テルマ」も初登場となった（現在は『リズム…』リマスター盤にボーナス・トラックとして収録）。

Greatest Hits, Etc.
Columbia：JC 35032
発売：1977年11月

Paul Simon 1964 / 1993
Warner Bros.：9 45394-2［CD］
発売：1993年9月

The Paul Simon Collection - On My Way, Don't Know Where I'm Goin'
Warner Bros.：R2 73774［CD］
発売：2002年11月

日本では04年に『ベスト・コレクション』として出た02年の“The Paul Simon Collection-On My Way, Don't Know Where I'm Goin”のディスク2はボーナス扱いのライヴ音源集で、『ライヴ・ライミン』を収録した73年ツアーのニューヨーク公演から「アメリカの歌」、同じくロンドンでの「ダンカンの歌」、02年のモントルー・ジャズ・フェスティヴァルでの「ザ・コースト」、99年のNYでの「ミセス・ロビンソン」、01年のニューオーリンズ・ジャズ・フェスティヴァルでアーロン・ネヴィルと共演した「明日に架ける橋」という5曲入りだった。

07年の最新デジタル・リマスターと謳われた2枚組『ジ・エッセンシャル』の初回盤にはDVDが付き、ヴィデオ・クリップ6曲、TV『サタデー・ナイト・ライヴ』からジョージ・ハリスンとの「早く家へ帰りたい」など3曲、別の番組からあと1曲が収録されていた。

04年にはワーナーから、『ポール・サイモン』から00年の『ユー・アー・ザ・ワン』までスタジオ録音9作のリマスター再発が行われ（『ライヴ・ライミン』のみ11年のコロンビア／レガシー盤から）、それぞれボーナス・トラックも追加された。『ポール・サイモン』には歌詞もメロディも定まっていない「ダンカンの歌」のデモなど3曲、『ひとりごと』には'Let Me Live In Your City'と言うタイトルだった「何かがうまく」のデモなど4曲を収録。『ライヴ・ライミン』にはギター弾き語りの「僕のコダクローム」「何かがうまく」を追加。『時の流れに』には「スリップ・スライディン・アウェイ」のデモ（肝心の本編はどこにもなし）、そして「哀しみにさようなら」をジェシー・ディクソン・シンガーズ（フィービ・スノウと共に本編にも参加）とのデモで収録。

『ワン・トリック・ポニー』のボーナス・トラックは質が高い。同名映画には使われたがアルバムから漏れた2曲も、未発表曲の「オール・ビコーズ・オブ・ユー」も、楽曲としてしっかり出来上がっている。もう1曲は前述の「ストランデッド・イン・ア・リムジン」だ。『ハーツ・アンド・ボーンズ』には、完成に至らなかった「シェルター・オブ・ユア・アームズ」と、アルバム収録曲の弾き語りデモ3曲を収録。『グレイスランド』には「シューズにダイアモンド」のヴォーカル、ベース、コーラスを抜き出したヴァージョンなど3曲が収録されたが、12年の25周年記念盤にはデモがあと2曲とポールが語る「ストーリー・オブ・“グレイスランド”」が追加された。『リズム・オブ・ザ・セインツ』にはデモや初期テイクなど3曲と前述の「テルマ」を収録。『ザ・ケープマン』には未発表曲「ショップリフティング・クローズ」や、ホセ・

フェリシアーノが歌った「ボーン・イン・プエルト・リコ」のデモなどを収録。『ユー・アー・ザ・ワン』には後述のDVD『同～ライヴ・イン・パリ　2000』から3曲が収録された。

重要なコンサートの映像作品には、まず『グレイスランド：アフリカン・コンサート』がある。これは同名アルバムのリリース後の87年のツアーから、ハイライトとなったジンバブエの首都ハラレのルファロ・スタジアムでの2月中旬の公演を収めたもの。完全にアルバムの再現に焦点を絞った内容で、過去のヒット曲などは一切演奏されない。同時に南アフリカの音楽を紹介するという目的もあり、アルバムで重要な役割を担ったレディスミス・ブラック・マンバーゾのほかヒュー・マセケラ、ミリアム・マケバのパフォーマンスにも時間が割かれる。

『ユー・アー・ザ・ワン～ライヴ・イン・パリ2000』は00年10月のオランピア劇場でのライヴ。表題の新作から6曲、『グレイスランド』から5曲、S&G時代の5曲など長いキャリアからまんべんなく選曲され、巧者揃いの多国籍バンドが多彩なコンセプトのサウンドを生き生きと表現、舞台を動き回るポールも楽しそうだ。

07年3月、ポールは新設されたガーシュイン賞の第1回受賞者に選ばれた。ワシントンのワーナー劇場での5月の受賞記念コンサートを収めた『ポール・サイモン・アンド・フレンズ』は特別な夜の記録。アートやスティーヴィー・ワンダーらと共演するポールの出番は終盤のみだが、中盤までのフォーク、ブルーグラスからレゲエ、ザディコ、ゴスペルまで幅広いジャンルのゲスト陣による解釈が、多様性に満ちた作品の本質を浮き彫りにする。

グレイスランド：
アフリカン・コンサート

日・Warner Reprise Video：
WPBR-90004［DVD］
発売：1999年6月

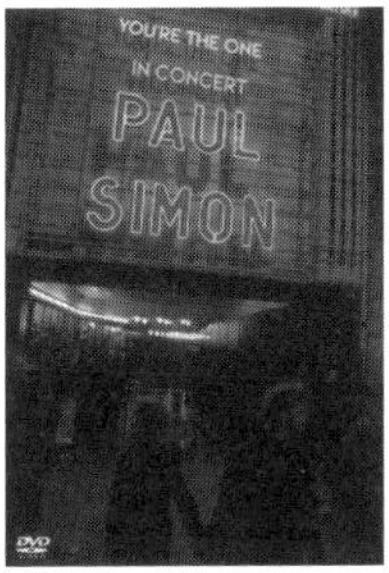

ユー・アー・ザ・ワン～
ライヴ・イン・パリ 2000

日・Warner Reprise Video：
WPBR-90053［DVD］
発売：2001年11月

VARIOUS ARTISTS
ポール・サイモンアンドフレンズ
～第一回ジョージ・ガーシュイン
賞授賞記念コンサート～

日・Shout! Factory：VABJ-1334［DVD］
発売：2009年7月

ポールの弟、エディ・サイモンの音楽キャリア

石浦昌之

45年12月14日生まれのポールとそっくりの4つ違いの弟エディ（エドワード）・サイモン。リー・シムズの芸名でベーシストとしてダンス・バンドを率いたルイを父とする恵まれた環境から、ポール共々楽器をマスターするのは早かった。エディはギターの腕だけでなくポールが投げ出したピアノにも才能を発揮している（父のベースに合わせてクラシック・ピアノを弾いた）。

そんなエディが、トム＆ジェリーで成功を収めた兄を追って音楽活動を行ったことはあまり知られていない。音盤にエディの名が刻まれたのは、ポールがジェリー・ランディス名義で61年にワーウィックからリリースしたシングル「プレイ・ミー・ア・サッド・ソング」。これは兄とエディ・サイモンの共作だった。デモの域を出ないが、ポールの繊細な泣きのヴォーカルはなかなかの表現力。エイミーからリリースされたドッティ・ダニエルズによる63年のカヴァーはジェリー・ランディス（ポール）のアレンジ、プロデュースでストリングスが入ったリッチな仕上がりだ。ポールと同じクイーンズ・カレッジに入学し、音楽を専攻したエディは、65年にNYのトルネードから初のソロ・シングル「ビーチ・ボーイ／プリティ・ラス」をリリース。A面はコニー・フランシスの「夢のデイト」を書いたアティーナ・ホージーとハル・ゴードン、アサリーン・ブラウンによる作品で、そこでのエディの繊細な歌声と伸びやかなハイ・トーンはポールのものと錯覚するほど。ポールが01年にビーチ・ボーイズのブライアン・ウィルソンのトリビュート・ライヴにてギター一本で弾き語った神テイク「サーファー・ガール」（ポール好みのドゥー・ワップ調の三連バラード）も連想させる。ビーチ・ボーイズといえば66年の「グッド・バイブレイション」はS＆Gに深い感銘を与え、アートは「ディズニー・ガール」をカヴァーしていた。ちなみにアニータ・ランツォ作のB面は、ビートルズ「抱きしめたい」

のイントロを模したロックンロールで、がなる声色はポールのソロ時代のドライヴしたヴォーカルのようだ。

その後、エディは68年にバンド、ウィングスに加入するもダンヒルからのアルバム・リリース前に脱退。ウィングスはスパンキー&アワ・ギャングのオズ・バッハ、ジェファーソン・エアプレインの初代ドラマー、ジェリー・ペロキン、セレンディピティ・シンガーズ（ニック・ホームズ在籍）の紅一点パム・ロビンス、後にマウンテンに客演するスティーヴ・ナイト、ギタリストのジャック・マクニコルが在籍、エディの後釜にはP,P&Mの「ロック天国」をポール・ストゥーキーらと共作したジム・メイソン（のちのポコ、ジプシー、ラインストーンズ、ファイアフォールのプロデューサー）が加わった。当のエディはギルド・ライト・ゲージなるグループ（愛用していたギター・メーカー「ギルド」の「ライト・ゲージ」弦から命名したのは兄ポール）で録音の機会を獲得（エディが大学の友人ファーン・カウフマンと結成した男女デュオにアン・ウィルコックスを加えた男性1人・女性2人のトリオ編成、レコーディングには黒縁メガネのベースのストゥーイも加わる）。NYのビター・エンドを根城にスパンキー&アワ・ギャングの前座を務めたこともあった彼らは、68年にキャピトル傘下のウィ・メイク・ロックンロール・レコードからシングル「恋の博覧会／クラウディ」をリリース。コッペルマン・ルービン・カンパニー制作でプロデュースはアーティ・コーンフェルド。B面は兄ポールと、シーカーズのブルース・ウッドリー（サークルの「レッド・ラバー・ボール」を作ったコンビ）によるS&Gの直球カヴァー。エディのボーカルはポールと見紛うばかりで、S&Gのソフト・ロック的な側面を汲み取ったアレンジが素晴らしい。A面はカウシルズの「雨に消えた初恋」を手掛けたアーティ・コーンフェルド&スティーヴ・デュボフによるポップでハッピーな作品。A面と共にアレンジはジミー・ワイズナーが手掛け、まさにカウシルズ路線で売り出されたが、さほど話題にならなかった。ちなみにファーンのヴォーカルは評価され、A面でジョニ・ミッチェルのカヴァーを歌ったシングル「青春の光と影／トゥモロウ・イズ・ア・ウィンドウ」がザ・コレクション名義にてコッペルマン／ルービンのレーベルよりリリース（B面はアーティ&スティーヴとエディの共作）。プロデュースはアーティ、アレンジはジミー・ワイズナーによる。一方、メンバーのアンはビル・カークランド、ジム・ウィルソンとウィリアム・セイント・ジェイムズを結成、73年にキャッシュマン&ウェストのプロデュースで『ア・ソング・

フォー・エヴリ・ムード』(ダンヒル)をリリースした。同68年にはS&Gが出演した米TV音楽バラエティ番組、クラフト・ミュージック・ホールにおいてポールが「アンジー」をソロ演奏し、エディをステージに招く一幕も。エディはガット・ギターを抱え、出しゃばることなく双子のような兄ポールを支えたのが印象的だった。そんなエディは69年にS&Gを彷彿とさせるエディとポール・ゲルバー(エディの兄と同じ名をもつ)からなるデュオ、クリブ&ベン名義でデッカからシングル「エミリー/コラール・イン・D・マイナー」をリリース。エドワード・サイモン&ポール・ゲルバーのセルフ・プロデュースながら、グループ名を「サイモン&ゲルバー」にすることは避けた(とはいえ「エミリー・エミリー」を想起させるタイトル)。エマニュエル・ヴァルディが手掛けた大仰なストリングスでコーティングした繊細な音はS&G風味だ。エディの片割れポール・ゲルバーとは、トゥデイズ・スペシャルが1968年にデッカからリリースしたシングル「クリスタ」も共作(プロデュースはエディ)。トゥデイズ・スペシャルはデイトから3枚のシングルをリリースしたNYのガレージ・バンド、ロンドン&ザ・ブリッジスのギタリストのジョン・ショールとベーシストのジョニー・ミラーが組んだグループ。ちなみにB面はエディのプロデュースではないが、NYのガレージ・バンド、サヴェージズのニール・ポートノウ(グラミー賞を主宰するザ・レコーディング・アカデミーの会長となる)がソングライティングやベースで関わっていた。

S&Gの傀儡クリブ&ベンはジョークだったようで、彼らにライヴ活動を行う気はさらさら無かった。S&Gの『明日に架ける橋』のレコーディングに帯同したエディ(69年に米で放映されたS&GのTV特番「ソングス・オブ・アメリカ」にも登場)は、ふざけてピアノの椅子を叩く内にリズムを作り、「いとしのセシリア」の誕生に貢献(リズム・トラックから楽曲を作る手法は『グレイスランド』の先取りだ)。そんな現場に立ち会うことで、エディとポール・ゲルバーはスタジオ・ワークのイロハを学び、プロデューサーとして身を立てようと画策。そんな二人は69年にエフ・マッケイがデッカからリリースした、ビートルズのカヴァーと二人の共作を収めたシングル「アンド・ユア・バード・キャン・シング/ブラック・アイド・ウォーターズ」をプロデュース(A面のアレンジはポール・ハリソン・アンド・クリブ&ベン名義)。さらにNYのグループ、マッケンドリー・スプリングを見出し、69年にデッカからリリースしたデビュー盤をプロデュースしている。「オールウェイズ・ユー」で知られるNYのバンド、サンダウナーズにも関わっていたというがクレジットにその名は無い。

以後のエディは、兄が73〜74年にウルバンバ、ジェシー・ディクソン・シンガーズと共演したツアーにリズム・ギタリストとして帯同（『ライヴ・ライミン』ではノン・クレジット）。73年にはNYにギター・スタディ・センターを設立してギター講師として活躍したが、兄ポールの呪縛から逃れられない人生、ポールの海賊盤作りを計画したことも（当然兄は拒否）。84年にはロングアイランドのラジオ局WWHBを兄ポール、ローン・マイケルズ（人気TV番組『サタデー・ナイト・ライヴ』を作った）と共に買収して経営者に。そして00年にポールが『ユー・アー・ザ・ワン』をリリースした頃から、最も信頼できるマネージャーとして兄を支え、18年の『イン・ザ・ブルー・ライト』までエディの名がクレジットされた。

最後におまけ。ポールとエディの父ルイは、トム&ジェリーが「ヘイ、スクールガール」で成功を掴むと、リリース元のビッグより58年にリー・シムズ・アンド・ヒス・オーケストラ（トム&ジェリーの諸作のアレンジも担当）名義でシド・プローセン（ビッグのオーナー）と共作したシングル「ブルー・マッド／シマー・ダウン」をリリース。併せてポールのトゥルー・テイラー名義によるエルヴィスの物真似シングル「トゥルー・オア・フォールス」を書き下ろした。また同年、ドン・コヴェイがプリティ・ボーイ名義でリリースしたシングルや、ロン・カミンズのシングルにも彼のオーケストラ名義で参加。ロックンロール・エラの徒花ながら、父ルイの荒い鼻息が伝わる。

ギルド・ライト・ゲイジ
恋の博覧会（14th Annual Fun And Pleasure Fair）／クラウディ
日・Capitol：CR-1995
発売：1968年

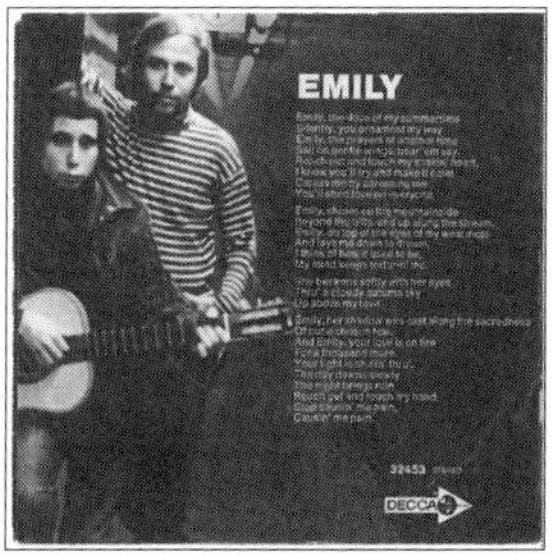

CRIB AND BEN
Emily／Chorale In D Minor
米・Decca：32453
発売：1969年

MCKENDREE SPRING
Mckendree Spring
米・Decca：DL 75104
発売：1969年

ポール・ブレイディ、ポール・サイモンを語る［インタヴュー］

聞き手：和久井光司　翻訳：染谷和美
協力：野崎洋子（THE MUSIC PLANT）

アイルランドを代表するシンガーソングライター、ポール・ブレイディは、ザ・ジョンストンズでキャリアをスタートさせ、プランクシティに在籍するなどアイリッシュ・フォークの世界で活躍したあと、ポップ・フィールドに軸足を移して成功を収めた人物だ。

今回は、50年代から70年代にかけてのアイルランドの音楽事情や、彼がサイモン&ガーファンクルをどう捉えていたのかなど、本書のテーマにふさわしい質問をメールでぶつけてみた。とても真摯で興味深い回答が返ってきたので、ぜひお読みいただきたい。

なお、ブレイディの詳しいプロフィールについては、今回のインタヴューにご協力いただいたミュージック・プラントのウェブサイトに詳しく紹介されているので、併せてご参照ください（https://www.mplant.com/paulbrady/）。

――あなたは北アイルランドで生まれ育ち、南のダブリンで音楽活動を始めたわけですが、最初は世界中の少年たちと同じように、ロックンロールやR&Bに興味を持った、ということで間違いないですか？

「ロックンロールが初めて人気を得た50年代半ばには、アイルランドでは……というかイングランドでさえ、ラジオで流れることは多くなかった。大半は40年代の終わりから50年代の頭にかけての音楽で、例えばフランク・シナトラやエラ・フィッツジェラルドとかだった。アイルランドでは伝統的なフォーク・ミュージックも聴かれていたが、それは年配の人たち向けであって、若い世代の興味の対象ではなかったんだ。アイルランドの若者たちがフォークに関心を寄せるようになるには、それから10年か15年が必要だった。アイルランド（南北共に）やUKのティーンエイジャーがロックンロールを耳にしたのは主に中波（周波数208）のラジオ局、ラジオ・ルクセンブルグだった。そもそもはルクセンブルグの局だが、50年代半ばからはロンドンから放送していて、アメリカ発の新しい音楽をひ

と通り流していた。BBCやアイルランドのラジオでロックンロールや若者向けの英国音楽が流れ始めたのは、50年代終わりのスキッフル・ブームからだった。そして60年代の初めにビートルズが登場する。〝アイルランドでは誰もが彼らに夢中になった。北と南で唯一はっきり違っていたことと言えば、伝統的なフォークは北では放送されなかったという点だ」

――アイルランドから英国のレコード会社を経て世界に出たバンドにはヴァン・モリスンのゼムがいました。アイルランドでは、彼らの成功はどのように受け止められていたんでしょう？

「アイルランド音楽の愛好者たちは、ゼムの成功を目にして非常に誇りに思っていた。ヴァンはロリー・ギャラガーと並んで、国外で成功した最初のアイルランド人ロック・アーティストのひとりだ。しかも、彼らの音楽は素晴らしかったからね」

――ザ・ジョンストンズに続いて英国のトランスアトランティック・レコーズと契約したスウィーニーズ・メンとは、どういう繋がりでした？

「ジョンストンズの面々はスウィーニーズ・メンの大ファンだった。とくに私はアンディ・アーヴァインの演奏と歌に憧れていたんだ。これは一般には知られていないが……私は実はスウィーニーズ・メンへの参加を要請されたんだ。けれどそれは私がジョンストンズに参加するのを決めたあとのことだったから、断わらざるをえなかった」

――あなたのギター・スタイルは60年代後半から、プランクシティのメンバーとなった74年ごろまでに築かれたと思うんですが、ギター奏法はこの人に学んだ、と言えるようなギタリストを何人か教えてください。

「エレクトリック・ギターに関しては、私はずっとチャック・ベリー、チェット・アトキンス、そしてUKではハンク・マーヴィン、エリック・クラプトン、ジェフ・ベックのファンだった。ただ、自分でアコースティック・ギターを弾き始めた頃は、ミシシッピ・ジョン・ハート、ジョン・フェイヒー、ジョニ・ミッチェルに感銘を受けていた。あと、ボニー・レイットのスライド・プレイは常に的を射ていたね」

――70年代前半には、ゲイリー・ムーアやシン・リジィのように、ハード・ロックで世界に出ていく人たちがいましたよね。英国を経由したものは、当時から日本でも聴かれていたんです。プランクシティの仲間たちやトラディショナル・フォークに根ざした音楽をやっている人たちは、そういう〝ロック勢〟をどう見ていたんでしょう？

「世間には、彼らに対して好意的だった向きも、そうでなかった向きもある。概して我々ミュージシャンは自分のことに一生懸命で、他のアーティストや、タイプの異なる音楽を批判して無駄な時間を使うことはなかった。同胞たちの成功が我々は嬉しかったし、私個人は良いものでありさえすれば、あらゆるタイプの音楽を好んだ。シン・リジィの〈ザ・ボーイズ・アー・バック・イン・タウン〉も、スウィーニーズの〈サリー・ブラウン〉も、私は同じように、楽しく聴いていたよ」

――アンディ・アーヴァインとのアルバムは、どういう意識でつくられたんでしょう？

「我々が〝意図したこと〟は特にない。それは、アンディと私では音楽的な背景が異なるからでもある。彼がよく聴いていたのはアメリカのオールド・タイム・ミュージックで、ウディ・ガスリー、ザ・ニュー・ロスト・シティ・ランブラーズ、ランブリング・ジャック・エリオット、ブルーズにケイジャン。そして英国のフォーク・ソングだった。さらにはブルガリアやルーマニアの音楽にも長けていたんだが、私には馴染みのないものもあった。私が通じていたのはR&B、ロック、ポップ、ブルーズ、カントリーで、アイルランドのフォーク・ミュージックはあとから聴くようになった。その頃には私もマンドリン、ブズーキ、ティン・ホイッスルを習得して、音楽のジャンルを問わず、大好きだったシンガーたちからの影響を踏まえて、自分なりの歌声や歌い方を見出してもいた。だから〝一緒にやろう〟ということになったんだが、曲をアレンジするにあたって、〝じゃあ、ふたりで何か変わった音を作ってみよう〟などとは考えなかった。自然と始まって、その結果生まれたコンビネイションをお互いに気に入ったというだけのことだ。あのレコードをプロデュースしたドーナル・ラニーも彼自身の音楽的背景と感性を配合してくれている。思うに、仕上がりには我々も、他のみんなと同じように驚いていたんじゃないだろうか」

——あなたの音楽は英国やアメリカでじわじわ浸透していきましたね。

「私の名前が知られるようになったのは、アンディとアルバムを作ってツアーした76年から78年のこと。間もなく、私は『ウェルカム・ヒア・カインド・ストレンジャー』をつくり、これがメロディ・メーカーで78年の最優秀フォーク・アルバムに選出された。そこでソロ・アーティストしての海外での立ち位置が確かなものになったんだ」

——作品が他者に取り上げられる、ということも起こり始めます。

「国外で初めて注目されたのは、マーク・ノップラーが私の81年のアルバム『ハード・ステイション』を認めてくれた時だと記憶している。それがきっかけで、私も10年あまり同じマネージメント下に入ったんだ。マークは87年のアルバム『プリミティヴ・ダンス』に参加してくれたり、彼が手がけた〝Cal〟のサウンドトラックで私に演奏させたりして、私の知名度をずいぶんと高めてくれた。初めて私の曲をカヴァーしたのはカルロス・サンタナで、彼は〈ナイト・ハンティング・タイム〉を82年に録音している。当時はエリック・クラプトンのバンドでプレイしていたアルバート・リーが、私の音楽をエリックに紹介したのがきっかけで、エリックの83年ヨーロッパ・ツアーで前座を務めることになり、ダイアー・ストレイツの84年のツアーがそれに続いた。その後も私の曲は、ボニー・レイット、デイヴィッド・クロスビー、ティナ・ターナー、キャロル・キング、ジミー・バフェット、ジョー・コッカー、そしてエリックにカヴァーされている。アート・ガーファンクルも〈スティール・ユア・ハート・アウェイ〉を歌ってくれたし、エヴァリー・ブラザーズは、〈ザ・レイクス・オブ・ポンチャートレイン〉をドンが気に入っているという理由で、83年にロイヤル・アルバート・

ホールで行った再結成の前座に招いてくれた。で、ボブ・ディランは、その曲を私がどう弾いたのか知りたい、と面会を求めてきたんだ。彼は、アンディとのアルバムで私が録音した〈アーサー・マクブライド〉も気に入っていて、92年の『グッド・アズ・アイ・ビーン・トゥ・ユー』で自ら録音しているよね」

――あなたがサイモン&ガーファンクルを最初に聴いたのは、やはり〈サウンド・オブ・サイレンス〉のときですか？ デイヴィ・グレアムの〈アンジー〉、マーティン・カーシーで知られた〈スカボロー・フェア〉を彼らが取り上げたのはどう思いました？

「そのとおり。〈サウンド・オブ・サイレンス〉を初めて聴いたのは65年だ。それから間もなくして私は、ポール・サイモンが英国のフォーク・シーンに詳しいことを知った。デイヴィ・グレアムとマーティン・カーシーが頭角を現していた頃だ。サイモンの解釈による〈アンジー〉や『パセリ、セイジ、ローズマリー・アンド・タイム』に入っている〈スカボロー・フェア〉は、原曲をとても重んじていると私は思う。しかし当時は、もっと原曲の作家や編曲者に敬意を表するべきだったと考える人もいたね」

――ポール・サイモンの名曲を5曲、アルバム3枚を選んで、どんなところに感銘を受けたかも教えてください。

「〈明日にかける橋〉〈恋人と別れる50の方法〉〈ミセス・ロビンソン〉〈ボクサー〉〈コール・ミー・アル〉。アルバムは『グレイスランド』『時の流れに』『パセリ、セイジ、ローズマリー・アンド・タイム』だな。すべての音楽をポールが書いたという推測の上でだが、私が彼の音楽を好きな理由は、力強くも美しいメロディと、リズムだ。彼の音楽は多種多様なスタイルを極めて幅広く集めたパレット……カリブ、ブラジル、ロック、カントリー、ポップ、アフリカ、英国のフォーク・ミュージック、その他諸々……から生まれている。多くのソングライターは、音楽的なスタイルは非常に限定されていて、ディランの例をとると、ブルースや古いカントリーを踏まえたものがほとんどだ。彼の楽曲は、別の意味で間違いなく強力だけれど、私は音楽は基盤が広く、メロディアスなものであってほしい。〝まだ聴いたことがないメロディ〟を欲しているってことだよ。サイモン&ガーファンクルの音楽は一時代を丸ごと網羅して、その時代の希望や不安の多くを歌詞に表した。それが終わりを迎えたのは悲しいことだよね。ポールは今もアルバムを出しているけど、私に言わせれば、そこにかつての煌めきはない。初期の作品はこれまでに創られた最高に美しい音楽に数えられるからね」

（２０２４年5月／構成：森 次郎）

ポール・ブレイディのソロ・アルバム7選

ザ・ジョンストンズやアンディ・アーヴァインとのデュオで発表した作品は第3章で取り上げたので、ここではソロ名義のアルバムの中から厳選した7枚を紹介する。先のインタヴューと併せてお読みいただき、気になった盤があればぜひ聴いて欲しい。選べない、という方にはアンソロジー『ダンサー・イン・ザ・ファイア』がオススメ。　森 次郎

Welcome Here Kind Stranger

愛・Mulligan：LUN 024
発売：1978年

[A] 1. Don't Come Again / 2. I Am A Youth That's Inclined To Ramble / 3. Jackson And Jane / 4. The Lukes Of Pontchartrain
[B] 1. The Creel / 2. Out The Door And Over The Wall / 3. Young Edmund In The Lowlands Low / 4. The Boy On The Hilltop / Johnny Goin' To Céilidh / 5. Paddy's Green Shamrock Shore
プロデューサー：Dónal Lunny, Paul Brady

プランクシティやアンディ・アーヴァインとのデュオでの活動を通じて、ポール・ブレイディはアイルランドの伝統音楽を代表するプレイヤーになっていた。トミー・ピープルズやアンディ・マッガン（いずれもフィドル）、マット・モロイ（ティン・ホイッスル）らとの共演アルバムが何枚もつくられたことがその証左だろう。

そして、初のソロ・アルバムが満を持して制作された。プロデュースはドーナル・ラニーとブレイディ。ほとんどの曲がトラッドなだけに、伝統音楽の世界でこの時点でのブレイディの力量がいかに抜きん出ていたかがよくわかる。ドーナル、アンディ、トミーらの手を借りてはいるものの、多くの楽器をブレイディが演奏していることも忘れてはならない。また、「ヤング・エドモンド・イン・ザ・ロウランズ・ロウ」で聴ける、無伴奏でのヴォーカルの巧みさと説得力は脱帽ものだ。

発売記念ライヴの発掘音源『ザ・ミッシング・リバティ・テープス』も併せてどうぞ。

Hard Station

愛・WEA：K58312
発売：1981年

[A] 1. Crazy Dreams / 2. The Road To The Promised Land / 3. Busted Loose / 4. Cold Cold Night
[B] 1. Hard Station / 2. Dancer In The Fire / 3. Night Hunting Time / 4. Nothing But The Same Old Story
プロデューサー：Hugh Murphy, Paul Brady

伝統音楽から離れ、ポップに転向、と言うよりも、もともと好きだったロックやR&Bをベースにした音楽に回帰したアルバム。ジョンストンズの後半から作詞や作曲は行っていたが、歌詞の内容まで自覚的に掘り下げるようになったのは、この頃からだと言う。

新たに曲を書き、エレクトリックのバンドを編成してツアーを行い、シングル「クレイジー・ドリームズ」(アルバムとは別ヴァージョン)をアイルランドでヒットさせ、地ならしを終えてからリリースされた本作は、国内はもちろん英米でも注目を集めていった。ちなみに、米国向けにリミックスされているので、アイルランド盤がオリジナル・ミックスになるそうだ。

シンガーソングライター的なサウンド・メイキングになっているが、適度に洗練されながらもウェットさを保っているのが彼ならではの個性につながっているのだろう。アコギの使い方もいい塩梅だ。タイトル曲のアウトロで、ギターやベース、鍵盤が交錯するのも印象深い。

Primitive Dance

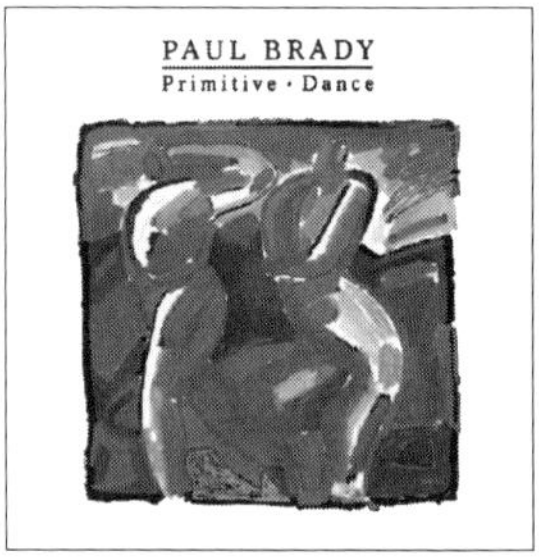

英・Mercury：MERH 106
発売：1987年

[A] 1. Steal Your Heart Away / 2. The Soul Commotion / 3. Paradise Is Here / 4. It's Gonna Work Out Fine / 5. The Awakening
[B] 1. Eat The Peach / 2. Don't Start Knocking / 3. Just In Case Of Accidents / 4. The Game Of Love
プロデューサー：Ian Maidman

ポップ・フィールドでの4枚目のスタジオ作。この時代ならではの尖った音色は気になるものの、タイトなバンドサウンドと、さらに表現力と自由度を増したブレイディのヴォーカルが堪能できるアルバムだ。

冒頭の「スティール・ユア・ハート・アウェイ」は緻密なアレンジのミディアムで始まり、途中で吐き出すようなヴァースが登場するが違和感もなく、最高のオープニングになっている。

さらにはアイリッシュ・トラッドの要素を取り入れることに衒いがなくなったようで、「ジ・アウェイクニング」ではブレイディ自らティン・ホイッスルを吹き、クラナドのモイア・ブレナンがコーラスで加わっているし、「イート・ザ・ピーチ」ではデイヴィ・スピラーンのイーリアン・パイプが暴れまくっている。どちらも取ってつけたようには感じられないのは、ブレイディ流のポップが確立したことにほかならない。

最後はマーク・ノップラーを迎えた「ザ・ゲーム・オブ・ラヴ」で締めくくられている。

Trick Or Treat

欧・Fontana：848 454-2［CD］
発売：1991年

1. Soul Child／2. Blue World／3. Nobody Knows／4. Can't Stop Wanting You／5. You And I／6. Trick Or Treat／7. Don't Keep Pretending／8. Solid Love／9. Love Goes On／10. Dreams Will Come
プロデューサー：Gary Katz

レコード会社の要請で新たなプロデューサーを起用することになり、スティーリー・ダンを手がけたゲイリー・カッツが指揮をとることになった作品。レコーディングにはジェフ・ポーカロ、マイケル・ランドウ、デイヴィッド・ペイチらが参加、マスタリングにはボブ・ラドウィグを起用するなど、プロ中のプロが寄って集ってAORのアルバムを創ろうとしたような布陣だった。しかし、〝よくある感じ〟に終わらなかったのは、ブレイディが2年間ツアーを休んで曲づくりに時間を充てた成果だろう。

タイトル曲はボニー・レイットとのデュエットだが、彼女にスライドを弾かせても良さそうなのに、わざわざエリオット・ランドールにソロを任せるという念の入れよう。もちろん仕上がりは完璧。さらに、唯一ブレイディが主導してロンドンで録音された「ノーバディ・ノウズ」が、アルバムの中で他の曲とシームレスに聴こえることが、彼の充実ぶりをよく表している。

最後に一言だけ。決して当時の邦題をググらないように。

Spirits Colliding

英・Fontana：526 829-2［CD］
発売：1995年

1. I Want You To Want Me／2. Trust In You／3. The World Is What You Make It／4. Marriage Made In Hollywood／5. Help Me To Believe／6. You're The One／7. I Will Be There／8. After The Party's Over／9. Just In Time／10. Love Made A Promise／11. Beautiful World
プロデューサー：Paul Brady

『トリック・オア・トリート』から一転して、ブレイディのアコースティック・ギターと、ロイとヴィクターのウーテン兄弟によるリズム隊で録音したベーシック・トラックに、若干のオーヴァー・ダビングを施して完成させたアルバム。この頃（93〜94年）になるとブレイディの自宅スタジオで作業することが多くなり、ほとんど完成に至ったテイクもいくつかあると言う。余談だが、ブレイディの自宅の中にスタジオのスペースがあるのではなく、家の敷地の中にスタジオが建っているらしい…。

とにかく捨て曲なし（この人の場合、いつものことだけど）、しかもシンプルなサウンドにサラリと深い歌声が乗っかっているという、抗えない魅力に溢れた作品に仕上がっている。97年にメアリー・ブラックとデュエットすることになる「アイ・ウィル・ビー・ゼア」にしても、この段階ではこの上なく地味な立ち上がりから徐々に盛り上がり、最後はまた静かに幕を降ろすという名人芸。ほかの曲もまた然り。素晴らしい。

The Vicar St. Sessions Vol.1

欧・Proper/Peebee：PRPCD128 [CD]
発売：2015年（2001年録音）

1. I Want You To Want Me/2. Baloney Again/3. The Soul Commotion/4. Nobody Knows/5. Believe In Me/6. In This Heart/7. Irish Heartbeat/8. Not The Only One/9. Don't Go Far/10. The Long Goodbye/11. Last Seen October 9th/12. The World Is What You Make It/13. Forever Young

プロデューサー：Paul Brady

2001年10月、ブレイディはダブリンにあるヴィカー・ストリートというホールで23公演を行った。当時の収容人数はおよそ750人で、合計1万6千人以上がショウに訪れている。彼の地の人口が東京の10分の1程度だということを考えれば、驚異的な規模のイヴェントが成功したと言えるだろう。しかし、その一端が届けられたのは15年になってからのことだった。

シネイド・オコナーとアカペラで「イン・ディス・ハート」を披露したかと思えば、ヴァン・モリスンと「アイリッシュ・ハートビート」をデュエット。もちろんメアリー・ブラックも顔を出している。アイルランドを代表するミュージシャン達がブレイディのためならと連日登場しているのだ。

ほかにも当然のようにマーク・ノップラーやボニー・レイットが出演した日の模様が記録されている。しかし、『リバティ・テープス』参加メンバーによる〈ザ・リバティ・ベルズ〉の6公演は含まれていないのだ。『VOL.2』に期待したい。

Maybe So

欧・Proper：PRPCD162 [CD]
発売：2022年

1. How Come I Feel Bad?/2. Nothing Is As It Seems/3. To Be The One/4. The Shape That I'm In/5. The Tower Of Gone/6. It's A Beautiful World (Now You Are Here)/7. When Love Comes Tumbling In/8. Just Behind The Veil/9. Improvisations On The Galway Reel/10. Stories/11. Love Goes On

プロデューサー：Paul Brady

目下の最新作は、コロナ禍のロックダウン中に制作された。2020年3月に自宅スタジオでレコーディングが開始され、過去の素材にも腰を据えて取り組んだ結果、11のテイクをモノにしたのだ。幸い、多くのミュージシャンが自宅でダビングできる環境を整えていたので、ほとんどデータのやりとりだけで仕上げられたらしい。

そんな状況とは裏腹に、曲づくりにおいては共作が多い。親しい友人でもあったシェイ・ヒーリーとは、去りゆく人が残された者たちへの思いを告げる「ジャスト・ビハインド・ザ・ヴェイル」をつくっている。このときすでにヒーリーはパーキンソン病を患っており、21年4月に亡くなった。生前の約束どおり、ブレイディは葬儀の場でこの曲を歌ったという。

「インプロヴィゼイションズ・オン・ザ・ゴールウェイ・リール」は、80年に録音していたピアノのモチーフに、40年の時を経てマンドリンとシンセサイザーを重ねたものだ。これもパンデミックの副産物か。

#8
Around Simon & Garfunkel

★★★★★★★★★★★★★★★★★★★

周辺事情

Norio Kurihara
Koji Wakui
Yasukuni Notomi
Jiro Mori

日本の洋楽市場におけるサイモン&ガーファンクル

元・ソニーミュージック　ジャパン・インターナショナル　栗原憲雄氏　インタヴュー

聞き手：和久井光司　構成・写真：納富廉邦

79年にCBS・ソニーに入社以来、営業〜制作で40余年。定年退職後も嘱託として残り、洋楽ディレクターを続けてきた栗原憲雄さんがついに引退された。

60〜70年代の名盤のCD化や紙ジャケ化を企画しながら、ボブ・ディラン、サイモン&ガーファンクル、ウィリー・ネルソンなどを担当してきた半生を、この機会に語っていただいた〝有終の美〟スペシャル・インタヴューである。

和久井　栗原さんが営業で入社された当時、現場でレコードを売る立場の人間から見ても、サイモン&ガーファンクルはCBS・ソニーにとって、とても大きな存在だったはずですが。

栗原　そうですね。会社の宝だと思ってました。私は東京で入社して、いきなり札幌営業所に行かされた。レコード店をまわって在庫チェックして注文を取るという仕事をやるんですが、S&Gはコンスタントに売れてました。解散してから10年も経ってるのに、何枚入れてもいいんじゃないかというくらい売れ続けてたんです。１９８２年の来日のとき、私はまだ札幌の営業所にいたんですが、全国のセールスマンを東京本社に集めた会議のあと、後楽園球場に行ってライヴを観るって企画があったんですよ。全国の営業マンを２３００人くらい招待してくれたんで、いい会社だなぁと思いました。S&Gの来日は日本初。CBS・ソニーの礎を築いたアーティストをみんなで観ようということだったんでしょうね。

和久井　我々より若い世代は、ソニーの洋楽と言えばボブ・ディランという印象もあると思いますが、70年代前半はそうじゃなかったですよね。

栗原　ぼくらの時代は圧倒的にサイモン&ガーファンクルです。名曲が多いんですよね。好きとか嫌いとかってレベルじゃなくて曲が頭に入ってるから、どうにも抗えませんよ（笑）。あと、やっぱり映画『卒業』が大きかったと思います。68年に公開されて大ヒットして、そのあと何度もテレビでやりましたからね。

和久井　二番館、三番館……どこかの名画座で必ずかかってましたよね。アメリ

カン・ニュー・シネマを代表する作品でしたから、若い世代のみんなが観ていた。『いちご白書』か『卒業』か『イージー・ライダー』か、みたいな……。あんまりカッコよくないダスティン・ホフマンが花嫁を奪っていく姿にポール・サイモンがダブるんですよね。

栗原　ちょっとちっちゃくてね（笑）。それがいいんですよ。ジェームズ・ボンドみたいなカッコいいヤツじゃなくて、隣にいそうなダスティン・ホフマンだから、日本人の琴線に触れる。「サウンド・オブ・サイレンス」「ミセス・ロビンソン」といったS&Gのナンバーがみごとに映画にハマってました。

和久井　サントラ盤も当時はよく聴きましたけど、あれは映画と一緒になってこそという感じで、いま考えると映画がPVみたいでもありましたね。

栗原　私が観たのも中学生のころでしたから、まさか自分がS&Gを手がけるようになるとは思いませんでしたよ。

CBS・ソニーの始まりの曲

栗原　レコード会社としてのソニーは68年スタートなんです。それまでアメリカのコロンビアを中心とするCBSグループのレコードは日本コロムビアが発売してたんですが、ソニーがレコード・ビジネスに参入して、CBSの配給会社になりました。当初、日本のソニーの会社だから社名を「ソニーCBS」とする案もあったそうですが、レコードをつけると「ソニーCBSレコード」になっちゃうから「CBS・ソニー」の方がいいだろうということになったんだそうです。

和久井　「ソニー・CBS」だったら面倒なことになってたでしょう。

栗原　そうですね。のちに「ソニーレコード」となるわけですから。創業者の盛田さんには、やはり先見の明があったと思うんですよ。

和久井　レコード販売のシステムも、ソニーは革新的だったそうですね。

栗原　ええ。当時レコード店はみんな手形決済だったんですが、盛田さんは「売り上げは何としても現金で回収する」と決めた。すべて現金決済にして、「返品率は10％」という契約条件まで設けたんです。あるレコード店との取引額が百万円だったら返品できるのは10万円までということですから、ソニーは当初、レコード店から総スカンを食うんですよ。何十年もやってきた商売のルールをポッと出の会社が変えようとしたんですから、お店の人たちは「生意気だ」って思ったでしょう。しかも、レコード会社の地方営業所は地元採用が普通だった時代に、ソニーは東京で採用した人間を福岡に送ったり札幌に送ったりしてた。地元べったりのベテラン・セールスマンが動かしていたレコード販売の現場で、東京から来た若造が、「現金で20日までに振り込んでください」とか「返品は10％まで。それを越えて返してきたら送り返します」なんて言うわけですから、そりゃあ嫌われますよ。ところがそんなときに『卒業』が大ヒットして、ソニー最初の洋楽シングル「サウンド・オブ・サイレンス」が出る。少し遅れて最初のアルバム『卒業』のサントラ盤も出ます。どちらもすごく売れますよね。そうしたら、それまでは生意気なソニーを相手にしなかった特約店が、「そっちの条件でいいから契約してくれ」と言ってきた。「サウンド・オブ・サイレンス」が欲しいと言うお客が絶えないからって。おかげでそれまでは辛酸を舐めていた営業マンが契約店を拡大していったんです。だからサイモン&ガーファンクルはCBS・ソニーにとってすごく大きい存在。全国の営業所の全員をコンサートに招待したというのは、会社の歴史の表れだったんですね。

日本独自編集盤の時代

和久井　S&Gの日本での売り上げは、日本コロムビア時代からトータルだと、

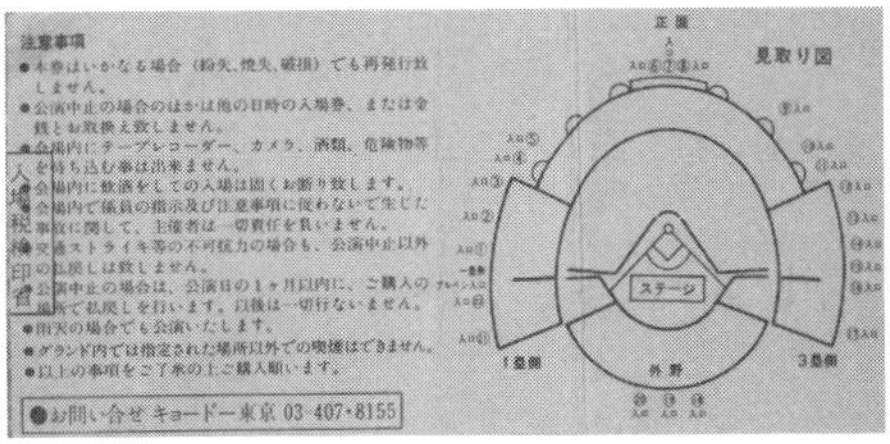

（上）82年5月10日後楽園球場公演のチケットの裏面。客席案内図が入っていた。

（右）82年5月10日後楽園球場公演のチケットと販促品のキーホルダー。当時のCBSソニーが全国の営業所のセールス担当を招待した。

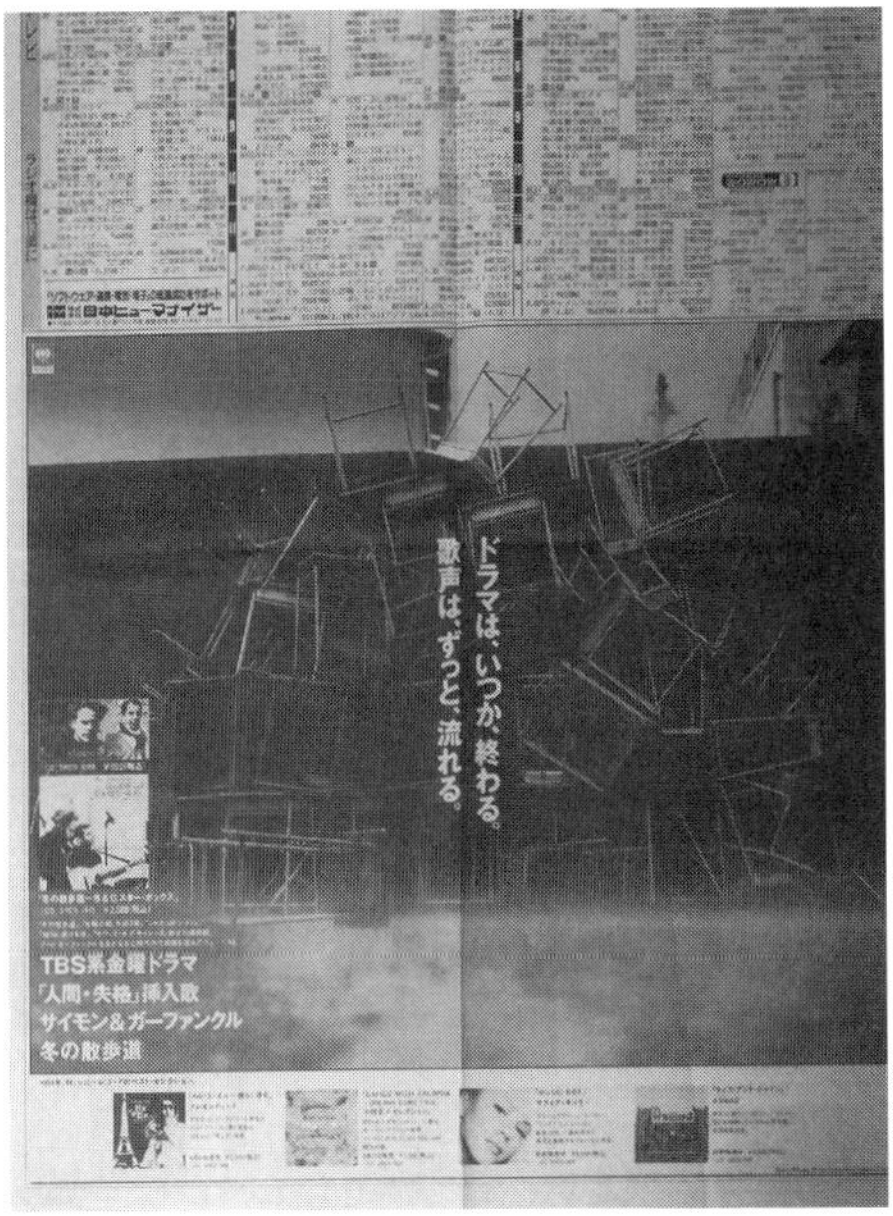

朝日新聞1994年9月17日のラテ欄下に出された広告。TBSのドラマ『人間・失格』とのタイアップで発売された「冬の散歩道」のCDシングルと、ベスト盤『冬の散歩道～S&Gスター・ボックス』の販促目的だった。写真は出広用に撮り下ろされたものだ。

2009年の来日時のパンフレット。海外版を翻訳した充実したもので、栗原さんは直接サインをもらった。

2009年の来日公演、武道館バック・ステージでの記念撮影

すごい数じゃないですか？

栗原　日コロ時代は分かりませんが、CBSソニーに正規に販売権が移ったのが68年ですから『ブックエンド』の初版は日コロで、ソニーはそれ以降です。『卒業』がバカ売れして、『明日に架ける橋』も大ヒットしたというのに加えて、日本独自編集の『ギフト・パック』がすごく売れたんですよ。2枚組で3000円のシリーズ。

和久井　ぼくはオリジナル・アルバムを買ってましたけど、友だちはみんな『ギフト・パック』を買ってましたね。ヒット曲がたくさん聴けるという単純な理由でしたけど、『ギフト・パック』のシリーズはディランとかシカゴとかサンタナを広めるにも役立ってましたよね。安いし、毎年出るから、必ず友だちの誰かが買っていた。ボブ・ディランのライナーを吉田拓郎が書いたのもありましたね。

栗原　あのころは、アートワークや収録曲の許諾を取ってないんですよ。日本のレコード会社はだいたい独自の判断でものを作ってました。それが、日本のマーケットには合っていたと思いますね。オリジナル盤に忠実なものよりも、日本流に味付けをした商品の方がお客さんも買いやすかったんでしょう。

和久井　『卒業』なんか、LPだとデイヴ・グルーシンの劇伴が入ってたりしますから、4曲入りのコンパクト盤はありがたかったなぁ。

栗原　ダスティン・ホフマンが立ってて、その前にアン・バンクロフトの脚が写ってる。あのちょっとエッチなジャケットは中高生にしてみるとドキッとしますよね。EPでもジャケを変えてませんから、インパクト大でしたね。

和久井　あれ映画のスチールだから、アルバムだと割とぼーっとした写真に見えるんだけど、コンパクト盤では小さくなって、キュッと締まった仕上がりでいいんですよ。あれは名作だな。

栗原　あのジャケットの甘酸っぱい感じ

が、サイモン&ガーファンクルの曲と共にイメージづけられたっていうのはありそうですね。

和久井　「ミセス・ロビンソン」とか「サウンド・オブ・サイレンス」の感じが全部、映画のイメージと繋がるんですよ。それまでの「強いアメリカ」ではない、もっと若くて繊細な、「ナイーヴなアメリカ」があった。

栗原　私が最初にサイモン&ガーファンクルを聴いたのも中学生のころで、ラジオのヒット・パレードで知ったんです。最初の曲が何だったかは忘れちゃってますが、当時すごくビックリしたのは歌詞なんですね。ちょうど英語を習いたてで、興味があったというのもあるんですが、例えば「ボクサー」の歌い出しは♪アイム・ジャスト・ア・プア・ボーイ～じゃないですか。「サウンド・オブ・サイレンス」だと♪ハロー・ダークネス・マイ・オールド・フレンド～。世界的な名曲になった「明日に架ける橋」だって、♪ホエン・ユー・アー・ウェアリー、フィーリング・スモール～でしょ。暗いんですよ。ラヴ・ソングや明るいポップ・チューンが流行ってる中で、いきなり♪ハロー・ダークネス・マイ・オールド・フレンド～って歌うこの人たちって、どこか違うゾ、というのが私の最初の印象でした。もちろん音づくりの個性も感じましたけど、それによりも「歌詞が病んでるな」と思ったんです。

和久井　アメリカのコロンビアの中でのS&Gは、ジャンル的にどういう扱いなんですか？

栗原　フォークですね。フォークか、ヴォーカルか。でもまあ、実際はポピュラー・ミュージックでしょう。

和久井　まさにポピュラー・ミュージックの王道ですよね。

栗原　だから、コロンビアなんですよ。ドリス・デイがいて、ジョニー・マティスがいて、アンディ・ウィリアムスがいてっていう、あの路線です。S&Gはコロンビアの伝統的な流れの中にいるという感じがします。

和久井　ニューヨークのコロンビアの雰囲気ですよね。ジャケットのセンスもニューヨーク的で、なんかちょっと寒い感じがする。

栗原　ふたりで写ってても、『ブックエンド』のジャケットも、なんか寒いですよね。そこがいい。

和久井　制作部に異動になった栗原さんは、ディレクターとしてディランを担当し、その後S&Gも手がける。ふたりに会ったのは担当時代ですか？

栗原　２００９年の来日のときには担当だったんで、会えたんです。そのときは東京ドームと武道館だったんですけど、武道館にソニーからのプレゼントを持って行って、セイ・ハローしました。

和久井　ふたりはどんな感じでした？

栗原　当時のソニー・ミュージックの社長だった盛田さんの息子、あと洋楽の社長と連れ立って楽屋に行ったんですね。

記念撮影しようってことになって私がカメラを構えたときに、日本だったら「チーズ」とか言いますけど、当時話題だったこともあって「セイ・オバーマ」ってやったんです。そしたら、ポール・サイモンはちゃんと「オバーマ」ってやってくれるんですけど、アート・ガーファンクルは知らんぷり。鼻で笑ってる感じでしたよ。アートって、よく言えばアーティスティックってことになるんでしょうけど、なんだか変わった人でしたね。

和久井　変わってますか？

栗原　ええ。自分をしっかり持った、マイ・ペースな人という印象ですけどね。だから歌にしても演技にしても、役割を演じ切れるのかもしれない。でも武道館で私がふたりと写ってる写真（220ページ）を見てもらうとわかると思うんですけど、ふたりともフレンドリーないいオジサンの顔してるでしょ。作品から伝わる、ちょっと世間と距離を置いたヒンヤリした感じとは違って、柔らかいんです。もともとはそういう人たちだったのかもしれませんが、パーソナルな写真なら全然大丈夫で、撮らせてくれるんですよ。これがパブリシティ用の撮影とかライヴ写真だと非常に厳しいんですが。

あなたは何処で何をしていましたか？

和久井　ソニーの洋楽といったら、邦題のセンスですよね。中でも『明日に架ける橋』は歴史的な名タイトルでしょう。

栗原　私が聞いた範囲だと、あのタイトルを考えたのは当時の担当、石川博明さんという方です。邦題はキャッチ・コピーのようなつもりで考えるんで、捻り出した感じですよね。

和久井　『明日に架ける橋』って完全に意訳じゃないですか。

栗原　当時の空気感を上手く捉えて、普遍的なものにしてますよね。深みがあるんですよ。言葉が頭に残る。

和久井　栗原さんの仕事では、「あれから40年…あなたは何処で何をしていましたか？」というのがある。これは素晴らしかったですねぇ。『明日に架ける橋』の40周年盤でも使われてましたが。

栗原　あれは09年の来日のときにウドーさんに頼まれて書いたもので、いまでも気に入っています。S&Gを担当してた期間は短かったんですけど、それでもカタログを預かっているから、どこまで拡げ、どうやって次の世代に繋げられるかといろいろ考えました。でも本当にネタがなくて、コピーを考えるくらいしかできないんですよ。アウトテイクとかはないに等しいアーティストですから、「『明日に架ける橋』の40周年に合わせて、ポールさん、ちょっと喋ってくれませんか？」とか、そういうことも一切できませんから。

和久井　それにしては売ってますよね。

栗原　売ってますね（笑）、しかも、ものすごい数。ありがたいことです。

（24年5月23日、中野の和久井邸にて）

『LIVE 1969』発売時の中吊り広告。

2009年に来日記念盤として作られた『LIVE 1969』の広告。栗原さんによるコピー「あれから40年…あなたは何処で何をしていましたか?」が話題になった。

ウィリー・ネルソン『国境』
(Sony:SICP6579) 2024年5月
帯の「あちらがわとこちらがわ。」は、栗原さんのソニーでの最後のコピーとなった。

トム・ウィルソンとは何者だったのか？

森　次郎

別項でも詳しく触れられているように、サイモン&ガーファンクルの「サウンド・オブ・サイレンス」にオーヴァー・ダビングを施した上でシングル・カットして、全米1位のヒットへと導いた〝プロデューサー〟が、トム・ウィルソンである。ロック史では、ボブ・ディランの「ライク・ア・ローリング・ストーン」のレコーディングで、アル・クーパーがオルガンを弾くのを止めなかった人物として知られているだろう。

さらに、フランク・ザッパのザ・マザーズ・オブ・インヴェンションや、ルー・リードやジョン・ケイルが在籍したザ・ヴェルヴェット・アンダーグラウンドのアルバムにもクレジットされているが、彼自身について語られることは少ない。しかも目立った活動は60年代の数年間に限られているのだ。トム・ウィルソンとは何者だったのか、検証してみたい。

キャリアの起点はレーベルのオーナー

トム・ウィルソンこと、トーマス・ブランチャード・ウィルソン・ジュニアは、１９３１年3月25日にテキサス州ウェイコで生まれた、アフリカ系アメリカ人だ。ウィルソン家には音楽が常に流れていた。祖父はクリーニング店のオーナーで、土曜の午後になると店内でジャム・セッションが繰り広げられていたと言う。一家は街で最も古い黒人向けの教会である、ニュー・ホープ・バプティスト・チャーチの会員で、トムの父親は教会に属する合唱団の指揮者でもあった。地元のA.C.ムーア高校に通いながらトロンボーンの演奏を覚えたトムは卒業後、まずテネシー州ナッシュヴィルへ向かった。そこで学生の大半が黒人のリベラル・アーツ・カレッジ（専門の学科や職業課程ではなく、自由な知的探求に重きを置いた四年制の大学）であるフィスク大学へ入学するが、1年後にはマサチューセッツ州ケンブリッジのハーヴァード大学に籍を移したのだ。

ハーヴァードでは、ヤング・リパブリカンズ（共和党員の組織）の会長を務める傍らで、音楽へのアプローチも続けていた。まず、〈ハーヴァード・ニュー・ジャズ・ソサエティ〉という団体の設立に関与する。「ハーヴァードにジャズの表現方法に対する理解を深める雰囲気をつくり出す」ことを目的とした協会の暫定会長に就いたトムは、「バップやプログレッシヴだけでなく、ジャズの良いところすべてに注目を集めたい」と語っている。さらに、大学のラジオ局であるWHRB（ハーヴァード・レイディオ・ブロードキャスティング）の運営にも参加し、ジャム・セッションを企画するなど、地元のジャズ・シーンとの関係を深めていったのである。

54年に卒業したトムは、500ドルとも900ドルとも伝えられる借金をして、〈トランジション〉というジャズのレーベルを立ち上げる。学生時代に肌で感じていたジャズの新しい波を世に送り出すために、〝最先端〟のミュージシャンを起用してレコーディングを行う、というコンセプトを掲げていた。「移行段階」「変わり目」という意味の名をつけたレーベルの記念すべき第一弾のリリースは、トムと同世代で当時はまだ気鋭のトランペット奏者だった、ハーブ・ポメロイの初のリーダー・アルバムとなる『ジャズ・イン・ア・ステイブル』。同じくトランペットのドナルド・バードとも契約し、ドラムのアート・ブレイキーやピアノのホレス・シルヴァーを起用したセッションも録音している。

DONALD BYRD
Byrd's Eye View
Transition：trlp J-4
発売：1956年

SUN RA
Jazz By Sun Ra Vol. 1
Transition：trlp 10
発売：1957年

CECIL TAYLOR QUARTET
Jazz Advance
Transition：trlp 19
発売：1957年

さらにはサン・ラの『ジャズ・バイ・サン・ラ』や、セシル・テイラーの『ジャズ・アドヴァンス』など、彼らのデビュー・アルバムも手がけたトムは、レコーディングの段取りだけでなく、ときにはジャケットのデザインやライナー・ノーツの執筆までこなしていた。経済的な事情もあったのだろうが、3年に満たない活動期間の中で20枚近くのレコードを自力でリリースしたことは、彼の名前を音楽業界に知らしめるには充分だった。

トランジションは57年に倒産するが、カタログは未発表の録音も含めてブルー・ノートやデルマークに売却され、タイトルやジャケットを替えてリイシューされたアルバムも多い。

UAを経てコロンビアへ

独立系の映画配給会社として設立されたユナイテッド・アーティスツは、サウンドトラック・アルバムを自社からリリースすることを目的としてレコード会社の買収を目論むも失敗に終わり、57年に〈ユナイテッド・アーティスツ・レコーズ〉というレーベルを興す。翌58年には映画『ビッグ・カントリー』の音楽を手がけたジェローム・モロスがアカデミー作曲賞にノミネートされるなど、順調な滑り出しを見せていた。同時にジャズにも接近していたUAに、トムもA&R担当として入社した。ちなみに60年代の初頭、レーベルのジャズ部門の責任者はアラン・ダグラスだった。ジミ・ヘンドリクスの没後、未発表音源に手を加えて発売したことで物議を醸したプロデューサーである。

UAはカウント・ベイシー、アート・ブレイキー、モーズ・アリスン、デューク・エリントン、ビリー・ホリデイ、ミルト・ジャクソン、ジェリー・マリガン、モダン・ジャズ・カルテットらのアルバムをリリースすることになるが、トムは以前と変わらずジャズの新しい動きを捕らえようとしていた。ブッカー・リトル（トランペット）の初リーダー・アルバム『ブッカー・リトル4&マックス・ローチ』を世に送り出したり、トランジション時代に縁があったセシル・テイラーをジョン・コルトレーンと組ませるなど、他のプロデューサーとは一線を画す活動を行っていたようだ。

その後はサヴォイ・レコーズで再びサン・ラのレコーディングをセッティングするなど、さらなるキャリアを積んだトムは63年にコロンビアのプロデューサーとなる。アフリカ系アメリカ人がこのポジションに就いたのは、同社では初のことだった。

しかし、トムに与えられた役割はジャズのレコード制作だけではなかった。コロンビアでの初期の仕事にジャズ・シンガーのテリー・ソーントンのアルバム『シングス・オープン・ハイウェイ』があるが、どちらかと言えばポピュラー寄りのアレンジで、それまでの彼が重んじてきた〝最先端のジャズ〟とは方向性が異なっている。

契約する前にどのような交渉が行われていたのかはわからないが、本人が「そんなに好きではなかった」という〝フォーク〟のプロデュースも任されることになった彼の目の前に現れたのが、ボブ・ディランだったのだ。

ディランのプロデュースに見るトムの哲学

『フリーホイーリン・ボブ・ディラン』のレコーディング中だった62年8月に、アルバート・グロスマンがディランのマネージャーになる。ディランを見出し、デビュー・アルバムをプロデュースしたジョン・ハモンドと、コロンビアとの契約の見直しを主張したグロスマンとの間に対立が生じるまでに時間はかからなかった。事態を収束させようとしたコロンビアは、ハモンドと同じジャズ畑のトムを後任のプロデューサーに据え、残り4曲の録音を終えたのである。

「風に吹かれて」も、バンドをつけた「コリーナ、コリーナ」もハモンドが録り終えていたが、「北国の少女」などを聴いたトムは、「バカな連中」のためのものだと思っていたフォークへの認識を改めることになる。グロスマンにバックバンドをつけるように進言したこともあったが、この時点でのディランは自分にはソロが合っている

BOOKER LITTLE 4 & MAX ROACH
Booker Little 4＆Max Roach
United Artists：UAL 4034
発売：1958年

TERI THORNTON
Teri Thornton Sings Open Highway (The Theme From Route 66)
Columbia：CL 2094
発売：1963年

BOB DYLAN
Bringing It All Back Home
Columbia：CL 2328
発売：1965年

と考えていたようだ。歌詞はプロテスト・ソングから個人的な内容へと変化を見せていたが、引き続き『時代は変る』と『アナザー・サイド・オブ・ボブ・ディラン』のプロデューサーを務めたトムは、弾き語りの凄みをそのままパッケージングすることを選択した。

しかし、時代の変化が押し寄せていた。ビートルズの登場である。ディランも彼らに注目し、米国ツアーの最中の64年8月には実際に対面を果たしている。さらにはジョン・ハモンドの息子であるジョン・ハモンド・ジュニアが、ザ・ホークス（のちのザ・バンド）のメンバーとブルーズを演奏していることに興奮していたそうなので、自身もエレクトリック化していくことは自然な流れだったのだろう。トムも最先端の音楽を好み、またミュージシャンの意向を尊重するタイプのプロデューサーだったため、実験的なレコーディングの末に半分がエレクトリック、半分がアコースティックという『ブリンギング・イット・オール・バック・ホーム』が産み落とされたのだ。ちなみに歌い出しに失敗した箇所がそのまま盤に刻まれた「ボブ・ディランの115番目の夢」で、スタジオに笑い声が響く中、「オーケイ、テイク2」と指示を出しているのがトムである。

トムとディランの最後の仕事になったのが、「ライク・ア・ローリング・ストーン」だ。アル・クーパーが、それまで弾いたことがなかったハモンドB3オルガンであの印象的なフレーズを生み出したセッションも、トムが仕切っていた。アルが語る真相はこうだ。当時の彼は駆け出しのソングライター兼セッション・ギタリストで、ディランのファンでもあった。65年6月16日に、よく知る間柄だったトムからディランのレコーディングの見学に誘われた彼は、ギタリストとして呼ばれたと勘違いをしたフリをして、ギターを抱えて早目にスタジオに入っていた。そこにディランと共にマイク・ブルームフィールドが姿を現し、ウォーミング・アップを始めたのだ。マイクの演奏に圧倒されたアルは機材を片付け、トムが来る前にコントロール・ルームに引っ込み、本来の見学者に戻ったわけだ。

しかし、セッションが進むにつれ、ポール・グリフィンがオルガンからピアノに移ることになった。そこでアルは咄嗟に、「いいフレーズが浮かんだんだ、オルガンを弾かせてもらえないか？」とトムに告げた。申し出を却下しようとしたトムに電話がかかってきた隙に、アルはちゃっかりオルガンの前に座ったのだ。ポールはセッティングをそのままにしていたので、ハモンドに慣れないアルでも音が出せた。電話を切ったトムはアルの行動に気づいて声をかけたものの、セッションが間延びするのを避けるために、結局はそのまま録音を再開したのだ。おかげで我々が現在当たり前のように聴いている、オルガン入りの「ライク・ア・ローリング・ストーン」が生まれたと言ってもいい。

しかもプレイバックを聴きながらディランは「オルガンの音を上げて」とエンジニアに告げ、一旦は「彼はオルガン奏者じゃないよ」と反論したトムだったが、結局は「そんなことは構わない」というボブの主張を受け入れたのだ。このエピソードに、彼のプロデューサーとしての哲学がよく現れていると思う。つまり、自分のアイディアを主張するよりも、環境を整えて主役のミュージシャン達の力を最大限に発揮させ、判断も尊重する。〝最先端〟を重視するトムらしい考え方ではないか。

ヴァーヴへの移籍、そして独立

コロンビアではピート・シーガーやザ・クランシー・ブラザーズ、そしてサイモン&ガーファンクルらを担当したトムだが、66年にはヴァーヴ／MGMに移籍し、A&R部門の責任者になる。彼が最初に契約したバンドの中には、フランク・ザッパが率いるザ・マザーズ・オブ・インヴェンションがいた。のちにザッパがトムのことを「本当にオレたちの側に立ってくれた」と評したように、どこにもない音楽を演っていたマザーズの多彩な面を表現するため、デビュー盤としては破格の2枚組を制作できるように会社側と交渉したのだ。

そして、コロンビア時代から接触していたザ・ヴェルヴェット・アンダーグラウンドとも契約に漕ぎ着けた。

THE MOTHERS OF INVENTION
Freak Out!
Verve：V-5005-2X
発売：1966年

THE VELVET UNDERGROUND
White Light/White Heat
Verve：V-5046
発売：1968年

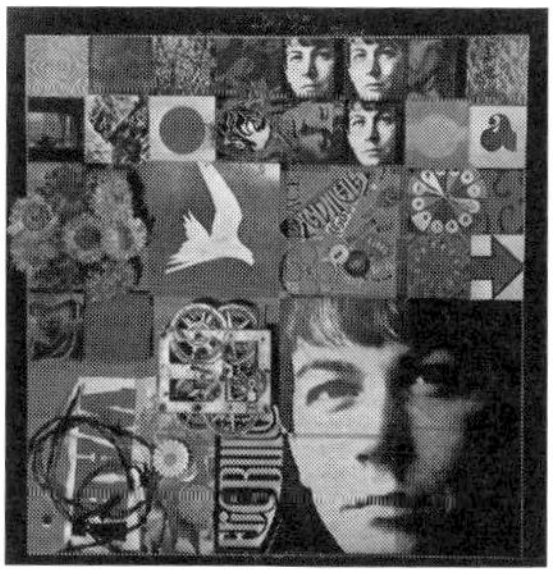

ERIC BURDON & THE ANIMALS
The Twain Shall Meet
MGM：SE 4537
発売：1968年

ファースト・アルバム『ザ・ヴェルヴェット・アンダーグラウンド&ニコ』はアンディ・ウォーホルがプロデューサーということになっているし、契約の時点でほぼレコーディングを終えていたのだが、トムは数曲の再録音と、ポップな「サンデイ・モーニング」を収録する予算を確保し、完成度を上げたのだ。さらにヴェルヴェッツとのプロジェクトを終えたニコのソロ・アルバム『チェルシー・ガール』をリリースしたあと、『ホワイト・ライト/ホワイト・ヒート』に取りかかった。

ヴェルヴェッツの二枚目のアルバムとなった本作は、ウォーホルやニコが存在した状態から開放されたかのように即興性に富んだ内容となる。トムはすべてのレコーディングに付き合い、一般的には理解されそうもないこのアルバムを世に出したことで、ジョン・ケイルに「トム・ウィルソンほど優れたプロデューサーに、バンドは二度と出会うことはなかった」と言わしめたのである。

また、アル・クーパーが加入したザ・ブルース・プロジェクトをヴァーヴ傘下のフォークウェイズと契約させ、初のスタジオ盤『プロジェクションズ』では2曲を除いてプロデュースも担当した。同じ頃、エリック・バードンが率いるジ・アニマルズも手がけている。別のサブ・レーベル、フォーキャストではHARUMIという謎の在米日本人男性の同名2枚組アルバムもプロデュースした。和洋折衷でサイケでソフト・ロックな本作はカルトな人気を誇っている。さらにトムは、ヴァーヴ/MGMがスポンサーとなり、多くのカレッジ・ラジオ局で放送された『ザ・ミュージック・ファクトリー』という番組のホストも務めていた。

しかし、彼は68年にヴァーヴを辞め、ブルックリンにプロデュース業とタレントのエージェンシーを業容とし、音楽出版社を傘下に収めた〈トム・ウィルソン・オーガニゼイション〉を設立し、新たなスタートを切っている。すぐにジャズ・ファンク・グループ、ザ・バガテル唯一のアルバム『11P.M.サタデイ』や、サイケデリック・ブルーズ・バンドのザ・フラタニティー・オブ・マンの同名アルバム、カンタベリー勢のザ・ソフト・マシーンのファースト・アルバム(チャス・チャンドラーとの共同プロデュース)などをプロデュースするオファーが相次いだ。ヴァーヴ時代に手がけた作品のリリースもまだ続いていたことから、69年まではトムの名前がクレジットされたアルバムが毎月のようにリリースされていたのだ。

謎に包まれた1970年代の活動と早逝

60年代が終わりを告げたのと同時に、トムの名前が聞かれる機会は極端に少なくなっていった。72年にはモータウンのサブ・レーベルであるナチュラル・リゾーセスで、トゥー・フレンズやゴッサム、アースクワイアらのプロデュースを続けざまに行っているが、まとまった仕事はこれくらいのようだ。どうやら70年代は英国に滞在する期間が長く、音楽以外のビジネスに携わっていたらしいが、詳しいことはわからない。

ちなみに、最後期のプロデュース作にはプロフェッサー・ロングヘアの『ライヴ・オン・ザ・クィーン・メアリー』がある。ポール・マッカートニーのウィングスが『ヴィーナス・アンド・マース』の完成披露パーティーに、ミーターズとともに出演した際のライヴだが、録音は75年3月24日だ。3年前のテープがトムに預けられてハーヴェストから発売された経緯もよくわからないし、プロフェッサー自身は録音されていたことすら知らなかったと発言している。やはりこの時期の彼の動きは〝謎〟としか言いようがない。

78年9月6日、トム・ウィルソンは心臓発作によりこの世を去った。享年47。ジャズから音楽の道に入ったが、図らずもロックのプロデューサーとして名を馳せ、そして自らそのキャリアをフェイド・アウトさせたようにも見えるトムは、亡くなるまでのおよそ10年間、何を思っていたのだろうか。世の中で〝最先端〟とされる音楽が、次第に自分にフィットしなくなっていた、と感じていた可能性はある。何かほかのビジネスに興味が移っていたのかも知れないが、音楽業界でもうひとつ大きな仕事を残して欲しかった。

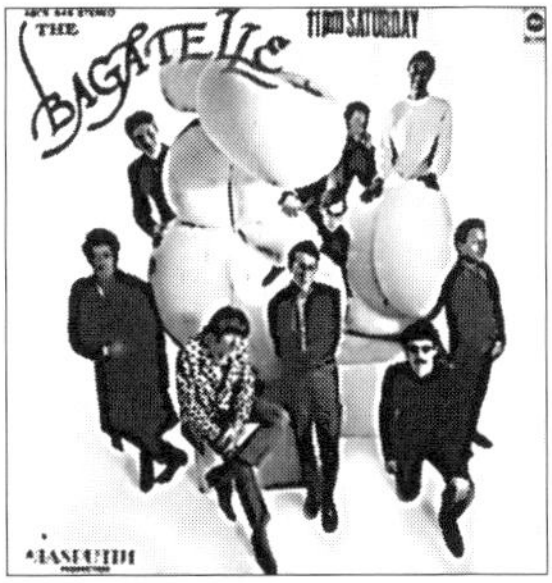

THE BAGATELLE
11 P.M. Saturday
ABC：ABCS-646
発売：1968年

HARUMI
Harumi
Verve Forecast：FTS-3030-2X
発売：1968年

THE FRATERNITY OF MAN
The Fraternity Of Man
ABC：ABCS-647
発売：1968年

執筆者プロフィール／アンケート

❶生年月日、出身地、肩書き
❷経歴
❸S&G～ソロ、個人的ベスト。アルバム3選（理由も簡単に）
❹S&G～ソロ、個人的ベスト。楽曲5選（理由も簡単に）
❺改めてS&Gに思うこと

石浦昌之（いしうら・まさゆき）

❶1979年10月5日東京生まれ。音楽雑文家・シンガー・ソングライター。

❷2011年にエレック・レコードのスタッフを迎えた『蒼い蜜柑』でデビュー。以降、『語りえぬものについては咆哮しなければならない』など計4枚のアルバムをリリース。本では『哲学するタネ』3部作［単著］、加奈崎芳太郎『キッス・オブ・ライフ――ジャパニーズ・ポップスの50年を囁く』［編集・全アルバム解説］、『Folk Roots, New Routes フォークのルーツへ、新しいルートで』『URCレコード読本』［分担執筆］など。CDのライナーノーツでは『ルーツ・オブ・サイモン&ガーファンクル』『風に吹かれて：ルーツ・オブ・ジャパニーズ・フォーク』『ディスカヴァー・はっぴいえんど：日本語ロックが生まれた場所、シティポップ前夜の記憶』『アベンチュール・デ・ヴァカンス・ドゥ』『シティポップ・トライアングル・フロム・レディース―翼の向こう側に―』［監修・選曲・解説］、『ジム・ウェッブ・ソングブック：アーリー・イヤーズ～フェニックスへの道』［解説］など。

❸『ブックエンド』――最もプログレッシヴなS&Gのレコード。『時の流れに』――音に示されるニューヨーカーの洗練は永遠の憧れ。『アップ・ティル・ナウ』――雑多なベストに思われがちだが、アート最良の新録も含まれる。

❹「ボクサー」――ギターを手に取ると無意識に弾いてしまう曲。「わが子の命を救いたまえ」――ジャンル定義不可能な名録音。「アメリカ」――理想と現実の狭間で誰もがアメリカを探している。「時の流れに」――ポール渾身の畳み掛ける美メロの応酬にノックアウト。「友に捧げる讃歌」――ジミー・ウェッブの70年代のキャリアはアートのこの曲から。

❺何と言ってもポールとアートの歌声が、今も聴き手を捉えて離さない。

犬伏 功（いぬぶし・いさお）

❶1967年大阪生まれ、大阪市在住の音楽文筆家／グラフィック・デザイナー。

❷2000年より音楽雑誌やライナーノーツの執筆、リイシュー監修等を手掛ける。英米産のポップ・ミュージックを軸に広く執筆活動を展開、地元大阪ではトーク・イヴェント『犬伏功のMusic Linernotes』を隔月開催している。

❸『ブックエンド』『明日に架ける橋』『パセリ、セージ、ローズマリー・アンド・タイム』――ソロも含め、もう少し捻った選盤にしたかったが、3枚ではまったくその余地はなかった…。

❹「明日に架ける橋」「サウンド・オブ・サイレンス」「ボクサー」「スカボロー・フェア／詠唱」「ミセス・ロビンソン」――アルバム同様、まったく捻りのない選曲だが、逆にこれらを差し置いて、ここに別の何かを加えることはできなかった。

❺幼い頃、初めて聴いたのが「コンドルは飛んで行く」。「ボクサー」も「サウンド・オブ・サイレン

ス」も大好きだった。子供の心も摑んで離さなかった音楽の偉大さに、ぼくは今も圧倒され続けている。

梅村昇史（うめむら・しょうじ）

❶1961年名古屋生まれ。グラフィック・デザイン／イラストを成業とする。在野のザッパ研究家。

❷書籍、絵本、CDジャケット等のデザインやイラストなどを制作。フランク・ザッパの国内盤発売の周辺作業に関わる。『ピンク・フロイド完全版』『ボブ・ディラン完全版』『ポール・マッカートニー&ウイングスの時代』『ビートルズ1964』等の書籍に執筆参加。

❸『ブックエンド』――組曲としてのA面とリチャード・アヴェドンのジャケット写真の素晴らしさ。『明日に架ける橋』――当時すごくラジオでオンエアされてて、小学生の自分の耳に刷り込まれてた。『ポール・サイモン・ソングブック』――知るべきはこれかなと、後になってわかってくる。

❹「アメリカ」「オールド・フレンズ」「59番街橋の歌」「スカボロー・フェア」「ソング・フォー・ジ・アスキング」――長らくサイモン&ガーファンクルのことは忘れてた。改めて聴くとホントいい曲だらけだなと実感。

❺1970年代前半の小学生としては、ビートルズの最大のライバルはサイモン&ガーファンクルという感覚だった。2020年代の大人になって、やっぱりそうかもって思える。

小川真一（おがわ・しんいち）

❶1950年代生まれ、愛知県出身。音楽評論家。

❷ミニコミの編集長を経て、『ミュージック・マガジン』にて音楽評論家デビュー。その後も『レコード・コレクターズ』『ロック画報』『ギター・マガジン』『アコースティック・ギター・マガジン』などに定期的に執筆。共著には『まわり舞台の上で 荒木一郎』『新しい音楽 漣健児とカヴァー・ポップス』『レジェンド・オブ・ロック［クイーン］』などがあり、単著は『フォークソングが教えてくれた』。復刻盤の解説／監修も多数あり、『THE FINAL TAPES はちみつぱいLIVE BOX 1972-1974』『三浦光紀の仕事』『木田高介アンソロジー：どこへ』などを手掛けている。

❸『ブックエンド』――緻密さと大胆さ、これらが知性によって組み立てられている。サイモン『時の流れに』――NY生まれのエッセイストのような作品集。『水曜の朝、午前3時』――もしこのアルバムで終わったとしても、それは美しかったと思う。

❹「旧友」「フランク・ロイド・ライトに捧げる歌」――ともに曲の構想が心に染みる。「ベイビー・ドライヴァー」――隠れ家族愛にあふれた名曲。「マイ・リトル・タウン」――葛藤の美しき再会。「バイ・バイ・ラヴ」――敬愛へのカミングアウト・ソング。

❺多くの若者たちにギターを弾く理由を作った。その功績は大きい。

斎藤充正（さいとう・みつまさ）

❶1958年10月20日、鎌倉生まれ。ピアソラ研究家。

❷80年頃から神奈川大学大学祭実行委員会でコンサートの企画・運営業務に携わり、その後コリーナ・コリーナなどのユニットで演奏活動を行う。84年、モダン・タンゴを象徴するアストル・ピアソラの音楽と出会う。85年から雑誌『ラティーナ』で執筆活動開始、以後CDの企画監修などにも携わる。87年、あがた森魚『バンドネオン豹（ジ

ャガー」』に編曲と演奏で参加。98年『アストル・ピアソラ　闘うタンゴ』を上梓し、翌年第9回出光音楽賞（学術研究）受賞。他の著書に『フランキー・ヴァリ&ザ・フォー・シーズンズのすべて』、訳書に『ピアソラ　自身を語る』がある。完全リニューアル版『A・ピアソラ　闘うタンゴ　完全版』（青土社）の早期刊行に向けて2年前から奮闘中。

❸サイモン『ひとりごと』――楽曲や演奏の質からジャケットまで、完璧な一枚。『ブックエンド』――コンセプチュアルなA面の独創性もさることながら、シングル曲中心のB面も質が高い。『明日に架ける橋』――なんだかんだ言ってもそのスケールの大きさは最高傑作の名にふさわしい。

❹好きな曲だらけの❸選出の3作収録曲以外から発表順に。「キャシーの歌」――ギター弾き語りの完成度の高さ。「59番街橋の歌」――文句なしに楽しい。サイモン（&フィービ・スノウ）「哀しみにさようなら」――ゴスペル愛を見事に昇華。「コール・ミー・アル」――もう一つの頂点。「ボーン・イン・プエルト・リコ」――ラテン好きにとって『ザ・ケープマン』も重要。

❺私にとって洋楽への入り口となっただけでなく、心の奥深くにどっしりと根付いていること、そしてその後のサイモンの歩みがさらに凄かったことを再認識。

納富廉邦（のうとみ・やすくに）

❶1963年6月22日、佐賀市で生まれる。フリー・ライター。

❷大学在学中からノン・ジャンルに様々な媒体へ寄稿。著書に『Drinkin　Cha』『子供の本がおもしろい!』『40歳からのハローギター』など。近著に『二十一世紀の名品小物101』『見ようぜ!浮世絵』『119のおかしな指篇小説集』、『珈琲は飲みものです』。その他、『ローリング・ストーンズ完全版』『ボブ・ディラン完全版』への寄稿など。

❸『サイモン&ガーファンクル・グレイテスト・ヒッツ』――ラジオなどで聴いていたイメージとは違う二人の音楽に最初に気がついたアルバム。『水曜の朝、午前3時』――メロディとハーモニーの強さがジャンルを横断することを教えてくれた。『リズム・オブ・ザ・セインツ』――リズムをメロディが凌駕する凄まじさ。ずっと聴いていたい。

❹「59番街橋の歌（フィーリン・グルーヴィー）」「7時のニュース／きよしこの夜」――彼らを本気で聴くようになった。きっかけの2曲。「ボクサー」――吉田秋生『カリフォルニア物語』で引用されていた歌詞に惹かれて何度も歌った。「冬の散歩道」――この曲のギター・リフを何度練習したことか。「早く家へ帰りたい」――東京暮色によるカヴァーの日本語詞が沁みて、繰り返し聴いている。

❺これほど自分の身体に、彼らのメロディとハーモニーが染みついているとは思わなかった。

森　次郎（もり・じろう）

❶1968年、四国出身。肩書きで人を判断してはいけません。

❷内職でライターを始めて3年、そろそろ潮時。

❸『LIVE　1969』『セントラルパーク・コンサート』『オールド・フレンズ―ライヴ・オン・ステージ』――ふたりの進化／深化が如実に感じられるので。

❹「ユー・キャン・テル・ザ・ワールド」――フォークでもなんでもない、ロックンロール。「ブレスト」――借り物のアレンジでもいいじゃないか、的

な。「早く家へ帰りたい」――テンポの変化が実に自然。「いとしのセシリア」――リズム。「バイ・バイ・ラヴ」――無邪気なのかヤケクソなのか。
❺ジャンルを横断しながら、賞味期限の長いポップスとして成立させた稀有な存在。

◇◇◇◇◇◇◇◇◇

森山公一（もりやま・こういち）
❶1973年12月11日。大阪府大阪市東成区。ミュージシャン。
❷「オセロケッツ」のヴォーカリストとして97年にメジャー・デビュー。シングル10枚、アルバム3枚をリリース。大阪を拠点にした「the Sokai」、京都が誇る老舗カントリーバンド「永冨研二とテネシーファイブ」での歌唱／演奏や楽曲提供、プロデュース、音楽評論、専門学校講師等、多岐に渡って活動中。24年12月11日、味園ユニバースにて誕生日ライヴ『森山51(もりやまごういち)』の開催が決定している。
❸『ポール・サイモン・ソングブック』――過去と未来を写す素描。『ブックエンド』――付け入る隙を与えない前半と、後半のお得感。『心の詩』――音良し、曲良し、演奏良し。
❹「早く家へ帰りたい」――情景が浮かぶメロと詩の一体感。「ミセス・ロビンソン」――昔コピーした想い出の曲（レモンヘッズ・ヴァージョン）。「明日に架ける橋」――スタンダード過ぎて忘れてますが、音像ブッ飛んでます。「恋人と別れる50の方法」――タイトルの破壊力。アレンジも絶妙。「友に捧げる讃歌」――ガーファンクル・バラードの真髄。
❺外からの影響を取り込んでも、決して染まらない街っ子特有の知的センスを感じます。二人とも頑固で完璧主義者だけれど、拘りどころのちょっとした違いが数々の傑作を生み出したポイントなのでは？

◇◇◇◇◇◇◇◇◇

和久井光司（わくい・こうじ）
❶1958年10月2日、東京・渋谷で生まれ、横浜のはずれで育つ。総合音楽家
❷81年にスクリーンを率いてレコード・デビュー。翌年キティレコードと作家契約し、他者に詞・曲を提供するようにもなる。バンドで5枚、ソロで5枚のフル・アルバムがあり、プロデュース、参加、楽曲提供、コーディネイト、デザインなどで関わった音楽作品は60作を超える。代表作はソロ名義の『ディランを唄う』と、和久井光司&セルロイド・ヒーローズの『愛と性のクーデター』（ともにソニー）。著書に『ビートルズ原論』『ビートルズはどこから来たのか』『ヨーコ・オノ・レノン全史』など、編著に『英国ロックの深い森』『ラブジョン・レノン』『ジョージ・ハリスン スワンプ・ロック時代』『ポール・マッカートニー&ウイングスの時代』『ビートルズ1964』などがある。
❸『ポール・サイモン・ソングブック』――大人になって初めて聴いて「そういうことだったのか」と思った。『パセリ、セイジ、ローズマリー・アンド・タイム』――このアルバムのバランス感が好き。サイモン『イン・ザ・ブルー・ライト』――執念を感じるお礼参り。ジャケ以外は完璧だと思う。
❹「スカボロー・フェア」「アンジー」――英国フォークの入口になった。「コンドルは飛んで行く」――南米の音楽に興味を持たせてくれた。「母と子の絆」――レゲエを教えてくれた。「ミセス・ロビンソン」――大人の恋愛を知った。
❺有名曲の持つ全世界／全世代向けのポピュラリティは、ビートルズやディラン以上。抗えない音楽だ。

執筆　石浦昌之　犬伏 功
梅村昇史　小川真一
斎藤充正　納富廉邦
森 次郎　森山公一
和久井光司
データ作成　犬伏 功　納富廉邦
校正　斎藤充正
アート・ディレクション　和久井光司
デザイン　和久井光司　梅村昇史
協力　THE MUSIC PLANT

サイモン&ガーファンクル完全版

2024年7月20日　初版印刷
2024年7月30日　初版発行

責任編集　和久井光司
発行者　小野寺優
発行所　株式会社河出書房新社
〒162-8544 東京都新宿区東五軒町2-13
電話 03-3404-1201（営業）
03-3404-8611（編集）
https://www.kawade.co.jp/
組版　坂本芳子
印刷・製本　株式会社暁印刷

Printed in Japan
ISBN978-4-309-25761-7

和久井光司 責任編集 **完全版／攻略ガイド**

The Velvet Underground Complete

ヴェルヴェット・アンダーグラウンド完全版

バナナは剥かなきゃ意味がない。VUを吸い尽くせ!

ソロ作や拡大版、発掘ライヴまで言及し、ポップ・アートとの関係にも肉迫した世界初のコンプリート・ガイド、ここに完成。

The Kinks Complete

ザ・キンクス

書き割りの英國、遙かなる亜米利加

ロック史上最も文学的かつ労働階級的なロンドンの英雄の真価を世界に問う、空前絶後の研究書。シングル、EP、ソロ作を含むディスコグラフィ＆バイオグラフィ、さらに英国文化の深淵に迫る論考で構成。

Shut Up 'N Collect Yer Records

フランク・ザッパ攻略ガイド

やれるもんならやってみな

FZ生誕80周年記念出版！
生前から膨大な音源に幻惑させられ、没後さらに加速したリリースに集める気を失ったすべてのロック・ファンに贈る、世界初の「録音順／編年体音源整理」による徹底的な「読めるディスク・ガイド」。

全国書店、各種通販サイトにて発売中

All Things About Canterbury Rock
カンタベリー・ロック完全版

英国ケント州の古都市で誕生した「永遠のプログレッシヴ・ロック」の60年史

ソフト・マシーン、ケヴィン・エアーズ、ロバート・ワイアット、キャラヴァン、ゴング、スラップ・ハッピー、ヘンリー・カウらによって地球に振り撒かれて、ジャズとロックとアヴァン・ポップを自由奔放に融合させてきたカンタベリー・ロックを総括。

David Bowie Sound + Vision Complete
デイヴィッド・ボウイ完全版

生誕75周年、グラム・ロック発火50周年記念出版

ボウイの音楽作品を録音順の編年体で並べ、編集盤、シングル、参加作、映像作品も網羅した全世界待望の生涯ディスコグラフィ。

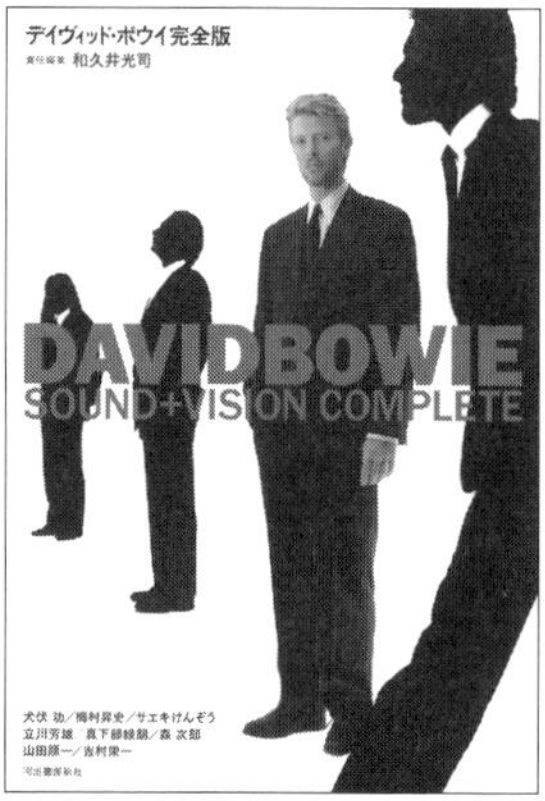

Historical Discography Of Neil Young
ニール・ヤング全公式音源攻略ガイド

ヘイヘイ、マイマイ、ロックンロールは死んじゃいない

公式音源を録音順に並べた世界初の完全ディスコグラフィ。クロスビー・スティルス＆ナッシュや、クレイジー・ホースも完全収録。

河出書房新社

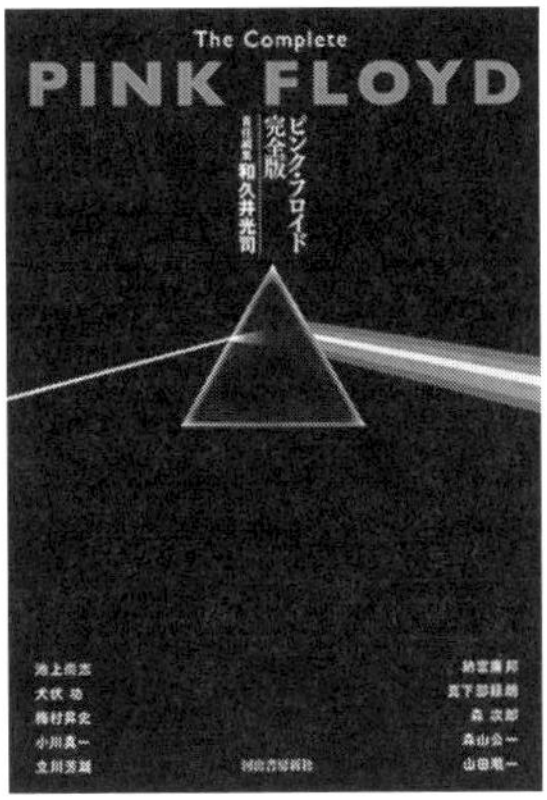

The Complete PINK FLOYD
ピンク・フロイド完全版

名盤『狂気』発売50周年記念出版

ピンク・フロイドをプログレ・バンドに含めていいのか？英国ロックを代表するバンドの全作品を、シングルや拡大版、ソロ作を含めて網羅。ヒプノシスの仕事にまで言及した画期的な一冊。

from Horses To American Utopia
NYパンク以降のUSロック完全版

いいかげんオールド・ウェイヴとは
おさらばしよう。

「パンク以後の半世紀」をいまこそ語るべきだ。NYパンクの主要バンドから、ノー・ウェイヴ一派、パワー・ポップ、その後のUS型ニュー・スタンダード・ロックまで掲載した究極のディスコグラフィ。

Complete Guide Of The Band
ザ・バンド完全版

伝説の正体はロビー・ロバートソンが
つくりあげた「幻想のアメリカ」だった

ソロ作や発掘音源、50周年エディションを整理し、「その後、現在まで」にこだわって、アメリカン・ロックの最高峰の何たるかを徹底的に語り尽くしたヒストリカル・ディスコグラフィ。

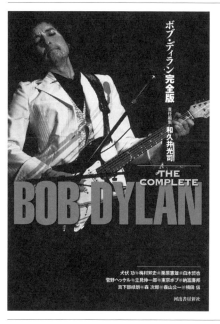

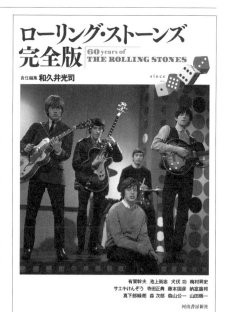